METHODEN HISTORISCHEN LERNENS

CHRISTIAN K. TISCHNER

Historische Reden im Geschichtsunterricht

WOCHEN
SCHAU
GESCHICHTE

Bibliografische Information der Deutschen Bibliothek

Die Deutsche Bibliothek verzeichnet diese Publikation in der Deutschen Nationalbibliografie; detaillierte bibliografische Daten sind im Internet über http://dnb.ddb.de abrufbar.

Die Reihe „Methoden Historischen Lernens“

wird herausgegeben von

Ulrich Mayer
Hans-Jürgen Pandel
Gerhard Schneider
Bernd Schönemann

in Verbindung mit

Michele Barricelli
Peter Gautschi

www.wochenschau-verlag.de

Umschlaggestaltung: Ohl Design
Umschlagfoto: picture alliance
Gedruckt auf chlorfrei gebleichtem Papier
Gesamtherstellung: Wochenschau Verlag
ISBN 978-3-89974373-9

Inhaltsverzeichnis

Vorwort des Herausgebers: Zur Zukunft des quellenorientierten Geschichtsunterrichts

Schriftliche Quellen gehören zu den zentralen Medien des Geschichtsunterrichts. Das wird inzwischen von niemandem mehr ernsthaft bestritten. Ihr Wert für historische Erkenntnis und Entwicklung von Geschichtsbewusstsein steht außer Frage. Dennoch gibt es über die Quellenarbeit nach wie vor Unmut in der Praxis: Sie sei schwierig und entmotivierend. Diese Kritik ist berechtigt, trifft aber meist nur auf die zur schlechten Routine gewordene Praxis zu, die darin besteht, kopierte Blätter mit den Worten zu verteilen: „Ich habe euch hier eine Quelle mitgebracht".

Während es im Rahmen der Entwicklung einer Gattungskompetenz geboten ist, von „der" Quelle zu sprechen, um ihre Lernpotenziale herauszuarbeiten, sollte es im Rahmen der Methodik verboten sein, pauschalisierend von „Quelle" zu reden. Für die Praxis ist diese Redewendung eine unzulässige und erkenntnishemmende Verallgemeinerung. Es gibt die unterschiedlichsten Quellengattungen, die in ihrem Charakter grundverschieden sind. Briefe, Urkunden und eben auch Reden besitzen jeweils unterschiedliche praktische Kontexte. Aus ihrer Kenntnis ergeben sich Hinweise für die Interpretation. Schulbücher und die beiden großen unterrichtspraktischen Zeitschrift zum Geschichtsunterricht haben dieser Tatsache Rechnung getragen und sind dazu übergegangen, in der Hinführung die entsprechende Quellengattung zu benennen. Allerdings sind noch zwei handwerkliche Missstände zu beobachten. Der erste betrifft die Quellenauswahl für den Unterricht. Bevorzugt werden meist randständige Quellen, die nur deshalb verwendet werden, weil sie leicht zugänglich sind – in Jubiläumsbänden, Broschüren, Festschriften etc. Deren Erkenntniswert ist gering, und die Interpretationsanstrengung, die die Schülerinnen und Schüler aufbringen müssen, ist minimal. Der zweite Missstand besteht darin, dass trotz der Nennung der Quellengattung die unterschiedlichsten Quellen interpretatorisch über den gleichen Leisten geschlagen werden. Ein Roman der 1920er Jahre, unstrittig eine Quelle, wird dann so behandelt wie ein ereignisauthentischer Aktenauszug.

Die Berücksichtigung der jeweiligen Quellengattung erschließt ein reichhaltiges und bisher ungenutztes methodisches Potenzial. Der vorliegende Band zeigt an, in welche Richtung die Quellenorientierung in Zukunft gehen kann, wenn die Gattungsnennung mehr ist als die bloße Angabe, dass es sich bei der vorliegenden Quelle um eine Urkunde, einen Zeitungsartikel oder einen Brief handelt. Der Geschichtsunterricht sollte in Zukunft über den bloßen Sprachgebrauch, dieser oder jener Text sei eine Quelle, hinausgehen. Auch die bloße Benennung der jeweiligen Quellengattung ist noch unvollständig.

Wenn der Geschichtsunterricht die großen methodischen Potenzen ernst nimmt, die die einzelne Quelle bietet, tun sich eine ganze Reihe methodischer Möglichkeiten auf. Eine Rede kann man wie bisher nach den semantischen Gehalten interpretieren. Man kann aus ihr aber auch die rednerischen Möglichkeiten und Verwendungssituationen herausarbeiten. Darüber hinaus können die Schülerinnen und Schüler empirisch herausfinden, wie der Redner diese Rede wohl in gesprochene Sprache umgesetzt hat, wenn sie diese Rede selbst halten. Damit wird nicht nur die zusätzliche pragmatische Dimension erschlossen, sondern auch deutlich, dass manche historischen Ereignisse weniger Handlungen, sondern vor allem Kommunikationsereignisse waren – wie das Beispiel der Französischen Revolution zeigt. Mit Reden wurde gewarnt, gedroht, Krieg erklärt, Frieden geschlossen und Menschen auf die Guillotine geschickt. Die Handlungsorientierung ist hier nicht aufgesetzt, sondern liegt in der Rede selbst beschlossen. Seit dem Ende des 19. Jahrhunderts verfügen wir zudem über die akustische und die visuelle Dimension von Reden. Nimmt man die speziellen Eigenschaften dieser Quellengattung ernst, dann sind Reden für Schülerinnen und Schüler nicht mehr nur kopierter Text, sondern auch Ton, Bild und Handlung.

Wenn wir über die wichtigsten Quellengruppen (z.B. Briefe, Zeitungen, Akten) ähnliche Bände wie den vorliegenden hätten, würde sich eine neue Phase der Quellenorientierung eröffnen, die die bisher ungenutzten methodischen Potenziale der Quellenarbeit ausschöpft.

Hans-Jürgen Pandel
Halle, im Januar 2008

Vorwort

Ein Buch über historische Reden im Geschichtsunterricht zu schreiben, ist ein zweischneidiges Schwert. Auf der einen Seite zählen die Reden der Vergangenheit zum unbestrittenen Bestandteil eines jeden Geschichtsunterrichts, zum anderen fehlen spezifische fachdidaktische Auseinandersetzungen zu dieser Quellengattung fast gänzlich. Anliegen dieses Methodenbandes ist es, aufzuzeigen, dass der unterrichtliche Einsatz von Reden nicht nur Textarbeit bedeuten darf und kann. Reden sind mehr und leisten mehr, wie die nachfolgenden theoretischen Betrachtungen und Unterrichtsbeispiele hoffentlich zeigen werden. Alle im Anhang vorgeschlagenen Unterrichtsbeispiele wurden mit Schülerinnen und Schülern in verschiedenen Schulen Sachsen-Anhalts und Thüringens durchgeführt.

An dieser Stelle gilt es, Danke zu sagen. Danke an Corinna Müller und Juliane Zinkeisen, die die Arbeit kritisch und mit hilfreichen Anmerkungen und Hinweisen begleitet haben. Mein Dank gilt in besonderer Weise Herrn Professor Dr. Hans-Jürgen Pandel und Frau Dr. Christina Böttcher von der Martin-Luther-Universität Halle-Wittenberg. Beide waren mir immer zuverlässige Gesprächspartner und hilfreiche Ideengeber.

Danken möchte ich schließlich auch meinen ehemaligen Schullehrern Frau Mettich, Frau Müller und Herrn Rohleder, die in ihrem Unterricht mein Interesse an Geschichte und Sprache gefördert sowie in mehreren Gesprächen den Entstehungsprozess dieses Buches über die Methodik der historischen Rede im Geschichtsunterricht begleitet haben.

Christian Tischner
Greiz, im Januar 2008

1. Einleitung

Der vorliegende Band „Historische Reden“ beansprucht nicht, eine neue Theorie zur Rede und ihrem Einsatz im Geschichtsunterricht zu liefern. Vielmehr greift er die geschichtsdidaktische Diskussion um das Methodenlernen auf, die u.a. fordert, dass die verschiedenen Quellengattungen genauer als bisher differenziert, quellenkundlich beschrieben und methodisch erschlossen werden müssen. Das Buch fragt danach, durch welche spezifischen Merkmale Reden geprägt sind, worin die didaktischen bzw. methodischen Potenziale dieser Quellengattung liegen und welche methodischen Möglichkeiten sich für historische Reden im quellenorientierten Geschichtsunterricht eröffnen.

Aus dieser Forschungsfrage ergeben sich verschiedene Hypothesen, die geprüft werden sollen. Zunächst – die erste These – wird davon ausgegangen, dass durch den Einsatz historischer Reden in besonderer Weise die Ansprüche und Ziele des quellenorientierten Geschichtsunterrichts erfüllt werden können. Reden in Textform zählen unbestritten zum Bestandteil eines jeden Unterrichts, aber schriftlich vorliegende Reden, so die zweite These, entfalten nur einen Teil ihrer ursprünglichen Wirkung. Die sich anschließende Vermutung ist – die dritte These –, dass in Ton oder Film präsentierte Reden die Interpretationsmöglichkeiten und somit den Erkenntnisgewinn erweitern sowie das Schülerinteresse an der Quellenarbeit erhöhen. Die spezifischen Merkmale einer Rede, die bei der Interpretation berücksichtigt werden müssen, führen zur vierten These. Diese geht davon aus, dass herkömmliche Interpretationsmodelle der Gattung „Rede“ nur begrenzt gerecht werden.

Das Buch setzt sich auch mit der Behauptung auseinander, dass historische Reden den Geschichtsunterricht auf die Geschichte der großen Männer verengten sowie lehrerzentrierten Unterricht und einseitige Textinterpretation förderten.

Der vorliegende Band hat zum Ziel, die Potenziale und vielfältigen Einsatzmöglichkeiten von historischen Reden darzustellen. So soll ein Beitrag zu den geschichtsdidaktischen Bemühungen um ein Quellencurriculum geleistet werden. Im ersten Teil des Buches sollen im Sinne der Forderungen nach einem Quellencurriculum die Kennzeichen und Merkmale der Rede unter Beachtung der Rhetoriktheorie herausgearbeitet werden. Das ist die Voraussetzung, um ein Interpretationsmodell zu entwickeln, das der Quellengattung „historische Rede“ gerecht wird. Ferner scheint es aus didaktischer und fachwissenschaftlicher Sicht geboten, kurz nach der Bedeutung der Rede in den einzelnen Epochen der Geschichte zu fragen.

Im zweiten Teil des Bandes soll herausgearbeitet werden, inwieweit die Quellengattung Rede den Prinzipien des Geschichtsunterrichtes sowie der Entwicklung von fachspezifischen Kompetenzen dient und was beim Unterrichtseinsatz zu beachten ist. Der Überlegung, dass sich im Geschichtsunterricht das Medieninteresse von Lehrern und Schülern erheblich unterscheidet, soll in einer – begrenzt repräsentativen – empirischen Untersuchung kurz nachgegangen werden. In einem weiteren Kapitel erfolgt die Zusammenführung der sprachwissenschaftlichen und geschichtsdidaktischen Ausführungen. Dabei wird nach Text-, Ton- und Filmreden unterschieden und nach den jeweiligen didaktischen und methodischen Merkmalen gefragt. Anschließend wird ein mögliches Interpretationsmodell entworfen, das die Interpretationsregeln sowie Faktoren einer Rede berücksichtigt und gleichzeitig allen Präsentationsformen gerecht wird.

Diese Anforderungen an den Einsatz von historischen Reden sollen in einer Vielzahl von Unterrichtsbeispielen konkretisiert werden. Dabei wird der methodischen Vielfalt besondere Aufmerksamkeit gewidmet. Jedes Beispiel soll einen kurzen Einblick in die historische Situation der gewählten Rede geben, die didaktischen Potenziale des methodischen Vorgehens beschreiben und einen möglichen Unterrichtsverlauf vorschlagen. Der Anspruch ist, die einzelnen methodischen Arrangements wie eine Schablone auch für andere Reden benutzen zu können.

Die CD-Rom, die zu diesem Band erworben werden kann, enthält Ton-, Film- und Bilddokumente. Im Text wird auf diese Dokumente jeweils hingewiesen.

2. Rhetorik und Rede

2.1 Das Wesen der Rhetorik und der Rede

Unter Rhetorik verstand der römische Rhetoriklehrer Quintilian (42-117 n. Chr.) „die Kunst, gut zu reden".[1] So ist es nicht verwunderlich, dass die Rhetorik auch als Kunst der Beredsamkeit bezeichnet wird. Diese Begriffsauslegung beschreibt aber nur einen Tätigkeitsbereich der Rhetorik, weil neben der mündlichen auch die schriftliche Kommunikation zur dieser Wissenschaftsdisziplin gehört. Die Rhetorik umfasst sowohl die rhetorischen Theorien (z.B. Argumentations- und Stiltheorie) als auch die praktische Redekunst. Für Gerd Ueding ist Rhetorik demzufolge ein „zusammenfassender Begriff für die Theorie und Praxis der menschlichen Beredsamkeit in allen öffentlichen und privaten Angelegenheiten, [egal] ob sie in mündlicher, schriftlicher oder durch die technischen Medien vermittelter Form auftritt".[2]

Der Rhetoriktheorie werden in der Fachliteratur zwei Aufgaben zugeordnet. Zum einen bietet sie eine Anleitung zum „guten" und ästhetisch-anspruchsvollen Reden und Schreiben, zum anderen stellt sie „Mittel und Verfahren" bereit, um „Reden und Texte zu analysieren und auf ihre Wirkung hin zu untersuchen".[3] Darauf baut die berühmte Definition des Aristoteles auf, wonach Rhetorik die Fähigkeit vermittelt, „bei jedem Gegenstand das möglicherweise Glaubenerweckende zu erkennen".[4] Damit meint er, dass die Rhetorik jene Mittel bereitstellt, die Plausibilität erzeugen, also Inhalte glaubhaft oder wahrscheinlich darstellen. Clemens Ottmers liefert folgende überzeugende Definition: „Rhetorik ist die Kunst des wirkungsvollen und auf Überzeugung

Abb. 1: Aristoteles

beziehungsweise Plausibilität gerichteten, des moralisch integeren und des ästhetisch anspruchsvollen Redens und Schreibens, und zwar als Anleitung und Analyseinstrumentarium persuasiver (überredender) Kommunikation."[5]

Als wissenschaftlich-theoretische Disziplin bzw. „Allgemeine Rhetorik" widmet sich die Rhetorik der Analyse sprachlicher Kommunikation und der Sprache analoger (körperlicher) Kommunikation. Empirische Arbeiten bemühen sich dementsprechend um eine Systematik rhetorischen Sprechens. Als praktisch-soziale Disziplin beschäftigt sich die Rhetorik mit „der Ausbildung, Übung und Vervollkommnung wirkungsorientierten Sprechens und Verhaltens (Mimik, Gestik)".[6] Dabei bezieht sich diese sogenannte Angewandte Rhetorik einerseits auf historisch entstandene Regeln, Anleitungen und Gewohnheiten, die „anwendungsbezogen" von der allgemeinen Rhetorik hervorgebracht wurden, und andererseits auf die Erkenntnisse der Sprecherziehung, der Sprechwissenschaften und der Kommunikations- und Medienwissenschaften.

Die Rhetorik begegnet uns bewusst in der mündlichen Kommunikation, also in Reden und Gesprächen. Zwar gilt die Rede als typische Form des monologischen, und das Gespräch als typische Form des dialogischen Sprechens; da ein Redner aber bestimmte Absichten verfolgt und Reaktionen beim Hörer hervorruft, ist sie „latent dialogisch".[7] Das Ziel einer Rede besteht darin, „absichtsvoll auf andere einzuwirken, deren Wahrnehmung und Meinung zu beeinflussen und sie zu einem bestimmten Verhalten zu veranlassen".[8] Demnach ist es möglich, die Rede als eine längere, zusammenhängende Folge verbaler und nonverbaler Aussagen zu beschreiben. Sie verfolgt Absichten und ruft Reaktionen hervor, welche nicht identisch sein müssen. Reden sind dabei niemals unabhängig von der Situation (Anlass, Ort, Zeit), dem Redner und dem Publikum.[9] Damit bestätigt sich die These, dass die gedruckt vorliegenden Reden nur einen Teil ihrer Wirksamkeit entfalten, denn gestische, mimische und akustische, mitunter auch situative Besonderheiten können nur erahnt werden.

Das Ziel, die Zuhörer vom eigenem Standpunkt zu überzeugen, sodass diese ihre Meinung, womöglich auch Gesinnung im gewünschten Sinn ändern, kann der Redner auf dreierlei Weise erreichen. Zum Ersten kann er in einer Rede belehren (docere) und beweisen (probare), indem er durch intellektuelle bzw. sachlogische Argumentation eine Erkenntnis beim Zuhörer hervorruft. Zweitens kann der Redner durch seinen Vortrag unterhalten (delectare) und verbinden (conciliare). Dies erreicht er durch einen mäßigen Einsatz von Affekten (vgl. S. 37 f.), z.B.

indem er seinen eigenen Charakter vorstellt, also natürlich und menschlich erscheint. Eine dritte Aufgabe kommt der Rede und dem Redner dadurch zu, dass sie Leidenschaft erregen können. Bewegen (movere) und aufstacheln (concitare) durch emotionale, d.h. hinreißende und überwältigende Überzeugung, dient diesem Ziel. Es kann durchaus vorkommen, dass verschiedene Wirkungsabsichten (Funktionen) angestrebt werden.[10]

2.2 Kleine Geschichte der Rhetorik und Beredsamkeit

2.2.1 Die Rhetorik von den Anfängen bis ins 19. Jahrhundert

Worauf die Entstehung der Rhetorik zurückgeführt werden kann, ist heute nicht mehr eindeutig feststellbar. Der Überlieferung nach waren es die Sizilianer Korax und Teisias, die sich im 5. Jahrhundert v.Chr. als Erste theoretisch mit der „überzeugenden Rede“ befassten. In der Praxis gab es Reden freilich schon viel länger. Cicero sah die Ursache für das aufkommende Interesse an der Beredsamkeit in Sizilien eng verbunden mit der Abschaffung der dortigen Tyrannis um 467 v.Chr. Die Neuord-

Abb. 2: Modell (2002) der Pnyx (Ort der Volksversammlung in Athen) um ca. 330–326 v.Chr.

nung der Lebensverhältnisse führte offenbar zu Konflikten, die von allgemeinem Interesse waren. Um diese Interessengegensätze zu schlichten, entstand eine öffentliche Beredsamkeit.

Ähnlich wie in Sizilien verhielt es sich in Athen. Nach der Beseitigung der Tyrannenherrschaft um 510 v.Chr. und der Entmachtung des Areopag (462 v. Chr.) gewann die Beredsamkeit in der Volksversammlung, im Rat und in den Gerichtshöfen mehr und mehr an Bedeutung.

Mit dem Sieg Philipps von Makedonien 338 v.Chr. über Athen und seine Bundesgenossen verloren diese ihre Unabhängigkeit. Die souveräne Politik der Volksversammlungen und somit auch die öffentliche Beredsamkeit fanden weitgehend ein Ende.[11]

Was in Griechenland die Polis war in Rom die Republik – ein Nährboden für die öffentliche Rede. Bei den Römern wurden die Beschlüsse im Senat von den 300, später 600 Senatoren diskutiert und getroffen. Prägend und von zentraler Bedeutung für die römische Rhetorik sollte Marcus Tullius Cicero (106–43 v.Chr.) werden. Schon als junger Mensch beobachtete er das Treiben der Männer auf dem Forum und eignete sich so seine rhetorischen Fähigkeiten an. Auf Reisen nach Kleinasien und Griechenland erweiterte er diese, was ihm von großem Nutzen war bei der Erlangung öffentlicher Ämter und dem Verfassen rhetorischer Theorieschriften.

Auffallend ist, dass der Verfall der Beredsamkeit dann einsetzt, wenn ein politisches System totalitäre Züge annimmt. So geschehen nach dem Niedergang der attischen Demokratie oder dem Ende der Römischen Republik.

Im Mittelalter war die Predigt, als geistliche Form der Rede, die einzige Gattung, die durchgängig existent war. Dazu gab es zum einen Predigten, die sich mit der Auslegung der Bibeltexte beschäftigten, zum anderen sog. Themapredigten. Erst im 13. Jahrhundert erlebte die öffentliche Beredsamkeit, nach einigen Jahrhunderten des Niedergangs, einen langsamen Be-

Abb. 3: Cicero

deutungszuwachs. Es scheint erstaunlich, warum gerade im christlichen Mittelalter die Rhetorik so wenig Bedeutung besaß. Der Grund hierfür ist darin zu suchen, dass es lange Zeit als überflüssig galt, den Glauben mit schmuckhaften Worten zu verbreiten. Warum die Menschen mit rhetorischen Techniken überzeugen, wenn der Glaube doch die „reine Wahrheit" bereits ist.

Abb. 4: Der Franziskaner Berthold predigt gegen die Waldenser, Federzeichnung, 1447

Die Predigtkunst entfaltete sich so außerhalb der Messfeiern als „Volkspredikt" in Form der Kreuzzugspredigt (z.B. Bernhard von Clairvaux), der Mönchspredigt (z.B. Bettelorden) sowie der Bußpredigt (z.B. Meister Eckehart).[12]

In der Zeit zwischen 1350 und 1700 wurde die Kunst der Beredsamkeit wieder zu einem beherrschenden Element der Wissenschaften und Künste. Eine neue geistige Strömung erweiterte den geistigen Horizont und lenkte den Blick wieder verstärkt auf das Individuum, betrachtet die Welt als Ganzes und rückt die Sprache wieder auf einen erhobenen Platz. Als Ausgangspunkt dieses sogenannten Humanismus gilt Italien. Hier im Süden Europas lässt man sich „von den Ideen der Macht des Wortes für die menschliche Gemeinschaft leiten".[13] Die Humanisten legten größten Wert auf rhetorische Bildung, weil diese den allseitig gebildeten Menschen ausmache. Lorenzo Valla erhob in der Konsequenz die Rhetorik 1439 zur Königin der Wissenschaften, weil nur der, der die Sprache beherrsche, Wissen über die Welt erwerben könne.[14]

Die Rückbesinnung auf die Schrift, wie sie u.a. Erasmus von Rotterdam vertrat, war die geistige Voraussetzung der Reformation. Kennzeichnend für Martin Luther (1483–1546) war, dass sein theologisches Weltbild nicht in der Schreibstube entwickelt wurde, sondern „im Spannungsfeld von Rede und Gegenrede mit den Mitteln der Rhetorik und Dialektik".[15] Er war ein Redner par excellence! Je nach Adressat,

Abb. 5: Humanistischer Schulunterricht, Holzschnitt, 1496

Situation und Zweck seiner Rede passte er seinen Redestil an. Dabei legte er großen Wert auf eine auch für das gemeine Volk verständliche Sprache, was in dem viel zitierten Wort „dem Volk aufs Maul schauen" seinen Ausdruck findet.

Der Predigt kam in der Frühen Neuzeit eine zentrale Bedeutung zu. Da nur ca. 10 Prozent der Bevölkerung lesen konnten, war trotz Buchdruck die Sprache das wichtigste Medium der Reformation. In einer seiner Tischreden sagte Luther selbst einmal: „Alle Prediger sollen sich gewöhnen, dass sie schlicht und einfältig predigen und sollen sich bedenken, dass sie jungen unverständigen Leuten predigen, Bauern, die ebenso wenig verstehen wie die Jungen [...], und das ist der allgemeine Fehler der Prediger, dass sie predigen, dass das Arme Volk gar wenig draus lernt."[16] Luther verurteilte die, die „Schindluder" mit der Rede trieben – die Ablasshändler und Ketzer.

In der Zeit der Aufklärung diente die Rhetorik in Deutschland und Frankreich eher der künstlerischen, wissenschaftlichen, moralischen und höfisch-gesellschaftlichen Erziehung. In England hingegen gewann sie im 17. und 18. Jahrhunderts an elementarer politischer Bedeutung. „Das goldene Zeitalter der Rhetorik" (1688–1832) hing ganz stark mit der zentralen Funktion des englischen Parlamentes zusammen, dem Ort der Austragung politischer Kontroversen.[17] Es bestätigt sich somit die Annahme, dass dort, wo in der Frühen Neuzeit Politik keine Angelegenheit der öffentlichen Diskussion war, sondern Monarchen die Entscheidungen trafen, die politische Beredsamkeit geringe Bedeutung hatte.

Trotz der allmählichen Herausbildung einer deutschsprachigen Beredsamkeit war in der frühen Neuzeit die Rede kaum ein öffentliches Phänomen. Man begegnete ihr zwar an den Fürstenhöfen, an den Universitäten und in Form der Predigt in den Kirchen, aber eine „beredte bürgerliche Öffentlichkeit" entstand nur sehr langsam.

Abb. 6: „House of Parliament", London, Radierung, 1641

Der Mitte des 18. Jahrhunderts einsetzende politische, wirtschaftliche und soziale Wandel brachte erneut einen Niedergang der Rhetorik als wissenschaftliche Disziplin mit sich. Diese Abwertung führte dazu, dass im Laufe des 19. Jahrhunderts die Rhetorik als Lehrfach zunehmend verschwand. Dies scheint um so verwunderlicher, als doch Ende des 18. Jahrhunderts mit der Französischen Revolution ein wahres „Kommunikationsereignis" stattfand. Unter den vielen verschiedenen Formen der Revolutionspublizistik, z.B. Streitschriften, Traktate, trug die politische Rede zur „Identitätsbildung der verschiedenen politischen Gruppierungen" bei.[18] Aber trotz allen Bedeutungszuwachses der öffentlich-politischen Rede in der Zeit der Französischen Revolution war die politische Beredsamkeit nicht von Dauer. Die Rückkehr Frankreichs zur Monarchie, die napoleonische Herrschaft in Europa und die daran anschließende Restaurationszeit ließen für die Entfaltung einer politischen Beredsamkeit im Sinne der beratenden Rede wenig Raum.[19]

Mitte des 19. Jahrhunderts erlebte die politische Rede in Deutschland einen Höhepunkt. Die Nationalversammlung in der Frankfurter Paulskirche bot das Forum für politisch-parlamentarische Reden. Hauptkennzeichen der sog. Paulskirchen-Rhetorik waren das Pathos, die Erhabenheit und die von den Rednern eingesetzte Bildersprache.[20]

Nach dem Scheitern der Paulskirche und der Ausrufung des Deutschen Kaiserreiches in Versailles etablierte sich die politische Beredsamkeit auf verschiedenen Ebenen: zum einen in der kritisch-oppositionel-

Abb. 7: Republikanischer Frauenklub, Holzstich, 1830

len Publizistik, zum zweiten in der aufkommenden Arbeiterbewegung und zum dritten in Parlamenten wie dem Reichstag oder dem Preußischen Landtag.

2.2.2 Sprache und Politik im 20. Jahrhundert

Die Beredsamkeit – besonders die politische – erfuhr im 20. Jahrhundert erhebliche Neuerungen. In der Propaganda, in der Öffentlichkeitsarbeit und Imagepflege von Parteien und Politikern ging es immer weniger darum, Entscheidungen herbeizuführen, sondern um die Festigung bestehender Meinungen und um den „Verkauf" getroffener Entscheidungen.

In der Weimarer Republik hatte die politische Rede im klassischen Sinn etwa mit Rosa Luxemburg, Walther Rathenau oder Gustav Stresemann bedeutende Vertreter. Die erste Republik auf deutschem Boden führte zu einer Blüte der parlamentarischen bzw. politischen Rede. Zudem verhalf die Erfindung des Rundfunks der Rede zur Massenwirksamkeit. Plötzlich konnten die Menschen in der ganzen Republik die Worte der politischen und gesellschaftlichen Verantwortungsträger hören.

Mit der Machtergreifung der Nationalsozialisten verloren die beratende und die juristische Rede an praktischer Bedeutung. War es bisher zentrales Anliegen der politischen Rede, mit Argumenten Wirkung zu erzielen, ging es in der Propaganda des Dritten Reiches darum, „vom Argument abzulenken und die Intellektualität durch Emotionen auszuschalten.“[21] Anliegen der Rede war es, die ideologischen Ziele des Redners herauszustellen und weniger die Argumente. Die ideologische Massenbeeinflussung, und das erkannte Hitler frühzeitig, konnte am besten durch die öffentliche Rede bzw. die Medien, die sie ermöglichten („Volksempfänger“), und nicht durch Agitationsschriften erfolgen.

Schon in „Mein Kampf“ betonte Hitler, dass der Redner sich ganz auf sein Publikum einstellen müsse und es Ziel sei, Emotionen zu wecken und das Publikum zu leiten. Er schreibt: „Wenn der Mann, der aus seiner kleinen Arbeitsstätte oder aus dem großen Betrieb, in dem er sich recht klein fühlt, zum ersten Male in die Massenversammlung hineintritt und nun Tausende und Tausende von Menschen gleicher Gesinnung um sich hat, wenn er als Suchender in die gewaltige Wirkung des suggestiven Rausches und der Begeisterung von drei- bis viertausend anderen mitgerissen wird, wenn der sichtbare Erfolg und die Zustimmung von Tausenden ihm die Richtigkeit der neuen Lehre bestätigen und zum erstenmal den Zweifel an der Wahrheit seiner bisherigen Überzeugung erwecken – dann unterliegt er selbst dem zauberhaften Einfluss dessen, was wir mit dem Wort Massensuggestion bezeichnen. [...] Der Mann, der zweifelnd und schwankend eine solche Versammlung betritt, verlässt sie innerlich gefestigt.“[22] Und tatsächlich, die Nationalsozialisten stellten das Wecken der Emotion in den Mittelpunkt und inszenierten Großveranstaltungen, deren Ablauf sie bis ins Detail planten. Sie haben die Kunst der Rede missbraucht, indem

Abb. 8: Die Rede Hitlers vom 17. Mai 1933, amerikanische Karikatur, (The Nation, 1933)

sie Moral und Rhetorik voneinander trennten. Sie missbrauchten die Sprache als Mittel der Verführung und Demagogie.

In der DDR galt die Inszenierung weniger der Rede und dem Redner. Hier war die Rede lediglich ein Bestandteil der Herrschaftslegitimation und nicht der Herrschaftsteilhabe. Im Staatsleben der DDR spielte die sozialistische Rede die zentrale Rolle. Sie war angefüllt mit ideologischen Aussagen, berief sich immer wieder auf die Vorbilder der Arbeiterklasse und zählte zur Ausbildung der SED-Kader. Eine öffentlich-politische Beredsamkeit konnte sich unter den Bedingungen der Einparteiendiktatur kaum entwickeln, da die Entscheidungen nicht in parlamentarischen Diskussionsprozessen gefunden wurden.

In der Bundesrepublik entstand mit dem Parlamentarismus ein tragendes Fundament für die politische Rede. Aber bald zeigte sich, dass die politischen Entscheidungen weniger in den Plenarsitzungen als vielmehr in den vorberatenden Gremien getroffen wurden. Die Bundestagsdebatten dienten vor allem der Legitimation von Entscheidungen gegenüber der Öffentlichkeit. Die Entscheidungsfindung wurde weniger durch die politische Rede als vielmehr durch die internen Diskussionen in den Ausschüssen und Arbeitskreisen des Parlamentes und der Parteien vollführt. Reden in der Bundesrepublik sind häufig Lobreden (von den Regierenden) und Tadelreden (von den Opponierenden), hinzu kommen die Festreden. Somit zeigt sich eine Dominanz der epideiktischen Rede. Hans-Dieter Zimmermann sieht die Ursachen hierfür in der Entwicklung der Parteien hin zu Volksparteien. Um eine Wählerschicht nicht zu enttäuschen, konzentriert man sich in den Reden darauf, Kompromisse zu beschreiben und sieht sich als Diplomat.[23] Regelmäßig gelten gerade jene Debatten im Bundestag, bei denen der „Fraktionszwang" aufgehoben ist, als „Sternstunden des Parlaments." Außerhalb dieser Sternstunden ist die politische Rede der Bundesrepublik geprägt von einfachen Wiederholungen und von feststehenden Formulierungen. Die wachsende Bedeutung der Medien zeigt bereits weitere Veränderungen hinsichtlich des politischen Sprachgebrauchs. So kommt es immer weniger darauf an, in Reden seine Standpunkte und Argumente zu vertreten. Das mehr und mehr dominierende Interview verlangt kurze, prägnante und aussagekräftige Statements.

Während die praktische Beredsamkeit in Politik, Recht und Kirche heutzutage ihren festen Platz hat, sieht dies im Hinblick auf die Rhetoriktheorie weitaus schlechter aus. Positive Perspektiven für die Rhetorik gibt es aufgrund einer wachsenden Bedeutung der Medien- und Kommunikationswissenschaften. Auch im Schulunterricht und an den

Abb. 9: Konrad Adenauer auf dem Marktplatz in Bamberg, 1957

Universitäten misst man kommunikativen bzw. rhetorischen Fähigkeiten mehr Bedeutung und Aufmerksamkeit zu.

Abschließend lässt sich, besonders mit Blick auf die Geschichte der öffentlichen politischen Rede, sagen, dass diese sich hauptsächlich dort entfalten konnte, „wo Formen der Herrschaftsbeschränkung, Herrschaftskontrolle, der Auftragsautorität und damit verbundene politische Diskussionen bestanden".[24] Die attische Demokratie, die römische Republik, das englische Parlament, die angloamerikanische Demokratie, die Französische Revolution oder die Paulskirche können als Blütezeiten der politischen Rhetorik gelten. Dagegen war die politische Beredsamkeit in der Spätantike, im feudalistischen Mittelalter und besonders im Absolutismus nahezu verschwunden. Bestenfalls in der Gerichtsrede, der höfischen Beredsamkeit, der Fest- und Lobrede, der akademischen Rede oder in den Predigten lebte die Rhetorik in diesen Zeiten vereinzelt fort. Erst mit der Aufklärung und ihrer Kritik gewann die politische Rede wieder, dann aber stetig an Bedeutung.

2.3 Redegattungen und Redeteile

Jede Beschäftigung mit Reden macht es erforderlich, sich des Adressatenkreises und somit des Anlasses bewusst zu werden, denn mehr noch als der Inhalt gibt die Zusammensetzung des Publikums Aufschluss über die Redegattungen und das Anliegen der Reden. Aus dieser Erkenntnis heraus hat Aristoteles drei klassische Redegattungen unterschieden. Demnach kann man eine Rede hören, um ein Urteil zu fällen (Gerichtsrede), um über zukünftiges Handeln zu diskutieren (Beratungsrede) oder um sie schlicht zu genießen (Gelegenheits- oder Festrede). Bereits die Menschen in der Antike waren sich aber bewusst, dass diese drei Gattungen keineswegs alle Arten der Rede erfassten und nicht jede Rede sich unzweifelhaft einer Gattung zuordnen lässt. Vielmehr war diese Trias ein idealtypisches Modell, an dem die verschiedenen Aspekte der Beredsamkeit verdeutlicht werden konnten.

Der Gerichtsrede (genus iudiciale) kam in der Antike die höchste Bedeutung zu. Sie wurde als geeignetstes Mittel angesehen, eine Entscheidung herbeizuführen. Ankläger und Verteidiger standen sich gegenüber und hatten das Ziel, den oder die Richter durch Argumente zu überzeugen.[25] Zur Beeinflussung des Richters war nicht nur die Fähigkeit des Argumentierens entscheidend, sondern auch die Beherrschung stilistischer Mittel. Gehalten wurden die Gerichtsreden vor einem Geschworenengericht, das im klassischen Athen mehrere hundert – täglich neu erloste – Laienrichter umfassen konnte. In den Anklage- und Verteidigungsreden wurde über einen in der Vergangenheit liegenden Sachverhalt verhandelt, der durch den/die Richter oder eine Jury beurteilt wurde. Das zu fällende Urteil hatte für den Angeklagten positive oder negative Folgen. Es sollte aber bei der Beschäftigung mit Gerichtsreden nicht vergessen werden, dass auch eine interessierte Öffentlichkeit sich ihr Urteil über den zu verhandelnden Fall und dessen Beteiligte bildet.

Auch die Beratungsrede (genus deliberativum), die man gemeinhin als politische Rede oder Parlamentsrede bezeichnet, wird vor einem Publikum mit Entscheidungsgewalt gehalten. Am deutlichsten wird dieser Sachverhalt in der attischen Volksversammlung, im römischen Senat und in den Parlamenten der Neuzeit und der Zeitgeschichte. Anders als bei den Reden vor Gericht geht es in den Beratungsreden vor allem um zukünftige Sachverhalte. In Rede und Gegenrede sollen Beschlüsse und Handlungsanweisungen erzielt bzw. von ihnen abgeraten werden. Möchte ein Redner seine Interessen durchsetzen und somit Wirkung erzielen, muss er die Mehrheit der Zuhörer für sich gewinnen. Diese sind oft kritisch und prüfen die Vorschläge, bevor sie sich zur Beschlussfassung durchringen.[26]

Die beratende Rede oder Parlamentsrede ist aber auch ein wesentliches Instrument der Macht- und Herrschaftsausübung. So wird durch die politische Beredsamkeit Kontrolle von Personen und Normen, Sanktionierung, Delegation von Aufgaben, Regelung von Konflikten, Steuerung von Informationen, Normsetzung, Zieldefinition und Repräsentation von Gruppen möglich. Im Ergebnis bedeutet dies, dass die politische Rede der Rechtfertigung von Herrschaft, der Darstellung von Politik und der Beschaffung von Legitimität verpflichtet ist.[27]

Die Gattung der Fest- bzw. Gelegenheitsrede (genus demonstrativum) kann mitunter auch diesem Ziel dienen. Der Begriff Gelegenheitsrede macht deutlich, wie unspezifisch in der Ausprägung und vielfältig dieser Redetypus sein kann. Kennzeichnend ist, dass solche Reden in der Regel vor einem Publikum gehalten werden, das dem Redner oder Redeinhalt gegenüber schon vor Beginn der Rede positiv eingestellt ist. Da die sogenannte epideiktische Rede nicht das Überzeugen zum Ziel hat, sondern das Erfreuen, ist sie von vornherein nicht auf Rede und Gegenrede ausgerichtet. Der monologische Vortrag, der keine Entscheidungs- oder Urteilsfindung zum Ziel hat, stellt somit den Redeinhalt der Redeleistung des Vortragenden gleich. Der Zuhörer muss nicht über den Redeinhalt entscheiden, sondern soll den Redevortrag ästhetisch genießen.[28] Die Aufgabe dieser Gattung besteht darin, „existierende Meinungen, Annahmen oder Ideologien entweder zu bestätigen oder abzulehnen, diese aber nicht durch Reflexion und Rede herbeizuführen. Die Zuhörer können die vorgebrachten Argumente zwar reflektierend begleiten, sind aber am Meinungsbildungsprozess und an der Entscheidung nicht beteiligt."[29] Mit dieser Funktionsbeschreibung der epideiktischen Rede fasst Clemens Ottmers sowohl die Schmäh- und Tadelreden, wie sie vielfach in der Zeit der Reformation und Gegenreformation gehalten wurden, als auch die Propagandareden zusammen.

Die Propagandarede, die wie keine andere kennzeichnend für die Zeit des Nationalsozialismus ist, beinhaltet stets Merkmale der Beratungsrede (politischen Rede) als auch der Gelegenheitsrede. Wie die politische Rede dient die propagandistisch-ideologische Rede der Rechtfertigung von Herrschaft, der Beschaffung von Legitimität und der Darstellung bzw. Verherrlichung der eigenen Politik. Besonders im Zuge des Bedeutungszuwachses der Massenmedien (Schallplatten, Radio, TV, CD, DVD, Internet) ist zu beobachten, dass sich totalitäre Systeme der Rede bedienen, um ihre tyrannische Herrschaft zu rechtfertigen und um ihre ideologische Politik darzustellen. Um die gewünschte Wirkung zu erzielen, greifen Propagandisten besonders auf affektive Mittel zurück. Wie bei der Gelegenheitsrede wird der zu erörternde Redegegenstand monologisch dargeboten, d.h., eine Gegenrede gibt es zumindest offiziell nicht, da die Kritik oder eine abweichende Meinung totalitär unterdrückt wird. Damit wird deutlich, dass in Propagandareden keine freie und unabhängige Meinungsbildung angestrebt wird, sondern durch politische Leitwörter, Sprachlenkung und Verschleierung (täuschen und belügen) Meinungen gefestigt und Entscheidungen gerechtfertigt werden.[30]

Mit der aufkommenden christlichen Beredsamkeit in der Spätantike entstand eine weitere Gattung: die Kanzelberedsamkeit oder auch Predigt. Diese geistliche Gattung der Rede hatte das Ziel, die christliche Botschaft zu verkündigen. Predigten unterscheidet man in solche, die sich der Auslegung eines Bibeltextes widmen (Homilie), und in solche, die sich eines bestimmten Themas annehmen (Sermon). Aber schon seit dem frühen Mittelalter wurden diese beiden Typen zur sog. Kunsthomilie verbunden und fanden sich meist in den Volkspredigten wieder. Die Volkspredigt wurde als Mittel der öffentlichen Meinungsbildung immer wieder auch außerhalb der Kirche verwendet und mit bestimmten Anlässen (z.B. Kreuzzugsaufruf, Aufforderung zur Buße, Kritik an weltlichen Herrschern) verbunden.

Die wachsende Bedeutung der Universitäten und das Streben des rasant anwachsenden Bildungsbürgertums nach Wissen und Bildung ließen eine fünfte Redegattung zu Beginn des 18. Jahrhunderts entstehen. Die Lehrrede (genus didascalicon bzw. genus didacticum) „stellt einen Sachverhalt in sachlogischer und adressatengerechter Weise dar".[31] Bis ins 19. Jahrhundert hinein wurde die akademische bzw. didaktische Rede an den Universitäten eingeübt. Ziel war eine

Abb. 10: Kreuzzugsaufruf Papst Urbans II., kolorierter Holzschnitt, 1482

intellektuelle, argumentative und sprachliche Schulung, die dem lernenden Publikum den Stoff optimiert darbietet.

In verschiedenen wissenschaftlichen Publikationen werden außer den fünf mündlichen Redegattungen zwei schriftliche Gattungen erläutert: die schriftliche Beredsamkeit (z.B. Brief, Urkunden) und die Poetik (z.B. Gedichte), auf die an dieser Stelle aber nicht eingegangen werden soll.[32]

Nicht näher eingegangen werden kann an dieser Stelle auf rhetorischen Gattungen, die mit der Fortentwicklung der Drucktechnik und mit dem Aufkommen der elektronischen und audiovisuellen Medien eine kaum noch zu überschauende Ausweitung erfahren haben. Das Ende der rhetorischen Theoriebildung im 18. Jahrhundert hat sich besonders auf dem Gebiet der rhetorischen Gattungen bemerkbar gemacht. Eine systematische Darstellung der „genera" unter Einbezug der modernen Ausprägungen fehlt fast gänzlich. Clemens Ottmers unternahm den Versuch einer Systematisierung und unterscheidet zwischen „schriftlich-rhetorischen Gattungen" (z.B. Kommentare, Reportagen, Berichte) und „mündlich-dialogischen Gattungen" (z.B. Diskussionen, Debatten, Talkrunden, Reportagen, Interviews).

Neben der Gattungslehre, die in ihren Grundzügen auf Aristoteles zurückzuführen ist, nehmen die Ausführungen zur Gliederung einen breiten Raum in der Fachliteratur ein.[33] In der Rhetorik hat sich aber jene Einteilung durchgesetzt, die Aristoteles für die Gerichtsrede entwarf: Einleitung (exordium), Erzählung (narratio), Beweisführung bzw. Begründung (argumentatio) und Schluss (peroratio). Der Redeanfang soll inhaltlich auf den Hauptteil vorbereiten und den Hörer den Inhalten der Rede gewogen stimmen. Daran schließt sich die Schilderung des Sachverhaltes bzw. des Tatherganges an. Ziel dabei ist es, das Publikum von der Wahrhaftigkeit des Erzählten zu überzeugen. In der Phase der Begründung soll durch Argumente, Beispiele und Indizien das Erzählte als das Wahre dargestellt werden. Der Schluss erfüllt nach Aristoteles zwei Aufgaben. Er soll das im Hauptteil der Rede Gesagte zusammenfassen sowie die Affekte und Emotionen der Zuhörer wecken. In der Gegenwart hat sich immer mehr ein „modernes" Gliederungsschema durchgesetzt, das zuvor lediglich bei den Lob- und Tadelreden zu finden war: Einleitung, Hauptteil und Schluss. Die Erzählungen und Begründungen (Argumentation) sind also im Hauptteil aufgegangen. Vielfach wird betont, dass Einleitung und Schluss einen Rahmen bilden sollen, d.h., dass im Schlussteil der Rede auf das Gesagte aus der Einleitung (z.B. aktueller Anlass oder Hypothesen) zurückgekommen wird und die Gedanken des Hauptteils zusammengeführt werden.[34]

	Die klassischen Redegattungen							
Gattung	**Gerichtsrede** *(genus iudiciale)* juristische Reden	**Beratungsrede** *(genus deliberativum)* politische Rede		**Gelegenheits- und Festrede** *(genus demonstrativum)* epideiktische Reden		**Kanzelrede** (ars praedicandi)		**Lehrrede** (genus didascalicon)
Untergattung		Parlamentsreden	Propagandareden Kriegsreden	Lob- und Dankesreden	Tadel- und Schmähreden	Bibelauslegung (Homilie)	Themapredigt (Sermon)	
						Kunsthomilie		
Zeitbezug	Vergangenheit	Zukunft	Gegenwart / Zukunft	Vergangenheit / Gegenwart		Vergangenheit / Gegenwart / Zukunft		Vergangenheit / Gegenwart / Zukunft
rhetorische Disziplin	juristische Rhetorik	kommunikative Rhetorik	ideologische Rhetorik	ästhetische Rhetorik		geistliche Rhetorik		akademische / didaktische Rhetorik
Aufgabe	untersucht Schuld oder Unschuld eines Angeklagten	Beratung eines Sachverhaltes mit dem Ziel eines Entschlusses	Überredung im ideologischen Sinn	darstellen, loben, kritisieren, mahnen, erinnern, etc.		belehren, unterweisen, führen, Glauben geben, etc.		unterrichten, Wissen vermitteln, aufklären
mögliche Anlässe	private Prozesse, politische Prozesse	Gesetzgebung, Parteitage, Ansprachen ans Volk	Parteitage, Rundfunkansprachen	private, öffentliche, berufliche, schulische & gesellschaftliche Ereignisse bzw. Gedenk- und Feiertage		kirchliche Festtage, Gottesdienst		Vorlesung Unterricht
Auswahl möglicher Redeformen	Anklage, Plädoyer, Beweisrede, Urteil	Ansprache, Debattenbeitrag	Ansprache, Vortrag, Urteil, Laudatio	Laudatio, Kurzrede, Ansprache		Kreuzzugpredigt, Bußpredigt, Mönchspredigt, Volkspredigt, geistliche Ansprachen, publizistische Predigt, Dialog (moderne)		Vorlesung, Vortrag, Referat
Vertreter (Bsp.)	Cicero	Perikles; Adenauer; Rita Süssmuth	Goebbels; Stalin; Margot Honecker	v. Weizsäcker; Luther; Alice Schwarzer		Meister Eckehart; Bischof von Galen		Schiller; Marion Gräfin Dönhoff

Tab. 1: Mögliche Einteilung der Redegattungen

2.4 Faktoren der Rede

Das Erreichen des Redeziels ist von komplexen kommunikativen Abläufen abhängig. Bei der Analyse einer Rede sind die historische Situation, die Erwartungen und Stimmungen des Publikums sowie die Persönlichkeit des Redners von grundlegender Bedeutung. Die Aussagen bzw. Inhalte einer historischen Rede knüpfen an die Ideen, Gefühle und Werthaltungen des Publikums an und stehen somit im unmittelbaren Bezug zum geschichtlich-gesellschaftlichen Kontext.

Das hier entwickelte kommunikative Beziehungsgeflecht der historischen Rede mit seiner Wechselwirkung von Situation, Thema, Publikum und Redner lehnt sich bewusst an das aus der Kommunikationswissenschaft bekannte „Kommunikationsmodell" an, soll aber speziell für historische Reden modifiziert werden.[35] Ausgangsgedanke ist, dass jede sprachliche Kommunikation, ob in Vergangenheit oder Gegenwart, Inhalte vermittelt, die Persönlichkeit des Redners reflektiert, Aufforderungen zu Handlungen enthält und die Beziehung zwischen Sprecher und Hörer verdeutlicht.

Jede historische Rede bezieht sich auf eine reale, wenn auch vergangene Situation. Vergangene Situationen sind geprägt durch die „politischen und sozialen Verhältnisse, nationale Konventionen, ‚ungeschriebene' Gesetze und Gepflogenheiten",[36] denn im engeren Sinn zählen auch räumliche und zeitliche Umstände, die Zahl der Teilnehmer, ihre soziale Gruppenzugehörigkeit und ihr Bekanntheitsgrad untereinander sowie der Grad der Öffentlichkeit zu den situativen Faktoren. Die Situation umgibt und beeinflusst Redner und Publikum gemeinsam – vor allem die Aussagekraft und Wirkung einer Rede. Die Kenntnis der situativen Faktoren ermöglicht ein intensiveres Verständnis der Rede und der Reaktionen, die diese ausgelöst hat. So ist es beispielsweise nicht unerheblich zu wissen, wo und unter welchen Bedingungen Josef Goebbels den „totalen Krieg" ausruft oder Ernst Reuter die „Völker der Welt" um Unterstützung bittet.

Innerhalb der „historischen Situation" und der „besonderen Umstände der Rede" steht der „Redner". Jeder Redner hat vor Redebeginn bestimmte subjektive Einstellungen und Haltungen bezüglich des Redethemas, die er den Zuhörern mitteilen möchte, um auf diese „Wirkung" auszuüben. Dabei entscheidet der gute Redner selbst (bewusst oder unbewusst) über Ziele, Strategie und rhetorische Mittel seiner Rede. Neben dem Inhalt sind für das Gelingen und die Wirkung einer Rede auch das rhetorische Können und der Sachverstand des Redners, seine Gesamterscheinung, sein Einschätzungsvermögen bezüglich des

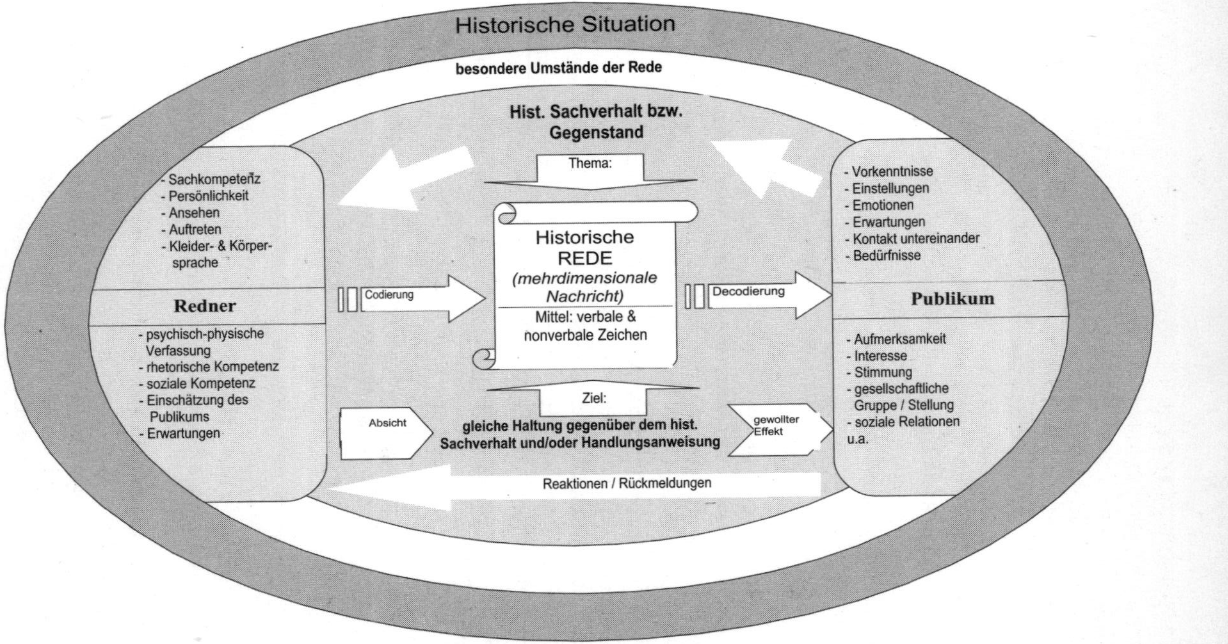

Abb. 11: Mögliches Modell des kommunikativen Beziehungsgeflechts der historischen Rede (CD: 11- kommunik. Beziehungsgeflecht.jpg)

Publikums und seine Vorbildfunktion von Bedeutung. Äußere Erscheinung, Lebenslauf (Herkunft, Bildung, Beruf ect.), Einstellungen gegenüber Gesellschaft und Politik, Glauben, moralische Vorstellungen und persönliche Neigungen können ebenso maßgeblich bei der Beurteilung des Redners und seiner Rede sein wie die sozialen Beziehungen, die er unterhält, und der Status, den er innerhalb einer Gruppe genießt. Ferner ist das Prestige (Ansehen, Einfluss) abhängig von der psychischen und physischen Erscheinung, dem verbalen bzw. nonverbalen Verhalten, den bisherigen Leistungen sowie äußerlichen Attributen wie Kleidung, Accessoires, Schmuck und Körperkult. Wenn der Redner – vor und während der Rede – die vorhandenen Einstellungen, Gefühle und Handlungsabsichten, den Kenntnisstand, den Erfahrungshorizont, die Erwartungen, die Bedürfnisse und die Interessen des Publikums einschätzen kann, ist er in der Lage, auf diese zu reagieren und sein rhetorisches Geschick eindrucksvoll unter Beweis stellen.

Wie das kommunikative Beziehungsgeflecht der historischen Rede verdeutlicht, beeinflussen den Redner die Intentionen und Ziele, welche er mit der Rede verfolgt. Ziel des guten Redners ist es, beim Publikum ähnliche Wahrnehmung, Einstellung oder Handlungsabsicht hinsichtlich eines Sachverhaltes bzw. Gegenstandes hervorzurufen, wie er sie selbst vertritt oder anstrebt. Neben dieser Redeabsicht lassen sich weitere Intentionen nennen. So sollte ein guter Redner stets um Information des Publikums bemüht sein, er sollte durch die Kommunikation Kontakt zu bestimmten Gruppen suchen und anstreben, sich eindeutig zu positionieren.

Je besser der Redner seine Zuhörer kennt und auf diese eingehen kann, um so eher kann er Zustimmung und Anerkennung gewinnen. Die Tatsache, dass jeder Zuhörer eine eigene Persönlichkeitsstruktur mit Einstellungen, Interessen und Werthaltungen besitzt, ist vom Redner zu beachten. Am Grad der Aufmerksamkeit und der Reaktionen des Publikums (z.B. Applaus, Zwischenrufe, Einschlafen) erkennt er schon während der Rede, ob er die eben beschriebenen Faktoren entsprechend berücksichtigt oder nicht. Diese Art der Reaktion ist während der Rede die einzige Möglichkeit des Zuhörers, sich bemerkbar zu machen.

So zentral die einzelnen Faktoren auch sein mögen, gerade für historische Reden sind sie oft schwer zu beschreiben. Mit Hilfe von Ergänzungsquellen muss deshalb im Geschichtsunterricht versucht werden, die politischen, gesellschaftlichen und sozialen Verhältnisse zu erhellen. Dabei sollte man das Publikum nicht als ein Ganzes wahrnehmen, sondern sich bemühen, dessen „soziale Merkmale zu erfassen."[37] Die Zuhörer lassen sich nach Alter, Geschlecht, Zugehörigkeit zu sozialen

Schichten, Berufen oder Religionen charakterisieren, was wiederum der Redeanalyse dient. Erleichternd wirkt sich aus, dass sich Redner und Publikum in der gleichen „historischen Situation" befinden und auch die „Bedingungen der Rede" (Ort, Zeit) auf beide gleich wirken.

Vor Beginn einer Rede besitzt das Publikum eine mehr oder weniger gefestigte Meinung zum Redethema, d.h. im Falle des Geschichtsunterrichts zum historischen Sachverhalt bzw. Gegenstand. Ziel des Redners ist es, mit Hilfe „verbaler und nonverbaler Zeichen", d.h. mündlicher und körperlicher Sprache, das Publikum von „seiner Sicht der Dinge" zu überzeugen. Die Sprache ist das Medium, das den Redner mit dem Publikum verbindet. In der wissenschaftlichen Diskussion haben sich drei Hauptfunktionen der Sprache herausgebildet: die Darstellung von Sachverhalten und Gegenständen, das Bekunden von Gefühlen, Meinungen und Absichten und das Auslösen eines bestimmten Verhaltens.[38] Die Versprachlichung der Redeabsicht durch den Redner unter Berücksichtigung des Publikums wird als „Codierung" bezeichnet. Der Mimik und Gestik, der Körperhaltung und Stimme (Tonfall, Tonhöhe, Lautstärke, Sprechgeschwindigkeit, Stimmschärfe) kommt hierbei eine große Rolle zu. Die „Decodierung" beschreibt nicht nur das Hören und die Aufnahme, sondern auch das Verstehen der Rede. Dieses Verstehen ist wiederum abhängig von den Vorkenntnissen, den Einstellungen, den Emotionen oder der Aufmerksamkeit des Publikums.[39] In dem Moment, in dem das Publikum Informationen der Rede zum historischen Sachverhalt bzw. Gegenstand aufnahm, wirkte dies auf das Wissen um den Redegegenstand – was nicht heißt, dass unbedingt ein Bewusstseinswandel einsetzen musste. Zum besseren Verständnis ein Beispiel: Otto Wels hat Hitlers Worte zum „Ermächtigungsgesetz" am 23. März 1933 wohl verstanden, aber dessen Haltung nicht übernommen. Eine weitere Folge, die beim Zuschauer einsetzt, wenn er eine Rede hört, ist die Reaktion (z.B. Applaus) auf diese. Es kann vorkommen, dass der Hörer aus der Rede ganz andere Botschaften und Handlungsweisen entnimmt, als der Redner beabsichtigte.

Die folgenden Abschnitte sollen aufzeigen, mit welchen verbalen und nonverbalen rhetorischen Mitteln der Redner arbeiten sollte, um mit Hilfe von Argumentationstechniken klare Absichten zu realisieren.

2.5 Verbale und nonverbale rhetorische Mittel

Bereits in der Antike erkannte man, dass die Steigerung einer Aussage mit Hilfe rhetorischer Mittel erreicht werden kann. Wer mit einer Rede eine Absicht verfolgt und erfolgreich sein möchte, bedient sich regelmäßig rhetorischer Figuren (verbaler rhetorischer Mittel) und setzt gezielt Körpersprache (nonverbale rhetorische Mittel) ein.

„Rhetorische Figuren sind beschreib- und erlernbare Sprechweisen, die bewusst eingesetzt werden, um die appellative Wirkung in Rede und Gespräch herzustellen und zu verstärken."[40] Die antike Herkunft der rhetorischen Figuren lässt sich schon an den griechischen Fachbegriffen erkennen. Für den Geschichtsunterricht ist es aber völlig ausreichend, wenn die Schüler ein Gespür für den bewussten Umgang mit sprachlichen Mitteln entwickeln und erkennen, dass der Redner Stilmittel absichtlich einsetzt, um eine bestimmte Wirkung zu erzielen.

Rhetorische Figuren lassen sich auf unterschiedlichen sprachlichen Ebenen finden. Ohne zu sehr in sprachwissenschaftliche Betrachtungen abzuschweifen, kann unterschieden werden zwischen Klang-, Wort-, Satz- und Sinnfiguren. Die Klangfiguren, z.B. Anapher, Reim, beziehen sich auf die Lautgestalt von Wörtern oder Sätzen. Die Wortfiguren, z.B. Klimax, Anapher, Epipher (s. Tabelle auf S. 33) betreffen den Sinn und die Bedeutung von Einzelworten oder Wortfolgen. Auf den Bau eines Satzes beziehen sich die Satzfiguren, z.B. Ellipse, Parallelismus, und Sinnfiguren erstrecken sich über weite Teile einer Rede.

Gerade die Sinnfiguren sind bei der Interpretation historischer Reden relevant, geben sie doch Aufschluss über die Strategien des Redners. Durch sie versucht er zu beschwichtigen, auf- oder abzuwerten, zu vergleichen und zu appellieren. Rhetorische Figuren der Beschwichtigung sind: Verständnis äußern, die Interessen der anderen anerkennen, sich einer Gruppe verbunden zeigen, Widersprüche verschweigen, Probleme tabuisieren, Belastungen verharmlosen usw. Zentrale Figuren, um sich und seine Standpunkte aufzuwerten, sind: günstige Merkmale hervorheben, Ungünstiges abschwächen oder verschleiern, eigennützige Ziele als uneigennützige ausgeben, Übersteigerung eigener Verdienste, Fehler anderen zuschreiben oder Zuhörer dem gegnerischen Lager zuschreiben, wenn sie anderer Meinung sind. Als rhetorische Figuren der Abwertung gelten: Ungünstiges hervorheben, Günstiges abschwächen, Gegnern negative Attribute zuschreiben, Fehler der Gegner maßlos übertreiben, Deformation gegnerischer Argumente, Umwertung von Argumenten, bewusstes Missverstehen oder auch die Neudefinition gegnerischer Schlagworte.[41]

Als weitere Figuren, die das Ziel der Zustimmung verfolgen, können u.a. Wiederholungen, Stereotype, Lügen, Fälschungen, Redensarten und Sprichwörter, Schlagworte, Metaphern, Antithesen, Vergleiche, Euphemismen, Anspielungen, rhetorische Fragen oder Erzählungen genannt werden.[42]

Rhetorische Figur	**Erklärung**	**Beispiel**
Anapher (Wiederaufnahme Satzanfang)	Wiederholung des Anfangswortes bei aufeinander folgenden Sätzen	*„Wir fordern den Frieden, wir fordern die Freiheit."*
Anrede	Hinwendung an den Adressaten	*„Herr Präsident, Exzellenzen, ..."*
Anspielung	Versteckter Hinweis auf einen Zusammenhang, eine Person, die der Adressat kennt	*„Ich brauche Ihnen doch nicht zu sagen,..."*
Antithese (Gegensatz)	Entgegenstellung von Begriffen und Gedanken	*„Heiß geliebt und kalt getrunken"*
Archaismus	Veralteter sprachlicher Ausdruck	*„Alsbald"; „allezeit"*
Ausruf	–	*„Zum Teufel mit dir!"*
Chiasmus	Spiegelbildliche Anordnung einander entsprechender Worte	*„Die Waffe der Kritik kann die Kritik der Waffen nicht ersetzen" (Marx)*
Ellipse (Auslassung)	Verkürzte Satzkonstruktion	*„Ohne Wenn und Aber!"*
Epipher (Wiederaufnahme Satzende)	Wiederholung des Endwortes bei aufeinanderfolgenden Sätzen	*„Er ging fort. Er lebte fort."*
Euphemismus (Beschönigung)	Beschönigende Beschreibung von unangenehmen Sachverhalten	*Entsorgungspark; ableben*
Hyperbel (Übermaß)	Starke Übertreibung	*Todsünde*
Inversion (Umkehrung)	Umstellung von Satzgliedern, abweichend vom normalen Sprachgebrauch	*„Unendlich ist die jugendliche Trauer."*
Ironie	Etwas anderes als das Gesagte ist gemeint	*„Du bist mir ein schöner Freund"*
Klimax (Steigleiter)	Steigerung	*„Er kam, sah und siegte"*
Metapher (bildliche Übertragung)	Bildlicher Vergleich durch Fügung von Wörtern, die eigentlich nicht zusammengehören	*„Deutschland ist glücklich"; „Meer der Tränen"*
Metonymie (Umbenennung, Übertragung)	Ersetzung des eigentlich gemeinten Wortes durch ein in einer realen Beziehung zu diesem stehenden	*„Wien gibt bekannt" anstelle von: habsburgische Regierung*
Neologismus (Wortneuschöpfung)	Neugebildeter sprachlicher Ausdruck	*„Übermenschen"; „Gerechtigkeitslücke"*
Paradoxon (Scheinwiderspruch)	Unerwartete Behauptung, die der allgemeinen Meinung und Erfahrung widerspricht und deshalb zunächst als unlogisch erscheint, aber sich doch als zutreffend erwiesen	*„Merkwürdig, wie wenig im ganzen die Erziehung verdirbt."*
Personifikation (menschlich machen)	Vermenschlichung eines Gegenstandes	*„Die Revolution frisst ihre Kinder."*
Rhetorische Frage (Scheinfrage)	Frage, die nicht beantwortet zu werden braucht, sondern die Zuhörer nachdenklich machen will bzw. der vom Redner selbst gegebenen Antwort größere Aufmerksamkeit bringt	*„Gibt es jemanden, der anderer Meinung ist? – ich glaube nicht"*
Scheindefinition	Erklärt eine Sache, begründet aber nur die Behauptungen des Redners	
Vergleich	Mittel zur Erhöhung der Anschaulichkeit einer Darstellung oder eines Gedankens	*„Wie ein Fels in der Brandung stand er dort."*
Verschweigen	Etwas Wichtiges wird nicht ausgesprochen	*„In anbetracht der Zeit komme ich nun zum Ende ..."*
Vorgriff	Ein möglicher Einwand wird vorweggenommen	*„Sicherlich können Sie mir jetzt entgegnen, dass ..."*
Wortspiel	Zusammenstellung klangähnlicher, aber bedeutungsverschiedener Wörter	*„So fürchten sie keine Verhandlungen, aber handeln auch nie aus Furcht."*
Zitat	Textübernahme	*Bismarck sagte: „Es lebe der Kaiser."*

Tab. 2: Eine Auswahl häufig genutzter rhetorischer Figuren. Quellen: http://www.teachsam.de/deutsch/d_rhetorik/rhe_mit_1.htm, v. 25.10.05.; Winkler, Werner: Abitur-Wissen Deutsch. Prüfungswissen Oberstufe, Freising 2000, S.17-22. (CD: 12-Rhetorische Figuren.jpg)

Schließlich ist noch auf die Funktion und Wirkung der rhetorischen Figuren (Wirkungsakzent) hinzuweisen. Die wichtigsten Wirkungsakzente sind: Anschaulichkeit, Eindringlichkeit, Einbezug des Adressaten (Kommunikation), Spannung und ästhetischer Reiz (Sinnlichkeit). Es kann durchaus der Fall eintreten, dass die beabsichtigte Wirkung nicht der tatsächlich realisierten Wirkung entspricht.

Um die Aufmerksamkeit der Zuhörer zu gewinnen, kommt es darauf an, dass der Redner dem Publikum gegenüber verständnisvoll und höflich auftritt. Stimme, Betonung und Statur (körperliche Ausstattung) sind gleichfalls von großer Relevanz. Die Stimme des Redners wirkt nachhaltig auf die Zuhörer, und ein geschickter bzw. variantenreicher Einsatz erzeugt Interesse und Aufmerksamkeit. Geübte Redner können so entsprechend der Situation und des Redethemas fröhlich, traurig, erregt, bewegt, mitfühlend, sinnlich, dynamisch, hart, spöttisch, sachlich, bittend oder fordernd sprechend. Eine schlechte Aussprache und Betonung bestraft das Publikum allerdings gnadenlos. Für die

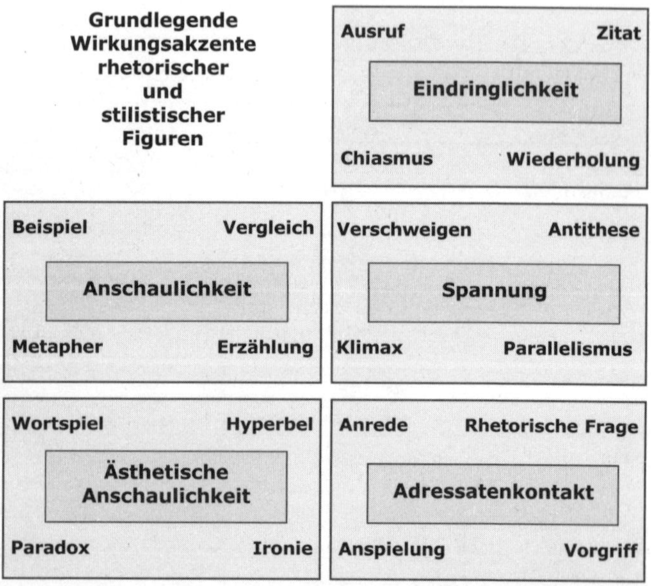

Abb. 12: Wirkungsakzente und Funktionen verbaler rhetorischer Mittel Quelle: www.teachsam.de/deutsch/d_rhetorik/rhe_mit_2_1.htm. Stand: 24.10.2005.

Glaubwürdigkeit eines Redners ist es wichtig, dass dessen Stimme zur Situation und zur angestrebten Wirkung der Rede passt.

Neben den verbalen (sprachlichen) Faktoren beeinflusst das nonverbale Verhalten die Wirkung der Rede und des Redners. Bereits in der Antike erkannte man die Macht der – gewollten oder ungewollten – nonverbalen Signale. „Bei der Beeinflussung durch die Rede geht es nicht nur um das Auffinden und Auswählen von überzeugenden Argumenten, die günstige Anordnung der Argumente (vgl. S. 37 f.) und die passende sprachliche Darstellung, sondern auch um die wirksame Vortragsweise und den gestischen Ausdruck des Redners."[43] Bei Cicero findet sich die Aussage: „Jede Regung des Gemüts hat von Natur ihren charakteristischen Ausdruck in Miene, Tonfall und Gebärde. Der ganze Körper eines Menschen, sein gesamtes Mienenspiel und sämtliche Register seiner Stimme klingen wie die Saiten eines Instruments, so wie sie jeweils die betreffende Gemütsbewegung anschlägt."[44]

Erst durch die Körpersprache, zu der Mimik, Gestik, Blickverhalten und Körperbewegung zählen, bekommt die Rede ihre tatsächliche Aussagekraft. Die körperlichen Ausdrucksmittel lassen sich in vier „Typen von Expressionen" einteilen: die Illustratoren (Mimik und Gestik), die Regulatoren (Blickverhalten, äußeres Erscheinungsbild), die Embleme (bewusste mimische und gestische Bewegungen) und die emotionalen Expressionen (emotionale Ausbrüche, z.B. Wut).[45]

Die Körpersprache drückt innere Zustände des Redners aus, vermittelt Aufmerksamkeit und definiert die Beziehung zwischen den Kommunikationspartnern. Bei der Analyse der Körpersprache ist darauf zu achten, dass es durchaus Differenzen im individuellen nonverbalen Verhalten gibt. Nicht jede gleiche Bewegung meint dasselbe. Als Beispiel seien die gereckte Faust der „Black-Panther" und die geballte Faust des Kommunistengrußes „Rot Front" angeführt. Einfluss auf die Körpersprache haben in aller Regel die Kultur, in der man lebt, das Individuum und dessen Emotionen sowie die Beziehung zum Publikum und dessen Gefühle.[46]

Otto Schober definiert die Mimik als die „sichtbar werdenden Bewegungen unserer Gesichtsoberfläche".[47] Als wichtigstes nonverbales Ausdrucksmittel ist das Gesicht ganz entscheidend für die Kommunikation. Man kann Affekte, Emotionen und Absichten ablesen, sowie Freude, Aufmerksamkeit, Konzentration oder Ablehnung signalisieren. Abermals gilt es zu beachten, dass die Gesichtsausdrücke, die wahrgenommen werden, durchaus anders gemeint sein können. Die mimischen Signale (z.B. Lächeln, Augenbrauen bewegen), die oftmals nur eine Zehntelsekunde dauern, geben Aufschluss über die emotionale Verfas-

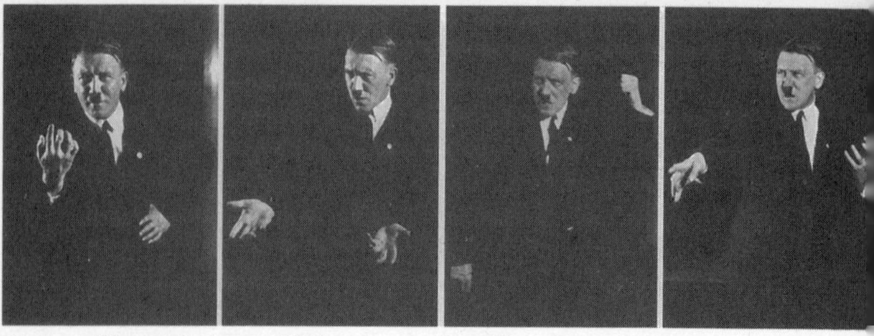

Abb. 13: Redeposen Hitlers, Fotopostkarten von Heinrich Hoffmann, 1927

sung des Redners und sind somit von Bedeutung für das Redeverständnis. In der Vergangenheit war es allerdings für das Publikum oftmals unmöglich, die Mimik des Redners aus der Ferne und ohne Großleinwand zu erkennen. So kamen der Statur als deutlich sichtbarem Zeichen und der Stimme als deutlich hörbarem Zeichen eine tragende Bedeutung zu. Mit der Erfindung von Großleinwänden und Verstärkeranlagen (Mikrofonen) haben es heutige Redner leichter. Damit ist ein Problemfeld thematisiert, das sich auch für den Unterricht eignet.

Die Reden Adolf Hitlers entfalten ihre Aussage besonders durch dessen Mimik und Gestik (Abb. 13). Die Gestik, und das erkannten nicht erst die Nationalsozialisten, steigert die Wirkung einer jeden Rede. Dieses Hilfsmittel, welches jeder Redner bewusst oder unbewusst anwendet, ist stark abhängig von dessen Temperament, aber auch vom Publikum. So wird bei einem Redner, der seinem Publikum verängstigt gegenüber steht, eine verhaltenere Gestikulation zu beobachten sein als bei einem, der sich sicher fühlt und Autorität über seine Zuhörer besitzt. Die Gestik kann verbale Äußerungen unterstreichen, Emotionen darstellen oder ganz unabhängig vom Gesagten sein. Als Beispiel aus der Redepraxis kann auf den sowjetischen Generalsekretär Chrustschow verwiesen werden, der während einer Rede vor der UNO mit den Schuhen auf das Rednerpult klopfte, um Aufmerksamkeit zu erreichen, um das von ihm Gesagte zu unterstreichen und um seine Macht vor aller Welt zu demonstrieren. Weitere von Rednern häufig eingesetzte Gesten sind: Kopfnicken, den Zeigefinger zeigen (mahnend oder deutend), mit der Achsel zucken, auf den Boden stampfen, mit der Hand winken, die Hand zur Faust ballen oder mit den Händen Größen und Mengen darstellen. Die Beispiele lassen erkennen, dass die Hände neben Stimme und Gesicht das zentrale Medium in einer Rede sind. Nicht von ungefähr gibt es den Satz: „Der redet mit den Händen." Allerdings kann

Abb. 14: Redepose Konrad Adenauers

eine übertriebene Körperbewegung die Zuschauer von den eigentlichen Inhalten der Rede ablenken.

Ein guter Redner setzt nicht nur Mimik und Gestik ein, sondern arbeitet mit Blickkontakt. Generell gilt, je freier der Redner die Inhalte seiner Rede vorträgt, desto eindrucksvoller wirkt sie. Er hat nämlich die Möglichkeit, mit den Augen stets beim Publikum zu sein, was wiederum dessen Interesse an seinen Zuhörern und deren Reaktionen verdeutlicht. Ferner können die Augen des Redners dessen emotionale Verfassung anzeigen. Im Hinblick auf die Zuhörer kann der Redner an deren Augen – sofern er sie erkennt – wahrnehmen, wie er auf sie wirkt. Die Augen des Publikums können Anwesenheit und Langeweile verraten oder Aufmerksamkeit und Interesse zeigen.[48]

Eine weitere Form nonverbalen Verhaltens ist die Körperhaltung. Sie wird deutlich an der Arm- und Beinhaltung sowie am Beugewinkel des Körpers. Ähnlich wie die Gesten begleitet die Körperhaltung die verbalen Äußerungen und verdeutlicht die Beziehung zwischen Redner und Publikum sowie die Gefühlszustände beider (Abb. 14). So wird beispielsweise Achselzucken als Hilflosigkeit gedeutet, eine steife Haltung bringt unterdrückte Angst zum Ausdruck und offene, ausgestreckte Hände stehen für Offenheit und Entgegenkommen.

2.6 Sachbezogene und affektische Beweisführungen

Das Anliegen eines Redners ist es, mit seiner Rede eine Wirkung zu erzielen. Die verbalen und nonverbalen rhetorischen Mittel dienen diesem Ziel ebenso, wie eine schlüssige und zielorientierte Beweisführung. Die Rhetorik gebraucht hierfür den Begriff der Argumentationstheorie. Diese beschäftigt sich zum einem mit der richtigen Verwendung und dem Auffinden von Gedanken, Argumenten und Beweisen (Argumentationslehre), zum anderen mit dem Finden von Mitteln zur Erzeugung von Affekten beim Publikum (Affektenlehre). Die Dispositionslehre als dritte Lehre der Argumentationstheorie befasst sich mit der Gliederung der Argumente zu einem Redeganzen.

Clemens Ottmers definiert Argumentationen als „komplexe Sprachhandlungen, mit Hilfe derer die Zuhörer oder Gesprächspartner überzeugt werden sollen."[49] Ebenso wie Erzählungen, Beschreibungen, Fragen, Erklärungen, Appelle und Aufforderungen zählen Argumentationen zum Bestandteil von Reden. Eine grundlegende Vorbedingung für eine Argumentation sind strittige Sachverhalte. Sie sind besonders in beratenden und juristischen Reden zu finden. Hier stehen sich in aller Regel zwei oder mehrere unterschiedliche Meinungen bezüglich eines Sachverhaltes gegenüber. Deswegen werden die verschiedenen Standpunkte von mindestens zwei Personen (Proponent und Opponent) vorgetragen. Hier wird aus der dialogischen Situation, wie man sie in Debatten, Diskussionen oder Interviews findet, eine monologische Kommunikationsform. Will man das Publikum überzeugen, muss man seine Argumentation verständlich und schlüssig aufbauen, sodass diese Einwänden und Angriffen standhalten kann. Ein Redner ist gut beraten, wenn er in seiner Rede auf Gegenargumente eingeht und diese versucht, zu widerlegen, um seinen Argumenten hierdurch größere Geltung zu verschaffen.[50]

Die Argumentationslehre unterscheidet prinzipiell zwei Überzeugungsverfahren: die Schlussargumentation und die Beispielargumentation. Die Grundlage der Schlussargumentation bildet eine allgemein anerkannte Feststellung, welche sich aus Gesetzen, Bräuchen und gesellschaftlich unstrittigen Auffassungen ergeben kann.[51] Ein Beispiel: „Adolf Hitler zählt zu den grausamsten Staatsführern der Geschichte. Er hat u.a. den Holocaust und den Zweiten Weltkrieg zu verantworten." Um den Geltungsanspruch strittiger Aussagen (Konklusionen) zu stützen oder zu widerlegen, werden andere Aussagen (Argumente) herangezogen, die unstrittig oder zumindest weniger strittig sind. Im Beispiel sind Holocaust und Zweiter Weltkrieg die Argumente, die die Aussage, „einer der grausamsten Staatsführer der Geschichte" zu sein (Konklusion), unterstützt. Es wird also vom Argument auf die Konklusion geschlossen. Dieses Verfahren nennt man Schlussregel.[52]

Die Beispielargumentation gilt in der Rhetorik als weiteres grundsätzliches Überzeugungsverfahren und kann in zwei Varianten, induktives Beispiel und illustratives Beispiel, verwendet werden. „Beim induktiven Beispiel handelt es sich [...] um einen Schluss vom Besonderen auf das Allgemeine durch das Hinzuziehen ähnlich gelagerter Fälle."[53] Zunächst soll aus beispielhaften Einzelfällen auf eine Gesetzmäßigkeit geschlossen werden, die dann auf das spezifische Moment in der Rede bezogen wird. Beim illustrativen Beispiel handelt es sich nicht um ein eigenständiges Argumentationsverfahren, sondern es dient dazu, bereits geäußerte Argumentationen zu veranschaulichen und zu bekräftigen. Häufig wird im Rahmen der exemplarischen Beweisführung auch auf Autoritäten wie Philosophen, Wissenschaftler und Staatsmänner verwiesen.[54]

Die Suche nach den geeigneten Argumenten und Beweisen verfolgt das Ziel, möglichst alle zweckdienlichen Merkmale einer Sache zu finden, die dem Redner helfen, sein Anliegen zu verwirklichen. Die Rhetorik hat hierfür eine Art Findkunst entwickelt, die Topik. Nach Clemens Ottmers ist die Topik „ein Suchverfahren, das den Argumentierenden auf bestimmte, für die Argumentation relevante Zusammenhänge lenkt, um das Finden von passenden Argumenten bzw. plausiblen Schlussmustern zu erleichtern." Ferner meint topisches Denken die „kreative Fähigkeit, die ‚gefundenen' Aspekte einer Argumentation miteinander zu verbinden und daraus überzeugungskräftige Aussagen abzuleiten".[55] Als Fundstätten für Argumente nennt Quintilian zum einen jene, die sich aus der Sache, zum anderen solche, die sich aus der Person ergeben.[56]

Neben den Argumentationen zählen Affekte zu den zentralen Mitteln, derer sich ein Redner bedienen sollte, um die Meinung des Publikums für seinen Standpunkt zu gewinnen. Mit dem Hervorrufen von Affekten zielt der Redner auf die Emotionen des Publikums. In der wissenschaftlichen Diskussion ist die Affektenlehre häufig kritisch beurteilt worden, liegt ihr doch die Überredung mit Emotionen und nicht die Überzeugung mit Argumenten zugrunde. Das Hervorrufen von Affekten zielt zum einen darauf, Ablehnung, Widerwillen und Wut gegenüber dem Gegner und seinen Zielen beim Publikum zu wecken, andererseits sollen Mitleid und Zustimmung für die eigene Sache erzeugt werden. Bereits Cicero unterschied die Affekte in Pathos und Ethos. Pathos bezeichnet demnach die wilden, mitreißenden, erschütternden und entsetzenden Gefühlsregungen wie Leidenschaften, Zorn, Schauer und Jammer; Ethos hingegen steht für die sanften, erfreuenden, gelassenen und unterhaltenden Gemütsbewegungen.[57] Die Erregung von Emotionen (milde/sanfte oder heftige/leidenschaftliche) kann kaum eine ganze Rede lang durchgehalten werden. Vielmehr findet diese an verschiedenen Stellen der Rede ihren Höhepunkt, der zuvor durch Argumentationen sowie verbale und nonverbale rhetorische Mittel vorbereitet wurde. Ein guter Redner versteht es, die Affekte variabel, d.h., einmal besänftigend und einmal aufwühlend, einzusetzen. Es gilt hervorzuheben, dass es bei der Affektlehre eben nicht um die Gemütsverfassung des Redners, sondern um das Hervorrufen von Gefühlen beim Publikum geht. Diese nicht auf den Intellekt zielende Strategie kann eine sachlogische Argumentation, die Wissen voraussetzt, ergänzen.[58]

Anmerkungen

(Die amerikanisch zitierten Titel sind im Literaturverzeichnis auf S. 193 vollständig enthalten)

1 Quintilian: Ausbildung des Redners, Rahn, Helmut (übers. u. hrsg.), 2. Bd., Darmstadt 1988.

2 Techsam, URL: www.teachsam.de/deutsch/d_rhetorik/rhe3_1.htm, Stand: 20.9.2005.

3 Ottmers, Clemens (1996): Rhetorik, S. 7f.

4 Aristoteles: Rhetorik, I. 2. 1.

5 Ottmers, Clemens (1996): Rhetorik, S. 13.

6 www.teachsam.de/deutsch/d_rhetorik/rhe3_1.htm, Stand: 20.9.2005.

7 Vgl. Staatsinstitut für Schulpädagogik und Bildungsforschung (Hrsg.): Handreichungen praxisorientierte Rhetorik, Donauwörth 1995, S. 286.

8 Stadtler, Hermann (Hrsg.) (1994): Texte und Methoden. Lehr- und Arbeitsbuch Deutsch, S. 10.

9 Vgl. Pelster, Theodor (1993): Rede und Rhetorik. Sekundarstufe II, S. 39f.

10 Vgl. Ueding, Gert / Steinbrink, Bernd (1986): Grundriss der Rhetorik, S. 258-263.

11 Fuhrmann, Manfred (1990): Die antike Rhetorik, S. 37.

12 Vgl. Menzel, Michael: Predigt und Geschichte: historische Exempel in der geistlichen Rhetorik des Mittelalters, Köln 1998.

13 Göttert, Karl-Heinz (1991): Einführung in die Rhetorik, S. 147.

14 Ebda., S. 148.

15 Huth, Sigfried A. (1994): Duden – Reden gut und richtig halten!, S. 45.

16 Lutherzitat nach: Ueding, Gert / Steinbrink, Bernd (1986): Grundriss der Rhetorik, S. 82.

17 Vgl. Giesewell, Detlef (2000): Politische Rhetorik, S. 80.

18 Rübebusch, Eckhardt (2002): Rhetorik und Revolution: in: Geschichte lernen, Heft 85 , S. 32.

19 Vgl. Huth, Sigfried A. (1994): Duden.., S. 56.

20 Vgl. Heibner, Helmut (1953): Die Rhetorik der Paulskirche, S. 178-182.

21 Ueding, Gert / Steinbrink, Bernd (1986): Grundriss der Rhetorik, S. 173.

22 Hitler: Mein Kampf, 775.-779. Aufl., München 1943, S. 536.

23 Vgl. Zimmermann, Hans-Dieter (1972): Die politische Rede. Der Sprachgebrauch Bonner Politiker, Stuttgart u.a. , S. 158.

24 Giesewell, Detlef (2000): Politische Rhetorik, S. 80.

25 Vgl. Ottmers, Clemens (1996): Rhetorik, S. 19.

26 Vgl. Pelster, Theodor (1993): Rede und Rhetorik, S. 41.

27 Vgl. Giesewell, Detlef (2000): Politische Rhetorik, S. 33.

28 Vgl. Aristoteles: Rhetorik I. 3.

29 Ottmers, Clemens (1996): Rhetorik, S. 21.

30 Vgl. Pelster, Theodor (1993): Rede und Rhetorik, S. 76-81.

31 Pandel, Hans-Jürgen (2002): Reden als Quellengattung, in: Geschichte lernen, Heft 85, S. 10.

32 Vgl. Ottmers, Clemens (1996): Rhetorik, S. 30-40 und S. 46-53.

33 Vgl. Aristoteles: Politik, III, 13-19.

34 Vgl. Huth, Sigfried A. (1994): Duden..., S. 78-84.

35 Vgl. Hermann, Theo: Sprechen und Sprachverhalten, in: Spada, Hans (Hrsg.): Lehrbuch der Psychologie, Bern 1990, S. 281-322.

36 Stadtler, Hermann (1994): Texte und Methoden, S. 17.

37 Giesewell, Detlef (2000): Politische Rhetorik, S 58.

38 Vgl. Bühler, Karl (2001): Die dreifache Leistung der Sprache, in: Bialkowsky, Brigitte (Hrsg.): Facetten, S. 466f.

39 Vgl. Staatsinstitut für Schulpädagogik und Bildungsforschung (1995): Handreichungen praxisorientierte Rhetorik, S. 16-18.

40 Stadtler, Hermann (1994): Texte und Methoden, S. 12.

41 Zimmermann, Hans-Dieter (1972): Die politische Rede. Der Sprachgebrauch Bonner Politiker, S. 160f.

42 Vgl. Giesewell, Detlef (2000): Politische Rhetorik, S. 65.

43 Staatsinstitut für Schulpädagogik und Bildungsforschung (1995): Handreichungen praxisorientierte Rhetorik, S. 71.

44 Cicero: Über den Redner. III. Buch., Merklin, Harald (hrsg. u eingel.), Ditzingen 1976.

45 Vgl. Pandel, Hans-Jürgen (2002): Reden als Quellengattung, S. 11.

46 Vgl. Staatsinstitut für Schulpädagogik und Bildungsforschung (1995): Handreichungen praxisorientierte Rhetorik, S.81-83.

47 Schobert, Otto (1989): Körpersprache, S. 39.

48 Vgl. Huth, Sigfried A. (1994): Duden..., S. 157f.

49 Ottmers, Clemens (1996): Rhetorik, S. 65.

50 Vgl. Pandel, Hans-Jürgen (2002): Reden als Quellengattung, S. 10.

51 Vgl. Ueding, Gert / Steinbrink, Bernd (1986): Grundriss der Rhetorik, S. 247f.

52 Vgl. Ottmers, Clemens (1996): Rhetorik, S. 73f.

53 Ebd. S. 82.

54 Ueding, Gert / Steinbrink, Bernd (1986): Grundriss der Rhetorik, S. 248-250.

55 Ottmers, Clemens (1996): Rhetorik, S. 87.

56 Vgl. Ueding, Gert / Steinbrink, Bernd (1986): Grundriss der Rhetorik, S. 219-235.

57 Vgl. ebd., S. 257.

58 Vgl. Pandel, Hans-Jürgen (2002): Reden als Quellengattung, S. 10.

3. Historische Reden und ihr Einsatz im Unterricht

3.1 Historische Reden und ihre Leistungen für die Kompetenzentwicklung

Die Ergebnisse der PISA-Studie über die deutschen Schülerinnen und Schüler haben in der Öffentlichkeit und besonders unter Pädagogen und Didaktikern große Diskussionen ausgelöst. Für den Geschichtsunterricht gilt es festzustellen, dass dieser bisher nicht in diese internationale Vergleichsstudie einbezogen wurde. Empirische Untersuchungen, wie sie beispielsweise Bodo von Borries durchgeführt hat, verdeutlichen die Defizite des deutschen Geschichtsunterrichtes.[1] Eine Diskussion, die nach PISA unter Geschichtsdidaktikern geführt wird, betrifft die Kompetenzentwicklung. Kompetenzentwicklung meint nicht nur das Lernen von Fakten, sondern auch die Fähigkeit, mit historischem Wissen umzugehen. „Für den Geschichtsunterricht“, so betont Hans-Jürgen Pandel, „bedeutet das, nicht mehr ausschließliches Faktenlernen als Ziel anzusehen, sondern bestimmte ‚Fähigkeiten‘, mit ‚Geschichte‘ umzugehen.“[2] Dieses Ziel des historischen Lernens ergänzt das Streben nach der individuellen Ausbildung eines Geschichtsbewusstseins.

Im Geschichtsunterricht und in der Lehrerausbildung ist eine einheitliche Definition des Kompetenzbegriffes nicht erkennbar. Häufig finden sich in Stundenentwürfen und Lehrplänen für das Fach Geschichte die fächerübergreifenden Kompetenzen der Sach-, Methoden und Sozialkompetenz. Hans-Jürgen Pandel hat in dem bereits zitierten Essay vier „historische Kompetenzen“ beschrieben, die für die Schülerinnen und Schüler von gegenwärtiger und zukünftiger Relevanz sind. Pandel unterscheidet in: Gattungskompetenz, Interpretationskompetenz, narrative Kompetenz und geschichtskulturelle Kompetenz.

Reden als Quellen historischen Lernens ermöglichen zum einen – wenn auch in unterschiedlicher Intensität – den Erwerb der genannten historischen Kompetenzen, und zum anderen ist der Erwerb dieser Kompetenzen die Voraussetzung für das Verstehen und Beurteilen der Reden unserer Gegenwart. Der Kompetenzerwerb im Rahmen der Beschäftigung mit historischen Reden dient ferner (1) der Befähigung der Schülerinnen und Schüler, historische Sachverhalte in den Diskussionen der Gegenwart wiederzuerkennen, (2) dem Verstehen von Reden, die aus einem historischen Anlass heraus gehalten wurden, (3) dem Entnehmen von Informationen über historische Entwicklungen und (4) der Fähigkeit, Geschichte aus verschiedenen Blickwinkeln wahrzunehmen.

Schülerinnen und Schülern können im Rahmen der Beschäftigung mit historischen Reden vor allem die Gattungs- und Interpretationskompetenz vergrößern. Gattungskompetenz besteht im Wissen, in den Fähigkeiten und Fertigkeiten der Schülerinnen und Schüler, mit verschiedenen Quellengattungen des Geschichtsunterrichtes arbeiten zu können. Die Befähigung der Lernenden im Umgang mit historischen Reden und Reden generell ist also nur ein Bestandteil im Aufbau der Gattungskompetenz. Im Fall der historischen Rede differenziert sich die Gattungskompetenz aber noch weiter. So gibt es Gerichtsreden, Beratungsreden, Gelegenheits- und Festreden, Kanzelreden und Lehrreden, die wiederum unterteilt werden können (s. Tab. 1, S.27). Es muss Ziel des Geschichtsunterrichts sein, dass die Schülerinnen und Schüler die wesentlichen Unterschiede der einzelnen Redegattungen kennen. Diese Kenntnis nutzt nämlich nicht nur der Interpretation im Geschichtsunterricht, sondern verdeutlicht auch, aus welchen Anlässen heraus und unter welchen Bedingungen Reden gehalten werden. Die Ausbildung der Gattungskompetenz kommt wiederum der Bildung des Geschichtsbewusstseins und somit dem Wirklichkeitsbewusstseins zugute.

Gattungskompetenz heißt auch, dass die Lernenden die Darstellungsformen von Geschichte unterscheiden können. Im Falle der historischen Rede sind dies die Text-, Ton- und die Filmdokumente. Jede dieser Darstellungs- bzw. Redeformen hat ihren besonderen Wert, deutet den Grad der Authentizität an (z.B. können Textreden leichter verfälscht werden als Filmdokumente) und erfordert besondere Schritte der Interpretation.

Ein Analyse- bzw. Interpretationsraster, das die besonderen Dimensionen der Quellengattung Rede berücksichtigt, wird in Kapitel 4 dieses Buches entwickelt (s. S. 54 ff.).

Über die Fähigkeit zur Entnahme historischer Informationen hinaus zielt diese Kompetenz auf die Befähigung der Schülerinnen und Schüler ab, die vorliegende Quelle nach ihrer Funktion und den Intentionen des Autors kritisch zu befragen. Bei der Gattung der historischen Rede wird die Notwendigkeit dieses Schrittes besonders deutlich. Jeder Redner hat bestimmte subjektive bzw. gruppenspezifische Intentionen, die er offen oder versteckt durch seine rhetorisches Mittel zu verfolgen versucht. Um sich den Grenzen oder Risiken einer jeden Interpretation und ihrer

Erkenntnisse bewusst zu werden, empfiehlt sich auch im Schulunterricht, über die Qualität der durchgeführten Interpretation nachzudenken.

Im Rahmen der Arbeit mit historischen Reden können auch die narrative und die geschichtskulturelle Kompetenz vermittelt werden. Die narrative Kompetenz wird immer dann berührt, wenn eine Rede erzählend vorgetragen wird bzw. wenn die Schülerinnen und Schüler aufgefordert sind, eine Rede sinnbildend mit einem anderen Ereignis zu verbinden. Als Beispiel sei die Rede Friedrichs II. genannt, in welcher er die schwierige Situation vor der Schlacht von Leuthen mit dem möglichen Ausgang dieser Schlacht verbindet (s. S. 87 ff.).

Die geschichtskulturelle Kompetenz wird dann geübt, wenn die Lernenden befähigt werden, gegenwärtige Reden zu verstehen, die historisches Wissen voraussetzen. Solche Reden sind beispielsweise Gedenkreden aus historischen Anlässen, Reden, die auf historische Entwicklungen zurückgreifen oder Reden, die wegen rhetorischer und inhaltlicher Fehlgriffe Kontroversen hervorrufen (z.B. Philipp Jenninger, S. 131 ff.). Reden aus Anlass des Sedantages etwa sind eine Quelle für die „Erinnerungskultur“ vergangener Epochen und können gewinnbringend in den Unterricht einbezogen werden.[3]

3.2 Auswahlkriterien und Anforderungen für den Einsatz historischer Reden

Reden als Gegenstand des Geschichtsunterrichtes sind in besonderer Weise geeignet, historische Sachverhalte darzustellen, Personen zu charakterisieren und vergangene Kommunikation nachzuvollziehen. Aber nicht jede Rede ist im didaktisch-methodischen Sinn für den Unterricht geeignet. Historische Reden liegen in einer unendlichen Fülle in Redesammlungen, Protokollen, Zeitungen usw. vor. Die Geschichtsdidaktik hat die Aufgabe, Kriterien zu formulieren, mit deren Hilfe historische Reden dahingehend hinterfragt werden können, ob sie historische Erkenntnis (Lernen, Verstehen und Begreifen sowie Erzählen) vermitteln.[4]

Reden im Geschichtsunterricht müssen neues Wissen im Hinblick auf das Lernziel enthalten, aber auch verständlich und begreifbar sein. Bestimmend für die Auswahl der Reden sollten zunächst die Grundsätze und Prinzipien des Geschichtsunterrichtes sein. Wie die im Kapitel 3.4 beschriebene Untersuchung verdeutlicht, zählen Textquellen und Reden nicht zu den vom Schüler bevorzugt verwendeten Quellengattungen. Im Sinne der Schülerorientierung muss deshalb bei der Materialauswahl darauf geachtet werden, dass Redner und/oder Inhalt auf die Lernenden motivierend wirken. Bei der Vorbereitung muss sich die Lehrkraft Klarheit darüber verschaffen, welche Fehlschlüsse, Vorurteile und Stereotype verstärkt bzw. erzeugt werden könnten oder sollten.

Hinsichtlich des Verständnisses einer Rede ist darauf zu achten, dass der Lerngruppe bekannt ist, in welcher historischen Situation die Rede gehalten wurde. Allein aus den Redeinhalten lassen sich nur selten die historischen Umstände erkennen. Empirische Untersuchungen zeigen, dass bei den Schülerinnen und Schülern noch immer ein sehr oberflächlicher Quellenbegriff ausgebildet ist.[5] Die Kenntnis des Lehrenden über das historische Vorwissen und die quellenanalytischen Fähigkeiten der Schülerinnen und Schüler ist Voraussetzung für eine Gewinn bringende Quellenarbeit. Enthält die Rede unverständliche Begriffe und Sachzusammenhänge, müssen diese ebenfalls vor der Analyse oder Interpretation erläutert werden. Die Umstände antiker Reden z.B. sind zumeist nicht bekannt. Um aber einen Spannungsbogen zu erzeugen, muss der Geschichtslehrer die historische Situation den Schülern – notfalls fantasiereich – mit eigenen Worten beschreiben.[6]

Eine selbstständige Beschäftigung mit historischen Reden setzt voraus, dass den Lernenden bekannt ist, welche spezifischen Merkmale diese Quellengattung aufweist. Reden in Textform sind eben schriftliche Überlieferungen, die stark geprägt sind durch einen unmittelbaren Zeitbezug, einen Adressatenbezug, durch den Vortrag, durch die Situation, den Ort sowie durch die verwendeten Argumente und eingesetzten Affekte. Es zeigt sich erneut, dass Reden in Textform nur begrenzt dem besonderen Charakter der Quellengattung Reden entsprechen. Die Lehrkraft sollte deshalb möglichst häufig solche Reden verwenden, die in Ton oder Film vorhanden sind. Ist dies nicht möglich, kann das akustische Element z.B. durch ein engagiertes und situationsgerechtes Vorlesen verdeutlicht werden.

Hinsichtlich der Länge einer im Unterricht verwendeten Rede ist zu sagen, dass der Text weder zu lang noch zu kurz sein sollte. Je nach Alter der Schüler, Leistungsniveau, Lernzielen und Inhalten ist eine Auswahl zu treffen. Im Unterricht können sowohl einzelne zentrale Redeausschnitte als auch ganze Reden Gewinn bringend verwendet werden. Letztere bieten sich oftmals erst ab Klasse 10 an. Man sollte es aber vermeiden, Reden auf ein bis zwei „Kernsätze“ zu reduzieren. Erstens gibt es „die Kernsätze“ nicht und zweitens entspricht dies nicht dem Bemühen um ein Quellencurriculum, das die besonderen Merkmale der einzelnen Gattungen (Gattungskompetenz) verdeutlichen soll.

In der Unterrichtspraxis finden historische Reden ihren Einsatz überwiegend in der Phase der Erarbeitung. Dies liegt daran, dass die Arbeit mit Reden oftmals einiges an Zeit erfordert. Reden in der Phase des Stundeneinstiegs bieten sich dann an, wenn mit Hilfe eines Ton- oder Filmdokumentes erste Eindrücke thematisiert werden sollen. Ferner können bekannte Redezitate oder Hinweise auf die Situation bzw. auf den Redner im Einstieg Verwendung finden. Hinsichtlich des Stundeneinstieges sei an die Forderung nach Problemorientierung erinnert.

Zentrales Auswahlkriterium ist neben der zur Verfügung stehenden Unterrichtszeit die Präsentationsform der Rede. Die vorangegangenen Ausführungen treffen im Wesentlichen sowohl auf Text- wie auch auf Ton- und Filmdokumente zu. Beim Ton- und Filmeinsatz sind die technischen Voraussetzungen in die Unterrichtsplanung einzubeziehen. Es kann sich im Unterricht als sehr störend auswirken, wenn das Tondokument unverständlich oder das Filmdokument von schlechter Qualität ist. Empfehlenswert ist, den Schülerinnen und Schülern zusätzlich den Redetext zur Verfügung zu stellen. Beim ersten Hören oder Sehen sollten die Lernenden sich nur auf den Ton oder Film konzentrieren und anschließend ihre unmittelbaren Eindrücke äußern. Wenn das Ton- oder Filmdokument lang ist, muss die Rede ggf. mehrrnals angehört bzw. angesehen werden. Eine generelle Empfehlung kann jedoch nicht gegeben werden. Allerdings sollte – den Kursunterricht ausgenommen – eine Spieldauer von 10 Minuten nicht überschritten werden.

3.3 Risiken und Chancen des Einsatzes historischer Reden

In der fachdidaktischen Diskussion ist der Einsatz historischer Reden als Quelle des Geschichtsunterrichtes unumstritten. Die Diskussionen der 1970er und 1980er Jahre haben die Durchsetzung des quellenorientierten Unterrichts ermöglicht, aber auch eine Haltung entwickelt, die einem unkritischen und unreflektierten Quelleneinsatz gegenüber Abstand wahrt. Die dabei vorgebrachten Argumente sollten beim Einsatz historischer Reden bedacht werden.

Zu den Risiken: Die in der Schule verwendeten Redeausschnitte in Textform sind meist didaktisch aufbereitet und enthalten kaum noch Spuren des Originaldokuments. Bei den Schülern stoßen aber gerade die Originale auf großes Interesse. In Archiven bzw. Onlinemuseen finden sich vereinzelt Manuskripte oder historische Protokolle, die den Hauch der Vergangenheit mehr verdeutlichen als eine moderne Kopie oder das beste Schulbuch. Immer wieder wird kritisiert, dass Quellen der Vergangenheit so schülergerecht übersetzt werden, dass sie ihren historischsinnlichen Moment verlieren. Deshalb ist die Forderung gerechtfertigt, dass Quellen zwar übersetzt werden, aber in ihrem Sprachstil soweit wie möglich an vergangene Zeiten erinnern sollen. Die Schülerinnen und Schüler bekämen einen falschen Eindruck von der Arbeit eines Historikers, würden sie nur an sprachlich „übersetzten“ Reden arbeiten. Ins moderne Deutsch übersetzte Reden bergen zudem die Gefahr der Unterforderung. Problematisch ist ferner, dass Quellen nahezu ausschließlich Materialsammlungen und Handreichungen entnommen werden. Die Schülerinnen und Schüler kommen so mit Originalquellen etwa aus Archiven oder Museen kaum in Berührung. Letztere können im Rahmen des forschend-entdeckenden Lernens mehr zur Geltung kommen und so den quellenorientierten Unterricht aufwerten (Abb. 15).

Ferner wird von Schülerinnen und Schülern häufig kritisiert, dass sie durch die Quellenarbeit überfordert würden. Deshalb müssen bei der Auswahl von Reden die fachwissenschaftlichen und methodischen Fähigkeiten der Lernenden berücksichtigt werden. Ernst zu nehmen ist auch der Einwand, dass der Einsatz und die Analyse von Reden zeitintensiv und mitunter zu aufwendig seien.

Bei der Interpretation von historischen Reden muss klar sein, dass diese nur ein subjektives Bild der Vergangenheit liefern. Reden sind stets unter bestimmten Bedingungen, Zielen und Wirkungsabsichten entstanden. Reden sind ein anspruchsvolles und schwieriges Medium. Ihre Aussagen können erst unter Beachtung der historischen Situation und der Kommunikationsteilnehmer eingeschätzt werden. Die Fähigkeit, sich vorzustellen, wie ein Redner der Vergangenheit auftrat, wie er auf sein Publikum wirkte und wie sich die Bedingungen gestalteten, unter denen er redete (so gab es vor dem 20. Jahrhundert keine Mikrophone),

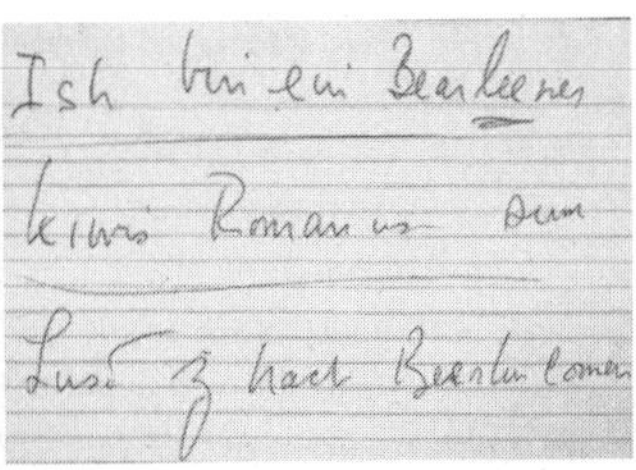

aus der Rede Kennedys vom 26.6.1963

aus der Rede Reagans vom 12.6.1987

Abb. 15: Faksimiles zweier Manuskriptausschnitte von Reden erfordert Übung sowohl von Lehrern als auch von Schülern. Reden haben in der Vergangenheit stets verschiedene Reaktionen hervorgerufen und wurden unterschiedlich bewertet. Es ist also durchaus normal, wenn die Lernenden zu unterschiedlichen Eindrücken und Empfindungen gelangen.

Ein weiterer Kritikpunkt am Einsatz von Reden ergibt sich aus der Forderung nach einem Geschichtsunterricht, der beide Geschlechter gleichberechtigt behandelt. Leicht zugängliche Reden befassen sich in aller Regel mit politischen Themen und werden fast ausschließlich von Männern vorgetragen. Eine breiter angelegte Quellenauswahl, die u.a. auf Archive, Schulen, Vereine und Regionalzeitungen zurückgreift, könnte hier Abhilfe schaffen.

Die hier aufgeführten Probleme sollen nicht entmutigen, im Gegenteil: „Die Schwierigkeiten sind, bewusst gemacht und in die Behandlung einbezogen, zugleich eine didaktische und methodische Chance."[7] Chancen für das historische Lernen ergeben sich, weil Reden Authentizität besitzen und zeitnah zum historischen Ereignis entstanden sind. Mehr noch, historische Reden sind oftmals das historische Ereignis selbst. Dies ist etwa beim Kreuzzugsaufruf Papst Urbans II. von 1095 (s. S. 72 ff.) oder bei der Pressekonferenz Günther Schabowskis vom 9.11.1989 der Fall. Reden besitzen den Vorzug, dass sie von der Person bzw. der Gruppe, über die sie berichten, selbst stammen. Reden geben nicht nur Aufschluss über einen historischen Sachverhalt, sondern auch über den Adressaten, das Publikum. Sie verdeutlichen die Haltung des Redners und des Gegenredners bzw. Zuhörers gleichzeitig und leisten somit einen Beitrag für das Verstehen bisher unbekannter Sachverhalte. Der unterrichtliche Einsatz von Reden dient dem Bemühen um ein Quellencurriculum, ist wissenschaftsorientiert, nützt der Vermittlung fachspezifischer Methoden und ermöglicht quellengestützten Arbeitsunterricht mit kritischer Informationsaneignung.[8]

Eine geschickt ausgewählte und methodisch aufbereitete Rede kann motivierend wirken. Der Einsatz von Ton und Film verstärkt Interesse und Aufmerksamkeit zusätzlich. Der häufig lehrerzentrierte und textorientierte Unterricht sollte durch einen „Medien- und Methodenmix" ergänzt werden. Reden bieten hierfür eine Menge Ansatzpunkte. Der Psychologe Bernd Weidemann verweist darauf, dass im Unterschied zu Texten Ton- und Filmdokumente länger im Gedächtnis gespeichert bleiben.[9] Zudem können Reden nicht nur gewinnbringend für die Vermittlung neuer Inhalte, sondern auch zur Wiederholung und Leistungsfeststellung verwendet werden.

Ton und Filmaufnahmen ermöglichen ferner einen besseren Gesamteindruck der Rede und lassen das Publikum, durch Applaus und Zwischenrufe, ebenfalls zu Wort kommen. Ihre suggestive Wirkung ist charakteristisch für die Rede und bietet zugleich Lernstoff. Ganz bewusst werden Reden in der Propaganda zu Manipulationszwecken verwendet. Als Beispiel sei auf die Rede von Joseph Goebbels aus Anlass der Bücherverbrennung am 10. Mai 1933 erinnert, in der er Werke deutscher Schriftsteller als „undeutsch" charakterisierte und ihre Lektüre mit Hochverrat gleichsetzte. Bei der Arbeit mit den Reden geht es darum, sich dieser Suggestion bewusst zu werden und nach ihren Mitteln und Zielen zu fragen. Die Analyse einer Rede, die deren offenen und versteckten Absichten untersucht, dient auch der Ausbildung einer kritischen Haltung gegenüber heutigen politischen und gesellschaftlichen Reden. Einer rhetorischen Grundausbildung von Schülerinnen und Schülern, die rhetorische und analytische Fähigkeiten fördert und vermehrt in den Schulen vorhanden sein sollte, kommt die Arbeit mit Reden stark entgegen.

Auf die außerschulischen Erfahrungen, an die Reden anknüpfen, wurde an anderer Stelle hingewiesen.[10] Im Schulalltag wird mit dem Einsatz dieser Quellengattung die Forderung nach fächerübergreifendem Unterricht erfüllt. Im Sprachunterricht, wie Deutsch und Latein, auch in Chemie, Biologie und Physik können aus Reden Informationen gewonnen werden. Als Beispiel sei auf die Reden von Alfred Nobel und Albert Einstein verwiesen, welche es auch als Tondokumente gibt.[11] Im Sozialkunde- bzw. Politikunterricht sollte der Einsatz von Reden in Text, Ton und Film ebenso zum Standard gehören, wie dies für den Geschichtsunterricht im Rahmen dieser Arbeit gefordert wird.

3.4 Empirische Erkenntnisse zum Einsatz historischer Reden im Geschichtsunterricht

Die Medien des historischen Lernens und die Medien des historischen Erinnerns, zu denen die Reden zählen, bilden die Grundlage des heutigen Geschichtsunterrichtes. Sie sind für die Geschichtslehrerinnen und Geschichtslehrer das Mittel zur Vermittlung des historischen Wissens. In den 80er Jahren unterstrich Lothar Klingberg: „Medien sind die Mitte!"[12] Dieses Postulat kann für die Geschichtsdidaktik übernommen werden, wobei darauf hinzuweisen ist, dass nicht die Medien die Ziele und Inhalte des Unterrichtes, sondern die Ziele und Inhalte die Medien bestimmen sollten. Die zentrale Stellung, die den Medien im Geschichtsunterricht zugewiesen wird, wirft die Frage nach deren Bedeutung im Einzelnen auf.

Die im Rahmen der Abfassung dieses Buches durchgeführte – und hier stark gekürzt wiedergegebene – Befragung von 96 Lehrkräften und 186 Schülerinnen und Schülern fragte u.a. danach,

- welchen Stellenwert Geschichtslehrerinnen und Geschichtslehrer den einzelnen Medien in ihrem Geschichtsunterricht einräumen,
- ob es erhebliche Abweichungen in der Medienpräferenz zwischen Lehrkräften und Schülern gibt,
- was die Gründe dafür sind, dass Reden als Ton- und Filmdokumente selten eingesetzt werden und welche Rahmenbedingungen dies ändern könnten.

Betrachtet man die Befragungsergebnisse hinsichtlich des Stellenwertes der einzelnen Medien für Lehrkräfte, so zeigt sich, dass den Textquellen eindeutig die höchste Bedeutung im Unterricht zukommt (Abb. 16), gefolgt von den Schulbüchern (die bekanntlich eine Ansammlung von Medien und Darstellungen beinhalten) und von den Bildquellen. Angesichts des heute immer noch stark lehrerorientierten Unterricht wäre es verwunderlich gewesen, wenn sich die Tafel bzw. die Folien auf den hinteren Plätzen wiedergefunden hätten. Hier finden sich vielmehr jene Medien, die erst seit einigen Jahrzehnten für den Einsatz im Geschichtsunterricht empfohlen werden, nämlich Comics, Internet, Denkmäler und Lieder.

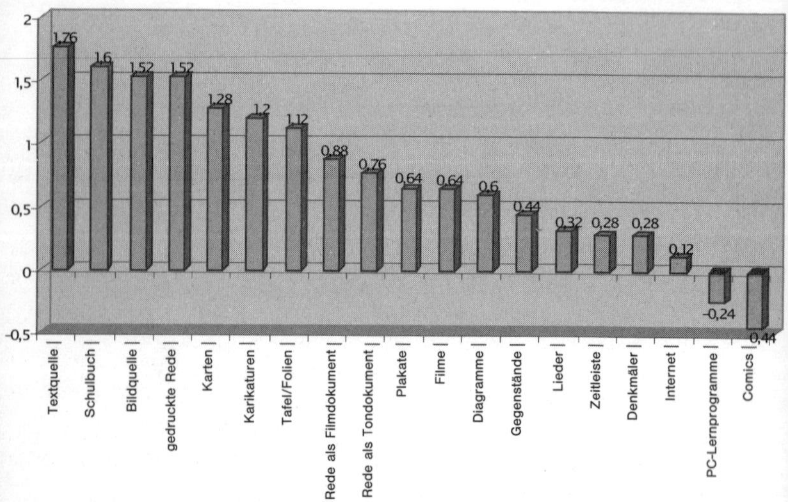

Abb. 16: Medien und ihre Bedeutung für die Lehrkräfte im Geschichtsunterricht (Mittelwert). Bewertung: 2 = sehr wichtig; 1 = wichtig; 0 = etwas wichtig

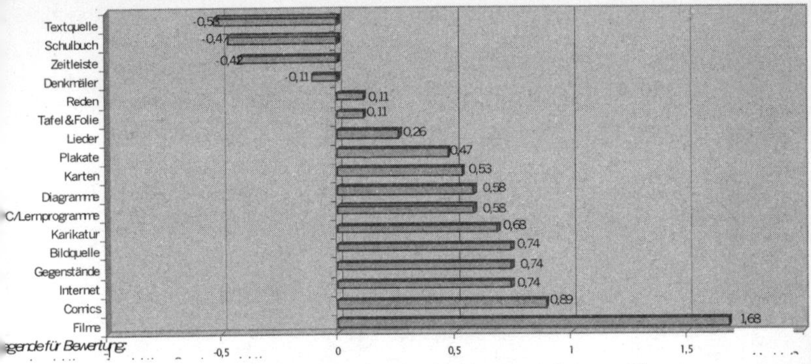

Abb. 17: Interesse an den Medien des Geschichtsunterrichts – 9. Klassen (Mittelwert). Bewertung s. Abb. 16

Aufschlussreich wird es, wenn man zusätzlich die Ergebnisse der Schülerbefragung betrachtet. Hier zeigt sich, dass Filme, Bildquellen, Internet, Gegenstände aber auch Karikaturen als „interessant" und damit positiv eingestuft werden (Abb. 17, 18). Textquellen, Schulbücher und Zeitleisten gelten dagegen als „weniger interessant" und bilden jeweils die Schlusslichter. Vergleicht man die Ergebnisse des Schülerinteresses mit den Daten, welche die Lehrkräfte hinsichtlich des Stellenwertes der einzelnen Medien im Unterricht gemacht haben, zeigen sich erhebliche Differenzen.

Die Untersuchung weist ferner nach, dass die Textarbeit beim Einsatz von historischen Reden klar dominiert und Lehrerinnen und Lehrer dieser eine hohe Bedeutung für ihren Unterricht zuschreiben. Gleichzeitig wurde aber auch deutlich, dass die häufige Arbeit am Text das Interesse der Schülerinnen und Schüler am Fach Geschichte nur mangelhaft fördert. Eine erste Forderung, die sich daraus ergibt, ist, dass der Stellenwert, welchen Lehrer den Textquellen zukommen lassen, mit dem Interesse der Schüler an anderen Medien verbunden werden sollte. Dabei geht es nicht darum, die Textarbeit zugunsten der Film- oder Bildarbeit auszutauschen, sondern solche methodischen Arrangements zu finden, die beides verbinden. So sollte den Schülern etwa bei der Textarbeit mit historischen Reden stets ein Bild des Redners präsent sein.

Reden, die den Schülern als Ton- und Filmdokumente dargeboten werden, selbst wenn es nur Ausschnitte sind, bieten die Chance, das zu thematisieren, was historische Reden neben ihren Inhalten tatsächlich ausmacht – Gestik, Mimik und Stimme des Redners sowie Reaktionen des Publikums.

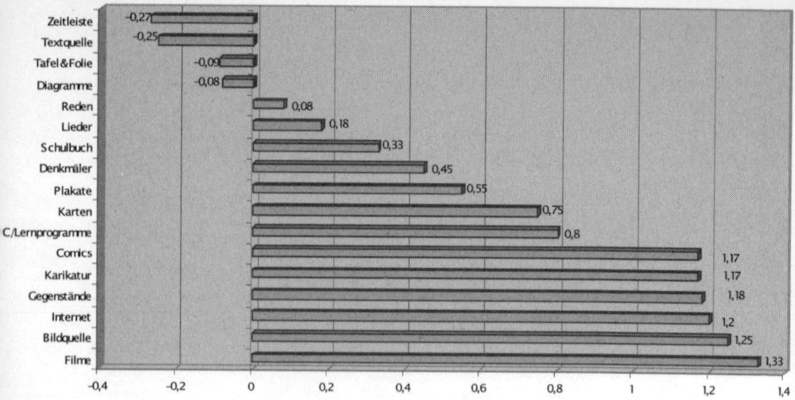

Abb. 18: Interesse an den Medien des Geschichtsunterrichts – Grundkurs Klasse 12 bzw. 13 (Mittelwert). Bewertung s. Abb. 16

Um die immer wieder eingeforderte methodische Vielfalt bei der Arbeit mit historischen Medien zu erreichen, ist es nötig, dass verstärkt erkannt wird, welche Potenziale für das historische Lernen in einem didaktisch durchdachten „Medien- und Methodenmix" liegen. Hierzu gehört, dass die Lehrkräfte keine Scheu vor dem Einsatz „neuer Medien" und „moderner Technik" im Unterricht haben sollten.

In der Untersuchung wurde von Seiten der Lehrer als zentraler Grund für den geringen Einsatz von Ton- und Filmdokumenten deren mangelnde Verfügbarkeit benannt. In der Tat gibt es nur wenige Tonträger, die Redeausschnitte für den Geschichtsunterricht bereitstellen. Für Filmdokumente stellt sich die Situation noch schwieriger dar. Schulbuchverlage und die Landesinstitute für Lehrerbildung und Unterrichtsforschung könnten dieses Defizit beseitigen.

Historische Reden, ob in Text, Ton oder Film, können und sollten grundsätzlich in allen Phasen des Unterrichtsverlaufes eingesetzt werden. Die positiven Erwartungen, die Lehrer hinsichtlich des Einsatzes von Reden in Ton und Film haben, sollten, ja, müssen genutzt werden.

Aus den Ergebnissen der Befragung folgt schließlich, dass durch die Arbeit mit den verschiedenen Präsentationsformen der Rede die Medienkompetenz der Schüler vergrößert werden kann. Die angestrebten Kompetenzen sind dabei die technische Kompetenz (Handhabung), die semantische Kompetenz (Gestaltung und Inhalte) und die pragmatische Kompetenz (Eigenproduktion und Verwendung).[13]

Anmerkungen

1 Vgl. Borries, Bodo v. (1991): Geschichtsbewusstsein empirisch.

2 Pandel, Hans-Jürgen (2005): Geschichtsunterricht nach PISA, S. 6.

3 Vgl. Tischner, Christian K.: Rhetorik und Geschichte, in: Oswalt, Vadim/ Pandel, Hans-Jürgen (Hrsg.): Geschichtskultur. Die Anwesemheit von Vergangenheit in der Gegenwart, Schwalbach/Ts. 2008 (i.E.)

4 Vgl. Pandel (wie Anm. 2), S. 130f.

5 Vgl. Langer-Plän, Martina (2003): Problem Quellenarbeit. Werkstattbericht aus einem empirischen Projekt, GWU 54, S. 319-336.

6 Vgl. Staatsinstitut für Schulpädagogik und Bildungsforschung (Hrsg.) (2001): Geschichtsbilder. Historisches Lernen mit Bildern und Karikaturen, S. 103.

7 Staatsinstitut für Schulpädagogik und Bildungsforschung (2001): Geschichtsbilder, S. 12.

8 Vgl. Günther-Arndt, Hilke (2003): Geschichts-Didaktik, S. 78f.

9 Vgl. Weidemann, Bernd (1994): Lernen mit Bildmedien. Psychologische u. didaktische Grundlagen, S. 26-36.

10 Vgl. Tischner a.a.O.

11 Vgl. Einstein, Albert: Verehrte An- und Abwesende! Originalaufnahmen 1921-1951, 2 CDs, Verlag supposé, 2005.

12 Klingberg, Lothar: Die Medien sind die Mitte, in: Friedrich Jahresheft, 1993, S. 109.

13 Vgl. Maier, Wolfgang (1998): Grundkurs Medienpädagogik/Mediendidaktik. Ein Studien- und Arbeitsbuch, S. 28-32.

4. Die Präsentationsformen der historischen Rede und Praxisbeispiele

4.1 Historische Reden als Textquellen

4.1.1 Allgemeine didaktische und methodische Aspekte

Die im Geschichtsunterricht eingesetzten schriftlichen Reden sind meist stark gekürzt sowie sprachlich und grammatisch „übersetzt". Fundstellen für originale Redetexte sind neben dem Internet u.a die zahlreichen Redesammlungen – etwa die „gesammelten Werke" großer Persönlichkeiten (z.B. Bismarcks) –, Zeitungen (für Reden aus der Region) sowie weltliche und geistliche Archive (auch das der eigenen Schule).

Die Unterrichtspraxis zeigt, dass gerade vom Original einer Quelle – an dem der „Zahn der Zeit" bereits Spuren hinterlassen hat – Interesse und Aufforderungscharakter ausgehen. Deshalb sollten die didaktisch aufbereiteten Reden in den Schulbüchern durch Faksimiles als Kopien von Original-Protokollen oder Original-Zeitungsartikeln ergänzt werden. Oftmals genügen schon Faksimiles auf Fotokopien oder Farbfolie, um die historische Dimension spürbar werden zu lassen. Beispielsweise bietet das Internet mit seinen Onlinearchiven und -biblioteken digitale Fotografien von Redemanuskripten und historischen Protokollen.

Je nach Zielsetzung können schriftliche Quellen im Unterricht unterschiedliche Funktionen erfüllen.[1] Reden in Schriftform dienen der Illustration, Demonstration und Vertiefung historischer Sachverhalte. In der Einstiegsphase können kurze, kontroverse und emotionale Redezitate die Motivation der Schülerinnen und Schüler erhöhen und eine Fragestellung für den nachfolgenden Unterricht entwickeln. Im Hauptteil der Stunde dient die Rede als Informationsträger zur Erarbeitung eines Unterrichtsgegenstandes. Sie sollte deshalb komplexer und anspruchsvoller sein als in der Einstiegsphase, eine Fragestellung implizieren sowie das Lernen neuen historischen Wissens gewährleisten.

Textquellen bieten sich nicht nur an, um Wissen zu erwerben. Sie ermöglichen auch die Anwendung, Wiederholung, Vertiefung und Überprüfung des Gelernten in inhaltlicher und methodischer Hinsicht. Aus geschichtswissenschaftlicher Sicht gewährt die Beschäftigung mit Reden einen Einblick in die Aufgaben und Arbeitsmittel des Historikers: Wie Historiker entnehmen die Schüler aus Primärquellen historische Informationen, ordnen sie und gelangen mit diesem Wissen zu Aussagen und Wertungen. Allerdings würde die Erwartung zu weit gehen, wenn man meinte, Schülerinnen und Schüler erforschen bei der Quellenarbeit etwas Neues. Allenfalls das forschende Lernen in Projekten ermöglicht den Schülern die selbstständige Quellenrecherche und Quellenkritik. Im traditionellen und alltäglichen Geschichtsunterricht dagegen erkunden die Lernenden mit den Quellen lediglich das, was längst erforscht ist.

4.1.2 Interpretation schriftlicher Reden

Zu den Zielen des Geschichtsunterrichts gehört neben der Gattungskompetenz – die Befähigung, mit verschiedenen Textgattungen umgehen zu können – die Interpretationskompetenz, also die Befähigung, „aus bildlichen und schriftlichen Zeichen" Sinn zu entnehmen. Beim Erlernen dieser Kompetenz sollen „Verstehenshemmungen" abgebaut und Kategorien entworfen werden, die den Schülerinnen und Schülern ein Verstehen der Quelleninhalte ermöglichen. Interpretation ist somit „Prozess" und „Produkt" zugleich.[2]

Für den Geschichtsunterricht gibt es eine Vielzahl von Interpretationsmodellen, die in der Regel auf Text-, Bild- oder Sachquellen zugeschnitten sind. Im Sinne der Gattungskompetenz ist eine solche Differenzierung richtig, um den spezifischen Anforderungen entsprechen zu können. Allerdings ist es bedauerlich, dass eine Methodik der Interpretation – die Grundbedingungen bzw. -regeln einer jeden Interpretation beschreibt – nicht über Ansätze hinausgekommen ist.[3] Im Folgenden soll deshalb der Versuch unternommen werden, ein Interpretationsmodell für historische Reden zu entwickeln. Dieses Modell fühlt sich der Kompetenzentwicklung verpflichtet, soll für alle drei Präsentationsformen der historischen Rede (Text, Ton, Film) anwendbar sowie für Schülerinnen und Schüler verständlich sein. Als Grundlage dient das Kommunikationsmodell, das im Rahmen dieser Arbeit auf die Quellengattung Rede angepasst wurde (vgl. S. 29). Ferner sollen die vier „prozessualen Operationen" – Frage, Heuristik, Kritik, Interpretation – und die Interpretationsregeln, die Hans-Jürgen Pandel beschrieben hat, Berücksichtigung finden.[4] Damit wird den kommunikationswissenschaftlichen, geschichtswissenschaftlichen und geschichtsdidaktischen Ansprüchen Rechnung getragen. Helmuth Geissner hat 1979 einen Katalog zur rhetorischen Analyse vorgelegt. Sofern diese Kriterien für das historische Lernen sinnvoll erscheinen, werden sie übernommen.[5]

Interpretations- und Erkenntnisziele	Abstraktionsniveau
SITUATION der Rede ABSICHT der Rede / des Redners REAKTION auf Rede / Redner QUELLENWERT der Rede	wahrnehmen ➤ verstehen ➤ beurteilen ➤ bewerten

Tab. 3: Erkenntnisebenen der historischen Rede

Im Zentrum der Arbeit mit historischen Reden stehen der Redner, die Rede und das Publikum. Zu Redner und Rede lassen sich in der Regel genügend Aussagen treffen, beim Publikum kann das mitunter gerade bei Textquellen schwerer fallen. Die Auseinandersetzung mit Redner, Rede und Publikum führt zu den eigentlichen Erkenntniszielen der Redeinterpretation. So können Informationen über die historische Situation, über die Absichten des Redners, über die Reaktionen des Publikums und über den Quellenwert gewonnen werden. Die Absichten der Rede treten durch die Aussagen und die Wirkung des Redners hervor. Dieses Vorgehen stellt nicht nur die handelnden Personen in den Mittelpunkt des Erkenntnisinteresses, sondern zielt auch auf die Erhellung des gesamten historischen Sachverhaltes. Je nach Leistungsvermögen bzw. Schul- und Klassenstufe der Schülerinnen und Schüler steigert sich deren Abstraktionsniveau hinsichtlich des historischen Sachverhaltes. Abstraktionsniveau meint hier die fortschreitende kognitive Fähigkeit der Lernenden, die gewonnenen Informationen einer Rede zu verarbeiten.

Ausgangspunkt der Quellenarbeit kann die Formulierung einer historischen Frage sein, die in der Regel ein historisches Vorwissen bedingt. Die Fähigkeit, Fragen an die Geschichte zu formulieren, ist ein Lernziel des Geschichtsunterrichtes und kann somit bei den Schülern nicht vorausgesetzt werden. Im Idealfall gibt bereits das Stundenthema die Fragestellung vor. Gleiches gilt für das Finden einer Rede. Die zu bearbeitenden Reden finden die Schülerinnen und Schüler meist in den Schulbüchern bzw. sie werden ihnen von Lehrerinnen und Lehrern zur Verfügung gestellt. Die selbsttätige Projektarbeit oder Internetrecherche ist noch immer die Ausnahme. Hinsichtlich der Quellenkritik zeigt sich das gleiche Bild. Die Authentizität einer Quelle wird meist nicht von den Schülern, sondern von den Schulbuchautoren bzw. Lehrkräften geprüft. Um dieses Defizit auszugleichen, nimmt das hier vorgestellte Modell zur Interpretation historischer Reden bewusst die Quellenkritik

1. Historische Frage	
2. Heuristik	
lesen, hören oder sehen der historischen Rede	
1. Unmittelbare Schülereindrücke / -reaktionen	➤ Motivation wecken und Emotion erkennen
2. Quellenkritik	➤ QUELLENWERT
3. Kontextanalyse	➤ SITUATION
4. Interpretation im engeren Sinne *(inhaltlich, sprachlich, akustisch, visuell)*	
- Redner (z.B. Auftreten, Gestalt, Körpersprache, nonverbale Mittel)	➤ ABSICHT
- Rede (z.B. Inhalte, Ziele, Aufbau, Argumentation, verbale Mittel)	➤ ABSICHT
- Publikum (z.B. Affekte, Unterbrechungen)	➤ REAKTION
5. Wertung und Beurteilung (historische Bedeutung und Folgen)	➤ QUELLENWERT

Tab. 4: Modell zur Interpretation historischer Reden (CD: 13-Modell Interpretation histor. Reden.jpg)

und Teile der Heuristik im Hauptteil auf. Schülern auch den Wert einer Quelle bewusst zu machen, sollte Ziel einer jeden Interpretation sein.

Nachdem die Schülerinnen und Schüler die historische Rede gelesen, gehört oder gesehen haben, sollte zunächst nach den unmittelbaren Eindrücken gefragt werden. Bei Ton- und Filmdokumenten kommt diesem Schritt besondere Bedeutung zu, um auf die Schülermeinungen im nachfolgenden Unterricht Bezug nehmen zu können. Unterschiedliche Höreindrücke sind die Regel, zeigen sie doch, wie unterschiedlich Reden auf die Lernenden wirken können. Danach ist es möglich, erste Hypothesen über die historische Bedeutung der Rede zu äußern. Wenn die Rede vorgelesen wurde, sollte danach gefragt werden, wie sie gewirkt hat bzw. ob der Redner die Rede so gehalten haben könnte. Die Lernenden erkennen hierbei, dass z.B. eine Lobrede ganz anders betont wird als etwa eine kämpferische Gerichtsrede. Die rhetorische Kompetenz der Schülerinnen und Schüler kann so gefördert werden.

Im Anschluss an diese Motivationsphase müssen Wert und Zuverlässigkeit der zu behandelnden Rede untersucht werden. Auch wenn jede Quelle vor ihrem Einsatz im Unterricht bereits auf ihre Authentizität von der Lehrkraft bzw. dem Verlag geprüft wurde, müssen die Schülerinnen und Schüler lernen, dass es historische Reden geben kann, die niemals gehalten bzw. nachträglich verändert wurden. Als Beispiel kann „die Hunnenrede" Kaiser Wilhelms II. vom 27. Juli 1900 genannt werden, die anders veröffentlicht wurde, als sie der Kaiser tatsächlich in

Bremerhaven vorgetragen hatte.[6] Die Rede wurde von Wilhelm II. wenigstens teilweise improvisiert; ein Manuskript ist nicht überliefert. Bereits am gleichen Tag wurden drei Textversionen in Umlauf gesetzt, von denen zwei vom Staatssekretär des Auswärtigen, dem späteren Reichskanzler Bernhard von Bülow, stammten. Eine Reihe lokaler Zeitungen im Raum Bremen-Wilhelmshaven hat eine dritte Fassung veröffentlicht, die von der offiziellen Version deutlich abweicht.

Zur Bestimmung des Quellenwertes zählt ferner, dass die Überlieferungsform der Rede (Redeform) genannt wird. Für die nachfolgende Analyse ist es nämlich wesentlich, ob die Rede im Unterricht als Text-, Ton- oder Filmdokument bearbeitet wird. Ebenso grundlegend sind die Aufschlüsselung der Redegattung (vgl. S. 27) und die Bewertung des Quellenzustandes (Manuskript, Faksimile, Übersetzung, sprachliche Glättung, Vollständigkeit, etc.). An die Bewertung der Quelle schließt sich die Kontextanalyse an. In diesem Schritt wird sich über die historische Situation der Rede verständigt. Wurde dies schon vor Beginn der Interpretation getan, kann dieser Schritt sehr kurz ausfallen. Das Verstehen einer Rede hängt ferner von den Umständen ab – wann, wo, warum –, unter denen sie gehalten wurde. Die Öffentlichkeit (Publikum), die eine Rede hört, kann unterteilt werden in Augen- bzw. Ohrenzeugen (Zuschauer bzw. Zuhörer) und Zeitzeugen. Augen- bzw. Ohrenzeugen haben die Rede live gesehen bzw. gehört – sie waren anwesend. Zeitzeugen – nationale und internationale – haben die Rede nachträglich z.B. durch Zeitungsabdrucke, Berichte oder Fernsehaufnahmen wahrgenommen. Eine solche Unterscheidung ist wichtig, erhellt sie doch die Wirkungsebenen einer Rede. Manchmal können die Wirkungen der Quelle aber nur unter Zuhilfenahme weiterer Quellen oder durch historisch-kritische Spekulationen nachvollzogen werden.

Bevor sich der Redeinterpretation im engeren Sinne angenommen werden kann, sollte den Schülerinnen und Schülern klar werden, vor welchem biografischen Hintergrund der Redner seine Rede hält und welchen gesellschaftlichen Gruppen die Zuhörer entstammen. Dies geht aber häufig nicht aus der Rede hervor. Deshalb müssen der Lerngruppe diese Informationen, sofern sie noch nicht Thema des Unterrichts waren, durch den Lehrer mitgeteilt werden. Die soziale und gesellschaftliche Stellung des Redners, sein Alter und Geschlecht, seine Motivationen und längerfristigen Ziele, seine gesellschaftlichen Interessen und Bindungen können dazu beitragen, seine Persönlichkeit zu charakterisieren. Hinsichtlich der Zuhörer sowie abwesender Adressaten der Rede (z.B. „Mr. Gorbatschow" in der Rede von Präsident Reagan vor der Berliner Mauer) muss ebenfalls bekannt sein, wer diese sind und welche persönlichen Merkmale bzw. Einstellungen und Erwartungen sie haben. Nachdem die Merkmale, die eine Rede und das Rednerverhalten beeinflussen, bekannt sind, beginnt die Redeinterpretation im engeren Sinne.

Anliegen dieses Schrittes ist es, die Aussagen und Ziele sowie die Wirkungsmittel der Rede bzw. des Redners aufzuzeigen. Hinsichtlich des Redners muss untersucht werden, welche Ziele und Absichten er mit seinen Äußerungen verfolgte. Möglicherweise lässt sich aus der Anrede und anderen Äußerungen der persönliche Bezug des Redners zum Publikum erkennen. Da bei historischen Reden in Textform zentrale Eigenschaften eines Redners (z.B. Sprachverhalten, Äußerlichkeiten) nicht erkennbar werden, kommt es darauf an, diese wenigstens in die Überlegungen mit einzubeziehen. So sollte darüber nachgedacht werden, mit welchem körperlichen Ausdruck der Redner seine Rede gehalten haben könnte, um eine möglichst große Wirkung zu erzielen. Der ergänzende Einsatz einer Abbildung des Redners – am besten in einer zur Rede passenden Körperhaltung – erleichtert die Vorstellungskraft.

Auch wenn der Geschichtsunterricht nicht zum Sprachunterricht umfunktioniert zu werden braucht, müssen einige Fragen an den Redetext gerichtet werden. Dabei geht es nicht darum, im sprachdidaktischen bzw. sprachwissenschaftlichen Sinne vorzugehen. Der Interpretation von Reden im Geschichtsunterricht sollte es darum gehen, jene Begriffe und rhetorischen Besonderheiten aufzuzeigen, die der Redner einsetzt, um seine Ziele zu erreichen. Lernziel ist nicht ein Wissen über die Theorien der Rhetorik (Stilistik, Topik etc.), sondern die Schülerinnen und Schüler sollten durch die Beschäftigung mit Reden im Geschichtsunterricht auf ihr Leben nach der Schule vorbereitet werden. Sie sollen zum einen wissen, dass Reden Quellen der Vergangenheit sind, zweitens, dass Reden der Gegenwart zu Quellen werden, drittens, dass Reden konstitutiv für das menschliche Zusammenleben sind und viertens sollen sie eine kritische Haltung gegenüber den „manipulativen Möglichkeiten" einer Rede entwickeln. Um letzteres zu erreichen, müssen auffällige rhetorische Mittel sowie Sprach- bzw. Argumentationsstrategien transparent gemacht werden.

Bei der Textrede sollte auf schwierige Begriffe (z.B. Fachtermini) und spezifische Wortbedeutungen, auf das Sprachniveau, die Satzgestaltung (Satzarten, -länge, -stellung), sprachliche Mittel (z.B. Metaphern, Wiederholungen, Worthäufungen), ideologische Äußerungen und natürlich Argumente bzw. Argumentationsstrategien geachtet werden.

Der nächste Schritt der Redeinterpretation muss sich der Reaktionen des Publikums annehmen. Wie schon festgestellt fällt dieser wichtige Schritt bei Reden in Textform schwer. Die Lehrenden und Lernenden sind auf Zusatzinformationen aus anderen Quellen angewiesen. Stehen solche Quellen nicht zur Verfügung, können unter Beachtung der historischen Situation und der Zielgruppe Mutmaßungen angestellt werden, die allerdings von den Schülerinnen und Schülern verstanden werden müssen. Nach der Thematisierung der Reaktionen von Augen-, Ohren- und Zeitzeugen sollte auf die spontanen Schülerreaktionen zu Beginn der Interpretation zurückgekommen werden. Dabei kann es geschehen, dass die Rede, früher wie heute, die gleichen emotionalen Reaktionen hervorruft, was ebenfalls zum Ausgangspunkt für eine Diskussion werden könnte. Die Lernenden erkennen so, dass Reden (besonders Ton- und Filmreden) stets Reaktionen auslösen, die je nach Situation oder Kenntnisstand anders wirken. Eine solche Kritikfähigkeit nutzt den Schülerinnen und Schülern auch in ihrem Alltag.

Im letzten Schritt werden die durch die Interpretation gewonnenen Erkenntnisse zusammengeführt. Mit der Frage nach dem historischen Wert wird einerseits nach dem Informationsgehalt der Rede zur Erhellung eines historischen Sachverhaltes gefragt, andererseits nach der historischen Bedeutung der Rede generell. Häufig stehen Reden synonym für einen historischen Wende- oder Höhepunkt – z.B. Luthers Rede vor dem Reichstag in Worms am 18. April 1521 oder Scheidemanns Rede am 9. November 1918. Um die unmittelbare Wirkung einer Rede über die Beteiligten hinaus nacherlebbar zu machen, sollten ihre Folgen thematisiert werden. Eine Rede konnte Folgen für den Redner, den Zuhörer (z.B. Angeklagten), bestimmte Gruppen oder ganze Völker haben. Sie konnte aber auch Anlass für weitere Reden sein. Nicht selten bildet eine behandelte Rede auch im Unterricht den Ausgangspunkt für folgende Unterrichtsstunden – z.B. der Kreuzzugsaufruf Papst Urbans II. von 1095 oder die Ansprache Wilhelms II. zu Beginn des Ersten Weltkrieges (6. August 1914). Im Sinne der Ausbildung eines kritischen Umgangs mit Quellen sollte abschließend über die Vor- und Nachteile bzw. Leistungen und Grenzen der behandelten Rede mit der Lerngruppe diskutiert werden.

Das hier beschriebene Modell zur Interpretation historischer Reden (CD: 01-Analyseraster.jpg) braucht nicht immer in aller Ausführlichkeit und unter Beachtung aller Kriterien beim Einsatz einer Rede im Geschichtsunterricht abgearbeitet zu werden. Man wird der historischen Rede als Quelle aber nicht gerecht, wenn man einzelne zentrale Erkenntnisziele bzw. -ebenen gar nicht in die Betrachtungen einbezieht. Um den Schülerinnen und Schülern die Interpretation zu erleichtern, kann ein Frageraster entwickelt bzw. von der Lehrkraft vorgegeben werden. Für die einzelnen Erkenntnisebenen könnte dieses wie folgt lauten:

- Was kennzeichnet die historische Situation, in der diese Rede gehalten wurde?
- Welche Absichten verfolgte der Redner mit seinen Aussagen und seinem Auftreten?
- Welche Reaktionen rief diese Rede hervor?
- Welche Bedeutung kommt dieser Rede als historischer Quelle zu?

Je nachdem, wie intensiv und mit welchem Ziel eine Rede interpretiert werden soll, müssen weitere Unterfragen von den Lernenden oder Lehrenden formuliert werden, die das Verstehen einer Quelle erst ermöglichen.

4.1.3 Unterrichtsbeispiele

4.1.3.1 Der Gerichtsreporter berichtet – am Beispiel der Verteidigungsrede des Sokrates (399 v. Chr.)

Historische Situation
Eine der bedeutendsten antiken Gerichtsreden ist die des Philosophen Sokrates (470–399 v. Chr.) aus dem Jahr 399 v. Chr. Aus Sokrates' Schule gingen viele bekannte Personen hervor, unter anderem Alkibiades, Euklid, Xenophon und Platon. Sokrates lehrte auch junge Knaben Philosophie und animierte sie dazu, die Welt kritisch zu hinterfragen. Im Jahr 399 v. Chr. wurde er von seinen Mitbürgern Meletos, Anytos und Lykon wegen Gottlosigkeit und verderblichen Einflusses auf die Jugend angeklagt und kam vor Gericht. Platon (427–347 v. Chr.), der bei der Verhandlung zugegen war, hat die Verteidigungsrede des Sokrates überliefert.

Abb. 19: Platon

Für den Ablauf einer attischen Gerichtsverhandlung galten strenge Bestimmungen. So wurden die bis zu 501 Laienrichter täglich neu den Gerichten zugelost. Nach Verlesung der Anklageschrift erhielten zunächst der Kläger und dann der Beklagte das Wort. Die Urteilsfindung geschah in zwei Schritten. Erstens stimmten die Richter (Geschworenen) ohne weitere Beratung über Schuld oder Unschuld des Angeklagten ab. Bei der Ermittlung des Strafmaßes hielt man sich entweder an geltende Gesetze oder es fand eine zweite Abstimmung statt. Dabei hatten die Geschworenen nur die Wahl, sich für den Strafantrag des Klägers oder den des Beklagten zu entscheiden.

Redebeispiel

Q1 Platon: Die Strafmaßrede des Sokrates (399 v. Chr.)

Nachdem Sokrates schuldig gesprochen worden war, erhielt er nach damaligen Brauch die Möglichkeit, eine Strafe für sich selbst vorzuschlagen.

„Dass ich nicht unwillig bin, ihr Athener, über dieses Ereignis, dass ihr mich verurteilt habt, dazu trägt noch sonst vieles bei; aber auch nicht unverhofft ist mir das Geschehene geschehen; sondern vielmehr wundere ich mich über die sich ergebende Zahl der beiderseitigen Stimmen. Denn ich glaubte nicht, dass es nur auf so weniges ankommen würde, sondern auf sehr viel. Nun aber, wie man sieht, wenn nur drei Stimmen anders gefallen wären, so wäre ich entkommen. [...]

Zuerkennen also will mir der Mann (Ankläger) den Tod. Wohl! Was soll ich mir nun dagegen zuerkennen, ihr Athener? Doch gewiss, was ich verdiene! Was verdiene ich zu erleiden oder zu erlegen dafür, dass ich in meinem Leben nie Ruhe gehalten, sondern [...] nur darauf bedacht war, wie ich jedem einzeln die meines Dafürhaltens größte Wohltat erweisen könnte.

Was also verdiene ich dafür zu leiden, dass ich ein solcher bin? Etwas Gutes, ihr Athener, wenn ich der Wahrheit gemäß nach Verdienst mir etwas zuerkennen soll, und zwar etwas Gutes von der Art, wie es mir angemessen ist. Was ist also einem unvermögenden Wohltäter angemessen, welcher der freien Muße bedarf, um euch zu ermahnen? Es gibt nichts, was so angemessen ist, ihr Athener, als dass ein solcher Mann im Prytaneion (Regierungssitz) gespeist werde, weit mehr, als wenn einer von euch mit dem Rosse oder dem Zweigespann oder dem Viergespann in den Olympischen Spielen gesiegt hat. Denn ein solcher bewirkt nur, dass ihr glückselig scheint, ich aber, dass ihr es seid; und jener bedarf der Speisung nicht, ich aber bedarf ihrer. Soll ich mir also, was ich mit Recht verdiene, zuerkennen, so erkenne ich mir dieses zu: Speisung im Prytaneion. [...]

Überzeugt also, wie ich bin, dass ich niemand Unrecht zufüge, werde ich doch wahrlich nicht mir selbst Unrecht tun und selbst gegen mich reden, als ob ich etwas Übles verdiente, und mir dergleichen etwas zuerkennen. Was sollte ich fürchten? Doch dass ich das erleiden müsste, was Meletos mir

zuerkennt, und wovon ich nicht zu wissen gestehe, ob es ein Gut oder ein Übel ist? Anstatt dessen also sollte ich von denjenigen Dingen eines wählen und mir zuerkennen, von welchen ich gar wohl weiß, dass sie Übel sind? Etwa Gefängnisstrafe? Und wozu sollte ich doch leben im Kerker, unter dem Befehl der jedesmaligen Obrigkeit? Oder Geldstrafe? Und gefangen zu sein, bis ich sie entrichtet habe? Das wäre aber für mich ganz dasselbe wie das vorige. Denn ich habe kein Geld, wovon ich sie entrichten könnte. Aber die Ausweisung soll ich mir wohl zuerkennen? [...] Weit gefehlt, ihr Athener! Ein schönes Leben wäre mir das also, in solchem Alter auszuwandern und immer umhergetrieben eine Stadt mit der andern zu vertauschen! Denn das weiß ich wohl: Wohin ich auch komme, werden die Jünglinge meinen Reden zuhören, eben wie hier. Und wenn ich diese von mir weise, so werden sie selbst bei den Alten meine Ausweisung bewirken; weise ich sie nicht von mir, so werden dasselbe doch ihre Väter und Verwandten um jener willen tun.
Vielleicht aber wird einer sagen: „Sokrates, wirst du nicht imstande sein, nach deiner Ausweisung still und ruhig zu leben?" Das ist nun wohl am allerschwersten, manchem von euch begreiflich zu machen. [...] Es wäre mir unmöglich, mich ruhig zu verhalten. [...] Ja eben dies ist das größte Gut für den Menschen, täglich über die Tugend sich zu unterhalten und über die andern Gegenstände, über welche ihr mich reden und mich selbst und andere prüfen hörtet. Aber gewiss verhält sich dies so, wie ich es vortrage, ihr Männer; nur euch davon zu überzeugen ist nicht leicht. Auch bin ich nicht gewohnt, mich selbst übel zu bewerten.
Hätte ich nun Geld, so würde ich mir so viel Geldstrafe zuerkennen, als ich entrichten könnte: denn davon hätte ich weiter keinen Schaden. Nun aber, ich habe eben keins; wenn ihr nicht etwa so viel, als ich zu entrichten vermag, mir zuerkennen wollt. Ich vermöchte euch aber vielleicht etwa eine Mine (altgriechische Münze) zu entrichten. Die will ich mir also zuerkennen. Platon aber hier und Kriton und Kritobulos und Apollodoros reden mir zu, mir dreißig Minen zuzuerkennen, und sie wollten Bürgschaft leisten. So viel also erkenne ich mir zu, und diese werden euch für dies Geld zuverlässige Bürgen sein."

Platon. Apologie des Sokrates, Heitsch, Ernst (übers.), Göttingen 2002, S. 11-28

M 1 Die Lebensgeschichte des Sokrates

Sokrates (470–399 v. Chr.) verbreitete seine Lehren auf den öffentlichen Plätzen Athens und unterwies dort insbesondere junge griechische Knaben in der Philosophie. Er soll ein kleinwüchsiger und unattraktiver Mann

gewesen sein, der jedoch mit großer Selbstbeherrschung, Schlagfertigkeit und Sinn für Humor ausgestattet war. Nach der Überlieferung von Xenophon soll seine Frau ihn öfters vom Marktplatz nach Hause gezerrt haben, damit er sich um den Lebensunterhalt der Familie kümmere, statt um die Jünglinge, die er (im Gegensatz zu den Sophisten kostenlos!) in Philosophie üben wollte. 399 v. Chr. wurde Sokrates der Gotteslästerung (Einführung neuer Götter) und der Verführung der Jugend angeklagt.
Die Leitung der Verhandlung oblag einem öffentlichen Beamten. Begonnen wurde mit der Verlesung der Anklageschrift, dann wurde der Kläger vernommen und schließlich erhielt der Angeklagte das Wort. Sokrates verzichtete darauf, sich eine Verteidigungsrede gegen Bezahlung von einem Rechtskundigen schreiben zu lassen. Das Gericht, welches aus 501 erlosten attischen Bürgern bestand, sprach Sokrates schließlich mit einer knappen Mehrheit von 280 Stimmen schuldig.
Seine Ankläger forderten als Strafmaß die Todesstrafe. Sokrates hingegen schlug eine kleine Geldstrafe vor. Da das Gericht nur zwischen diesen beiden Vorschlägen wählen konnte, wurde er zum Tode durch den Giftbecher verurteilt. Sokrates hätte Gelegenheit gehabt, mithilfe von Freunden einen Fluchtversuch aus dem Gefängnis zu wagen. Er lehnte jedoch das Hilfsangebot ab, da er dem Gesetz gehorchen und für seine Sache sterben wollte.

Gutjahr, Hans-Joachim (Hrsg.): Geschichte. Basiswissen Schule, Mannheim 2003

Didaktische Potenziale

Der Fall des Sokrates verdeutlicht die hohe Bedeutung, die Gerichtsprozessen im demokratischen Athen zukam. Eine Vielzahl von Gerichtsreden sind bis heute überliefert und häufig die wichtigste Quelle, um antike Sachverhalte zu klären. Im Rahmen der Interpretation erfahren die Schülerinnen und Schüler etwas über den Ablauf von Gerichtsverhandlungen in Athen. Die Lerngruppe stellt nun Überlegungen an, wie sich die Redesituation gestaltete und welche Reaktionen Sokrates bei seinem Publikum auslöste. Die Auseinandersetzung mit den Merkmalen der vorliegenden Redegattung unterstützt die Ausbildung einer Gattungskompetenz bei den Schülerinnen und Schülern. Die Lernenden erkennen die Argumentationsschritte des Sokrates. Sie erfahren, dass man nicht für eine Sache verurteilt werden kann, für die keine Schuld erkennbar ist. Das begründete Vorgehen der Rede unterstützt die Ausprägung sprachlicher und argumentativer Fähigkeiten. Das Verfassen eines fiktiven Zeitungsartikels ermöglicht handlungs- und produktorientierten Geschichtsunterricht sowie das selbstständige Reflektieren und Beurteilen der Redesituation.

Methodische Vorschläge

Das beigefügte Material (Q1 und M1) ist für den Einsatz in der Sekundarstufe II konzipiert. Nachdem die Lehrerin bzw. der Lehrer über den Verlauf einer Gerichtsverhandlung im demokratischen Athen und über den „Fall Sokrates" informiert hat, wird eine Schülerin bzw. ein Schüler aufgefordert, die Rede (Q1) laut und betont vorzulesen. Die anderen werden aufgefordert, sich vorzustellen, sie seien als Gerichtsreporter anwesend. Im Unterrichtsgespräch werden anschließend Vermutungen und persönliche Eindrücke geäußert, die gegebenenfalls reflektiert werden sollten. Der nächste Schritt der Interpretation fragt nach der Authentizität und Gattung der Rede des Sokrates. Daran können sich Vermutungen bezüglich der Zusammensetzung des Publikums und der Wirkung auf diese anschließen. Mit den Aussagen und Absichten der Rede wird sich in der Folge, entsprechend den Möglichkeiten einer gedruckt vorliegenden Rede, beschäftigt. Gefragt werden könnte in diesem Zusammenhang nach den möglichen Schuldsprüchen und wie Sokrates diese bewertet. Abschließend wendet sich das Unterrichtsgespräch der Frage nach dem Quellenwert zu.

Im zweiten Teil der Stunde sollen die Lernenden wie ein Gerichtsreporter über den Prozess gegen Sokrates berichten. In Einzelarbeit sollen sie einen Zeitungsartikel – z.B. Bericht, Reportage, Kommentar, Interview – erstellen. Die Materialien Q1 und M1 dienen hierfür als Grundlage. Nach der Fertigstellung der Artikel muss den Schülerinnen und Schülern die Möglichkeit eingeräumt werden, ihr Produkt zu präsentieren und evtl. darüber zu diskutieren.

4.1.3.2 Eine fiktive Lobrede verfassen – am Beispiel des Tatenberichtes des Augustus

Historische Situation

Octavian – später Augustus – (23. September 63 v.Chr.-19. August 14 n.Chr.) war von Caesar adoptiert und zum Erben bestimmt worden. Nach der Ermordung Caesars (44 v.Chr.) brachen Bürgerkriege um dessen Nachfolge aus, aus denen Octavian gestärkt hervorging. Obwohl Octavian 27 v.Chr. alle seine besonderen Vollmachten aus den Bürgerkriegen an den Senat zurückgab, um nicht zu enden wie sein Adoptivvater Caesar, übertrug ihm der Senat die weitere Führung des Staates. Er erhielt den Ehrennamen Augustus („Der Erhabene") und wurde mit militärischen und politischen Vollmachten ausgestattet. Augustus nannte sich nun „Princeps" – „Erster im Staat". In der neu geschaffenen Herrschaftsform des Prinzipats vereinte er seine Alleinherrschaft mit der republikanischen Verfassung. Das „Augusteische Zeitalter“ war gekennzeichnet durch innere und äußere Stabilität, Wohlstand und kulturelle Blüte. Augustus selbst schildert das von ihm herbeigeführte „Goldene Zeitalter Roms“ in einer Denkmalsaufschrift, dem „Monumentum Ancyranum“.

Abb. 20: Augustus-Statue von Prima Porta, nach 20 v.Chr.

Redebeispiel

Q 1 Augustus schildert seine Taten – Monumentum Ancyranum

„Das Capitol und das Theater des Pompeius ließ ich mit großem Aufwand wiederherstellen ohne jegliche Aufschrift meines Namens. Die Wasserleitungen, die an mehreren Stellen infolge ihres Alters verfielen, habe ich wiederaufgebaut, und die sogenannte Aqua Marcia verdoppelte ich in ihrer Leistung dadurch, dass ich eine neue Quelle in ihr Gerinne leitete. Das Forum Julium und die Basilika, die zwischen dem Tempel des Castor und dem Tempel des Saturn lag, zwei von meinem Vater (Caesar) begonnene und fast zu Ende geführte Bauten, habe ich vollendet [...].

Dreimal habe ich ein Gladiatorenspiel in meinem eigenen Namen und fünfmal im Namen meiner Söhne und Enkel gegeben; bei diesen Spielen kämpften ungefähr 10 000 Menschen. [...]

In meinem 13. Konsulat hielt ich die Marsspiele als erster ab, die nachher der Reihe nach in den folgenden Jahren gemäß Senatsbeschluss und Gesetz die Konsuln durchführten. Jagden afrikanischer Tiere habe ich in meinem eigenen Namen oder in dem meiner Söhne und Enkel im Zirkus oder auf dem Forum oder in Amphitheatern dem Volke 26mal gegeben, wobei ungefähr 3500 Tiere erlegt wurden. [...]

Das Gebiet aller Provinzen des römischen Volkes, denen Völkerschaften benachbart waren, die unserer Herrschaft nicht gehorchen wollten, habe

ich erweitert. Die Provinzen Gallien und Spanien, ebenso Germanien, soweit der Ozean sie umgürtet von Gades bis an die Mündung des Elbstroms, versetzte ich in den Zustand des Friedens. Die Alpen habe ich von der dem Adrischen Meere zunächst liegenden Gegend bis zum Tuscischen Meer befriedet, wobei ich kein Volk zu Unrecht bekriegte. Meine Flotte segelte über den Ozean hin von der Rheinmündung zur östlichen Gegend bis zum Gebiet der Cimbern, wohin weder zu Land noch zur See irgendein Römer vor dieser Zeit kam; die Cimbern wie die Haruden und die Semnonen und andere germanische Völker des gleichen Landstriches erbaten durch Gesandte meine und des römischen Volkes Freundschaft. Auf meinen Befehl und unter meiner göttlichen Ermächtigung wurden zwei Heere fast gleichzeitig nach Äthiopien und in das sogenannte Glückliche Arabien geführt, gewaltige Massen von Feinden beider Völker in der Feldschlacht niedergehauen und mehrere Festungen genommen. [. . .]
Nachdem ich die Bürgerkriege ausgelöscht hatte, habe ich [...] dem Senat und dem Volk meine besonderen Amtsgewalten überantwortet. Für dieses Verdienst wurde ich auf Beschluss des Senats Augustus genannt [...] und ein goldener Schild wurde in der Curia Julia [Senatsgebäude] aufgestellt, den mir der Senat und das römische Volk verliehen haben um meiner Tapferkeit und Milde, meiner Gerechtigkeit und Frömmigkeit willen. [...] Seit dieser Zeit übertraf ich an Machteinfluss alle, an Amtsgewalten [Volkstribun, Konsul und Zensor] aber besaß ich um nichts mehr als die übrigen, die mir in jenem Amte Amtsgenossen gewesen sind.

Augustus, Tatenbericht (Monumentum Ancyranum), zit. nach: Wein, Martin (Hrsg.): Ich kam sah und schrieb. Augenzeugenberichte aus fünf Jahrhunderten, München 1964, S. 59f.

Didaktische Potenziale

Durch das Schreiben einer fiktiven Rede befassen sich die Schülerinnen und Schüler intensiv und selbstständig mit dem subjektiven Tatenbericht des Augustus. Inhaltlich gibt der Bericht Auskunft über die Bautätigkeiten, die Durchführung von Spielen, die Eroberung und Stabilisierung von Provinzen sowie über den Regierungsstil des Augustus.

Beim handlungs- und produktorientierten Vorgehen sind die Schülerinnen und Schüler in der Regel sehr motiviert. Das „Monumentum Ancyranum" bildet die Grundlage für die inhaltliche Quellenarbeit. Das Verfassen einer fiktiven Lobrede bedeutet die Transformation der Aussagen eines Zeitzeugenberichtes in eine andere Quellengattung. Neben der Förderung einer Gattungs- und Interpretationskompetenz findet so eine differenzierte und intensive Auseinandersetzung mit einzelnen

Textpassagen statt. Ferner erlaubt das methodische Vorgehen eine Perspektivübernahme durch die Schülerinnen und Schüler.

Der Gegenwartsbezug, der am Anfang und Ende der Stunde besonders zum Tragen kommt, verfolgt das Ziel einer kritischen Reflexion der Selbstdarstellung öffentlicher Personen. Mit dem Verfassen und Vortragen einer Rede schulen die Lernenden ferner rhetorische Fähigkeiten.

Methodische Vorschläge

Die Unterrichtsstunde ist als Doppelstunde für die Sekundarstufe II konzipiert. Der Einstieg in die Stunde beginnt mit einem Gegenwartsbezug. Die Schülerinnen und Schüler sollen diskutieren, ob es für einen Staatsmann besser ist, öffentlich Fehler einzugestehen oder seine Taten und Ziele in möglichst gutem Licht erscheinen zu lassen. Ausgehend von dieser Diskussion liest die Lerngruppe den Tatenbericht des Augustus (Q1). Die Schülerinnen und Schüler sind aufgefordert, ihre Meinung zum Text zu äußern. Der Quellenkritik muss dabei besondere Bedeutung zukommen. Dem Unterrichtsgespräch folgt die Aufforderung, für die einzelnen Absätze Überschriften zu finden. Im nächsten Schritt der Stunde werden die Lernenden aufgefordert, sich individuell mit den Quellenaussagen bzw. den Taten des Augustus zu beschäftigen, indem sie eine fiktive Lobrede eines antiken Zeitgenossen auf der Grundlage von Q1 verfassen. Natürlich ist es notwendig, dass der Lehrer kurz auf die Merkmale der Gattung Lobrede eingeht.

Im zweiten Teil der Doppelstunde werden einige Schülerinnen und Schüler aufgefordert, ihre Lobreden vorzutragen. Daran schließt sich jeweils ein Unterrichtsgespräch über die inhaltliche Qualität sowie die sprachliche und nonverbale Vortragsweise an. Es muss den Schülern deutlich werden, dass Lobreden zu Zeiten des Augustus keine Ausnahme darstellten. Am Ende der Stunde wird auf die Diskussion vom Stundenanfang zurückgekommen. Ergebnis der Diskussion sollte sein, dass beides sinnvoll ist – je nachdem, wie die entsprechenden Personen handeln.

4.1.3.3 Reden im Comic – am Beispiel eines Asterix-Comics

Zur dargestellten Situation

Asterix unterbricht den Ankläger und seinen eigenen Verteidiger und äußert seine Verwunderung über lange, kunstvolle und für ihn sinnlose Reden. Er möchte sprichwörtlich „kurzen Prozess machen" und übernimmt die Rolle des Anklägers und Verteidigers gleichzeitig. Der „kleine Gallier" erklärt sich und seinen Freund Obelix für schuldig, fordert ihre

Verurteilung und macht sich lediglich Sorgen, dass die wilden Tiere ansonsten nichts zu fressen bekommen könnten. Indirekt wird im Comic Kritik an den Schauprozessen Caesars geübt. Asterix gelingt es durch seine Rede, wenn schon nicht den Richter, so aber die Zuschauer zu begeistern. Er hat es also verstanden, trotz seiner Kritik an der Rede die Menschen für sich und Obelix zu gewinnen. Diese Strategie der schnellen Prozessbeendigung wird er gewählt haben, weil er die Wirkung des „Zaubertrankes“ kannte.

Abb. 21: Comicauszug Goscinny/Uderzo: Die Lorbeeren des Cäsar, Bd. 18, Berlin 2005, S. 34-36

Didaktische Potenziale

Von diesem Comic geht eine besondere Motivation aus. Im unten beschriebenen Unterrichtsverlauf wird auf das Prinzip der Handlungsorientierung Wert gelegt. Auch wenn der Comic ein noch recht junges Medium des Geschichtsunterrichtes ist, dient die Beschäftigung mit ihm dem Aufbau der Gattungs- und Interpretationskompetenz. Der Comic vermittelt Wissen über die Redegattung Gerichtsrede, über die Beteiligten an einer Gerichtsverhandlung und über den Ablauf einer

Abb. 22: Comicauszug Goscinny/Uderzo: Die Lorbeeren des Cäsar, Bd. 18, Berlin 2005, S. 34-36

solchen. Es schärft ferner den Sinn für Ironie und versteckte Kritik. Die graphische Erzählung motiviert zur Auseinandersetzung mit dem Quelleninhalt.

Eine Rede ist für die Entwicklung einer narrativen Kompetenz nicht immer die geeignetste Gattung. Reden können zwar erzählen, beziehen sich aber meist nur auf einen Zeitpunkt, der mit einem anderen durch Erzählung zu verbinden ist. Der Comic hingegen ist an sich schon eine Erzählung. Die Narrativität wird im hier beschriebenen Unterrichtsbeispiel durch die Aufforderung an einzelne Schülerinnen und Schüler erreicht, den Comic nachzuerzählen bzw. weiter zu erzählen. Der Gegenwartsbezug der Stunde ergibt sich daraus, dass die Schülerinnen und Schüler der 6. bzw. 7. Klasse mit dem Medium Comic Erfahrung haben, dass er also aus ihrer Lebens- und Erfahrungswelt stammt. Der Umstand, dass hierdurch historisches Wissen vermittelt werden kann, ist eine besondere Chance für das historische Lernen.

Methodische Vorschläge

Der Einsatz des Asterix-Comics (CD: 02-Asterix Comic.jpg bis 04-Asterix Comic.jpg) bietet sich in der 6. bzw. 7. Klasse an. Dabei ist ein zeitlicher Rahmen von mindestens einer Stunde vorgesehen. Zu Beginn gibt die Lehrkraft einführende Informationen über das Unterrichtsziel und das Medium Comic. Den Schülerinnen und Schülern muss genügend Zeit zum Lesen des Comics eingeräumt werden. Anschließend müssen im Unterrichtsgespräch Ort, Anlass und handelnde Personen benannt werden. Für das Verständnis des Comics ist es ratsam und wichtig, die Aufgaben der handelnden Personen (Richter, Ankläger [Delator], Verteidiger) zu besprechen und an der Tafel eine Skizze zu entwerfen, die die Sitzordnung vor Gericht verdeutlicht. Um Missverständnisse zu vermeiden, muss auf das ungewöhnliche „Plädoyer“ von Asterix eingegangen werden. Anschließend wird die Lerngruppe aufgefordert, den Comic ein zweites Mal zu lesen. Mit Buntstiften sollen die einzelnen Sprechblasen nun farblich den handelnden Figuren zugeordnet werden. Diesem Schritt folgt ein weiteres Vorlesen des Comics in verteilten Rollen, woran sich eine erzählende Wiedergabe des Comic-Inhaltes anschließt. Ausgehend von dem Unverständnis über lange und kunstvolle Reden wird im Unterrichtsgespräch die Bedeutung von Rede und Gegenrede in Gerichtsverhandlungen sowie die unterschwellige Kritik an den Schauprozessen Caesars herausgearbeitet. In der Hausaufgabe könnten die Schülerinnen und Schüler dann aufgefordert werden, den Comic entsprechend ihrer künstlerischen Fähigkeiten zu Ende zu zeichnen.

4.1.3.4 Zwei Reden, aber nur ein Redner – am Beispiel des Kreuzzugsaufrufes Papst Urbans II. (1095)

Historische Situation

Am 27. November 1095 berief Papst Urban II. ein Konzil von Bischöfen und hohen Klerikern nach Clermont in Mittelfrankreich ein. Wie die Chronisten berichten, strömten daraufhin auch unzählige Laien und Priester nach Clermont. Wegen der großen Anzahl der Zuhörer wurde die Predigt nicht in der Kathedrale, sondern auf einem freien Platz gehalten. Die Rede sollte den Lauf der Geschichte nachhaltig beeinflussen. Urbans stark dramatisierende Schilderung der Leiden der Christenheit im Osten, der Misshandlung durch die Ungläubigen und der Notwendigkeit, die heilige Stadt Jerusalem zu befreien, wurde den Chronisten zufolge begeistert aufgenommen.

Von weltlicher Seite konnte der Papst wenig Unterstützung für sein Vorhaben erhoffen. Investiturstreit, Gegenpapst und Exkommunikation des französischen Königs Philipp I. bedrückten das Verhältnis. Mit dem Aufruf der Christenheit zum Kreuzzug kam Urban II. einem Hilferuf des byzantinischen Kaisers Alexios Kommenos (1081–1118) an das westliche Abendland zur Unterstützung im Kampf gegen die Moslems nach und nutzte diese Chance, um die christlich-römische Kirche als Machtzentrum auszubauen.

Die Motive für den Aufruf Urbans II. sind somit vielseitig. Einerseits sollten das heilige Land und die heilige Stadt rückerobert werden, andererseits war der Kreuzzug ein Mittel zur Machtsteigerung. Ziel des Papstes war die Wiedervereinigung der Ostkirche mit der Westkirche und die Stabilisierung des Papsttums als europäische Ordnungsmacht. Im Jahre 1096 begann das im Nachhinein als Erster Kreuzzug bezeichnete Unternehmen, bei dem Antiochien und Jerusalem erobert wurden. Allerdings starb Papst Urban II., bevor ihn die Nachricht von der Eroberung Jerusalems (1099) erreichte.

Redebeispiele

Q1 Fulcher: Die Rede Urbans II.

Der Chronist und Augenzeitzeuge Fulcher von Chartes (1059–1127) überliefert (kurz nach 1100) folgende Version des Aufrufes von Papst Urban II. vom 27. November 1095:

„Vielgeliebte Brüder!

Getrieben von der Forderung dieser Zeit, bin ich, Urban, der ich nach der Gnade Gottes die päpstliche Krone trage, oberster Priester der ganzen Welt,

hierher zu euch, den Dienern Gottes gekommen, gewissermaßen als Sendbote, um euch den göttlichen Willen zu enthüllen. [...]
Es ist nämlich erforderlich, euren Brüdern im Orient die schon oft versprochene Hilfe auf schnellstem Weg zu bringen. Wie den meisten von euch bekannt ist, haben die Türken, ein persisches Volk, sie angegriffen und sind bis zum Mittelmeer und dabei bis zu jenem Abschnitt, den man den Arm Sankt Georgs [Bosporus] nennt, vorgestoßen. Als sie im Lande von Romanien [Byzanz] immer tiefer in christliche Länder vordrangen, haben sie die Christen öfter in Schlachten besiegt, wobei sie viele töteten oder in Gefangenschaft verschleppten, Kirchen zerstörten und das Reich Gottes verwüsteten. Würde man sie unbehelligt lassen, so würden die Getreuen Gottes in einem noch weiteren Umkreis unterjocht werden. Deshalb bitte ich euch demütig und ermahne euch, aber nicht nur ich, sondern der Herr ermahnt euch, dass ihr als Herolde Christi allen, welchen Standes sie auch sind, Rittern und Fußkämpfern, Reichen und Armen, durch häufige Bekanntmachung zuredet, alles daran zu setzen, unverzüglich den dort lebenden Christen zu Hilfe zu kommen, um dieses nichtswürdige Volk aus unseren Gebieten zu vertreiben.
Ich spreche zu den Anwesenden, den Abwesenden trage ich es auf, es ist aber Christus, der befiehlt. Allen aber, die dort hinziehen und während der Fahrt, zu Lande oder zu Wasser oder im Kampf mit den Heiden ihr Leben verlieren, wird die Vergebung ihrer Sünden (remissio peccatorum) zuteil werden. Was ich ihnen zusage, gewähre ich kraft des mir von Gott verliehenen Amtes. Welche Schande wäre es, wenn ein so verachtenswertes, verkommenes und vom Teufel besessenes Gezücht gegenüber dem Volk des allmächtigen Gottes, auf welches, gestärkt durch den Glauben, der Name Christi seinen Glanz wirft, dermaßen die Oberhand behielte!
Wie groß wird die Schmach sein, die Gott selbst euch zurechnen wird, wenn ihr nicht denen zu Hilfe kommt, die, wie ihr, zu den Bekennern des christlichen Glaubens gezählt werden! Mögen diejenigen, die sich bisher daran gewöhnt haben, auf verwerfliche Weise ihre Privatfehden gegen Glaubensgenossen zu führen, gegen die Ungläubigen kämpfen und diesen Krieg, der schon längst hätte begonnen werden sollen, zum siegreichen Ende bringen. Mögen die, die Räuber waren, zu Kämpfern Christi werden und die, die noch vor kurzem Söldner für geringen Lohn waren, jetzt die ewige Belohnung gewinnen. Mögen die, die bisher ihre Kräfte erschöpft haben zu Lasten von Leib und Seele, sich jetzt anstrengen für eine doppelte Ehre.
Was soll man noch mehr dazu sagen? Auf der einen Seite werden die Unseligen und Armen sein, auf der anderen aber die Glücklichen und wirklich Reichen; hier die Feinde des Herrn, dort aber seine Freunde. Der Aufbruch soll ohne Verzögerung erfolgen. Nachdem sie ihre Besitzungen

verpachtet und sich das für die Reise erforderliche Geld beschafft haben, sollen die Kämpfer sich, wenn der Winter zu Ende geht und der Frühling kommt, unter Führung des Herrn entschlossen auf den Weg machen."

Zit. nach: Krieger, Karl-Friedrich: Papst Urban II. Aufruf zum Kreuzzug (1095), in: Brodersen, Kai (Hrsg.): Reden, die die Welt bewegten, Darmstadt 2002, S. 30f.

Q 2 Robert von Chartres: Die Rede Urbans II.

Der Benediktiner und Zeitzeuge Mönch Robert von Chartres, auch „Robert der Mönch" genannt, überliefert folgende Version des Aufrufes von Papst Urban II. (wahrscheinlich nach 1102):

„Ihr Volk der Franken, ihr Volk nördlich der Alpen, ihr seid, wie eure vielen Taten erhellen, Gottes geliebtes und auserwähltes Volk, herausgehoben aus den Völkern durch die Lage des Landes, die Katholizität des Glaubens und die Hochschätzung für die heilige Kirche. An euch richtet sich unsere Rede, an euch ergeht unsere Mahnung: Wir wollen euch wissen lassen, welcher traurige Anlass uns in euer Gebiet geführt, welche Not uns hierher gezogen hat; sie betrifft euch und alle Gläubigen. Aus dem Land Jerusalem und der Stadt kam schlimme Nachricht und drang schon oft an unser Ohr: Das Volk im Perserreich, ein fremdes Volk, ein ganz gottesfremdes Volk, eine Brut von ziellosem Gemüt und ohne Vertrauen auf Gott (Psalm 77,8) hat die Länder der dortigen Christen besetzt, durch Mord, Raub und Brand entvölkert und die Gefangenen teils in sein Land verschleppt, teils elend umgebracht; es hat die Kirche Gottes gründlich zerstört oder für seinen Kult beschlagnahmt. Sie befleckten die Altäre mit ihren Abscheulichkeiten und stürzen sie um; sie beschneiden die Christen und gießen das Blut der Beschneidung auf die Altäre oder in die Taufbecken. Denen, die sie schändlich misshandeln und töten wollen, schlitzen sie den Bauch auf, ziehen den Anfang der Gedärme heraus, binden ihn an einen Pfahl und treiben sie mit Geißelhieben solange rund herum, bis die Eingeweide ganz heraus gezogen sind und sie am Boden zusammen brechen. Sie binden manche an Pfähle und erschießen sie mit Pfeilen. Sie ziehen manchen den Hals lang, gehen mit bloßem Schwert auf sie los und versuchen, ob sie sie mit einem Streich köpfen können. Was soll ich von der ruchlosen Schändung der Frauen sagen? Schon haben sie das Griechenreich verstümmelt und sich ein Gebiet einverleibt, das zu durchwandern zwei Monate Reise nicht hinreichen.

Wem anders obliegt nun die Aufgabe, diese Schmach zu rächen, dieses Land zu befreien, als euch? Euch verlieh Gott mehr als den übrigen Völkern ausgezeichneten Waffenruhm, hohen Mut, körperliche Gewandtheit und die Kraft, den Scheitel eurer Widersacher zu beugen. Bewegen und zu mannhaftem Mut aufstacheln mögen euch die Taten eurer Vorgänger, die Heldengröße König Karls des Großen, seines Sohns Ludwig und eurer anderen Könige. Sie haben die Heidenreiche zerstört und dort das Gebiet der heiligen Kirche weit ausgedehnt. Besonders bewegen möge euch das Heilige Grab unseres Herrn und Erlösers, das von unreinen Völkern besetzt ist, und die heiligen Stätten, die jetzt ohne Ehrfurcht behandelt und mit dem Unrat dieser Leute frech beschmutzt werden. Ihr überaus tapferen Ritter, ihr Sprösslinge unbesiegter Ahnen, entartet nicht, sondern denkt an die Tatkraft eurer Vorfahren!

Wenn euch zärtliche Liebe zu Kindern, Verwandten und Gattinnen festhält, dann bedenkt, was der Herr im Evangelium sagt, wer Mutter oder Vater mehr als mich liebt, ist meiner nicht wert (Matthäus 10,37); jeder, der sein Haus, Vater, Mutter, Gemahlin, Kinder oder Äcker um meines Namens willens verlässt, wird Hundertfältiges erhalten und ewiges Leben haben (Matthäus 19, 29). Kein Besitz, keine Haussorge soll euch fesseln. Denn dieses Land, in dem ihr wohnt, ist allenthalben von Gebirgen und Gebirgszügen umschlossen und von euch beängstigend dicht bevölkert. Es fließt nicht vor Fülle und Wohlstand über und liefert seinen Bauern kaum die bloße Nahrung. Daher kommt es, dass ihr euch gegenseitig beißt und bekämpft, gegeneinander Kriege führt und euch meist gegenseitig verletzt und tötet. Aufhören soll unter euch der Hass, schweigen soll der Zank, ruhen soll der Krieg, einschlafen soll aller Meinungs- und Rechtsstreit!

Tretet den Weg zum Heiligen Grab an, nehmt das Land dort dem gottlosen Volk, macht es euch untertan! Gott gab dieses Land in den Besitz der Söhne Israels; die Bibel sagt, dass dort Milch und Honig fließen (2. Buch Moses 3,8). Jerusalem ist der Mittelpunkt der Erde, das fruchtbarste aller Länder, als wäre es ein zweites Paradies der Wonne. Der Erlöser der Menschheit hat es durch seine Ankunft verherrlicht, durch sein Leiden geweiht, durch sein Sterben erlöst, durch sein Grab ausgezeichnet. Diese Königsstadt also, in der Erdmitte gelegen, wird jetzt von ihren Feinden gefangen gehalten und von denen, die Gott nicht kennen, dem Heidentum versklavt. Sie erbittet und ersehnt Befreiung, sie erfleht unablässig eure Hilfe. Vornehmlich von euch fordert sie Unterstützung, denn euch verlieh Gott, wie wir schon sagten, vor allen Völkern ausgezeichneten Waffenruhm. Schlagt also diese Wege ein zur Vergebung der Sünden; nie verwelkender Ruhm ist euch im Himmelreich gewiss.‘

Als Papst Urban dies und derartig mehr in geistreicher Rede vorgetragen hatte, führte er die Leidenschaft aller Anwesenden so sehr zu einem Willen zusammen, dass sie riefen: ‚Gott will es, Gott will es!‘ Wie der ehrwürdige Papst von Rom dies hörte, hob er die Augen zum Himmel, dankte Gott, gebot mit der Hand schweigen und sprach:

‚Meine geliebten Brüder, heute hat sich an uns erwiesen, was der Herr im Evangelium sagt: Wo zwei oder drei in meinem Namen versammelt sind, da bin ich mitten unter ihnen (Matth. 18,20). Wenn nicht der Herrgott in eurem Herzen gewesen wäre, wäre euer aller Ruf nicht eins gewesen. Denn auch wenn euer Ruf vielstimmig ertönte, sein Ursprung war eins. Deshalb sage ich euch, dass Gott, der ihn euch die Brust senkte, ihn aus euch herauszog. Dieser Ruf soll euch nun im Kampf das Losungswort sein, denn dieses Wort hat Gott gesprochen. Wenn ihr den Feind angreift und bekämpft, werden alle vom Heere Gottes dieses rufen: ‚Gott will es, Gott will es!'"

Zit. nach: Borst, Arno (übers.): Lebensformen im Mittelalter, Frankfurt/M. 1982, S. 318ff.

M 1 Hintergrundinformationen zu den beiden Chronisten

„Von den beiden Versionen der Papstrede stammt die erste aus der Feder des Chronisten Fulcher von Chartes (1059–1127), der nach allgemeiner Auffassung als Augen- und Ohrenzeuge das Ereignis in Clermont miterlebte, anschließend im Gefolge zunächst des Grafen Stefan von Blois, dann als Kaplan Balduins von Boulogne [...] am ersten Kreuzzug teilnahm. Wahrscheinlich als Kanoniker der Grabeskirche in Jerusalem schrieb er bereits kurz nach 1100 seine Erlebnisse im Rahmen [...] seiner Geschichte des Königsreiches Jerusalem (Historia Hierosolymitana) nieder, wobei ihm die Forschung für sein gesamtes Werk, was Zuverlässigkeit und Detailtreue angeht, ein sehr gutes Zeugnis ausgestellt hat.
Die zweite Version verdankt ihre Entstehung einer Initiative des Abts Bernhard von Marmoutier, der in der Zeit zwischen 1101 und 1107 auf eine anonyme Geschichte des ersten Kreuzzuges (Gesta Francorum) gestoßen war, die, da sie über die Anfänge wenig berichtet, sein Missfallen erregt hatte. Er veranlasste daher den Benediktinermönch Robert vom Remigiuskloster in Reims [genannt: Robert der Mönch], der als Augenzeuge am Konzil in Clermont teilgenommen hatte, die Chronik entsprechend zu überarbeiten. Robert der Mönch dürfte sich dieser Aufgabe kaum vor 1102, wahrscheinlich erst einige Jahre später, angenommen haben. Auch der hieraus entstandenen, im Mittelalter sehr verbreiteten Chronik hat die Forschung einen hohen Quellenwert bescheinigt."

Krieger, Karl-Friedrich: Papst Urbans II. Aufruf zum Kreuzzug (1095), in: Brodersen, Kai (Hrsg.): Reden, die die Welt bewegten, Darmstadt 2002, S. 30f.

Didaktische Potenziale
Prinzipiell können die Lernenden über die Motive und Ziele Urbans II. historisches Wissen erwerben. Gemeinsamkeiten der beiden Reden fin-

den sich bezüglich der Aussagen, dass „beunruhigende Nachrichten" aus dem Osten eingetroffen seien, dass die Türken die Christen töteten und gefangen nähmen und dass es deshalb Zeit wäre, Hilfe ins Heilige Land zu senden. Unterschiede in den Reden lassen sich hinsichtlich des zentralen Kriegszieles der Eroberung von Jerusalem, der Adressaten des Aufrufes und des Lohns für die Teilnahme am Unternehmen (z.B. Vergebung der Sünden) erkennen.[7] Angesichts der päpstlichen Äußerungen könnte in einer weiteren Stunde danach gefragt werden, inwieweit die Kreuzzüge und deren Ziele der Leitung des Papsttums entglitten.

Ein großer Teil der Forschung misst dem Chronisten Fulcher von Chartres eine höhere – wenn auch nicht absolute – Authentizität als Robert zu. Ziemlich sicher ist, dass er Augen- und Ohrenzeuge des päpstlichen Aufrufes war und relativ zeitnah seine Erinnerungen von der Rede niederschrieb. Robert hat seine Erinnerungen und „seine" Rede erst unter dem Eindruck des bereits erfolgreich begonnenen Kreuzzuges oder noch später dargelegt.

Das methodische Vorgehen ist geprägt durch die Quelleninterpretation und den Quellenvergleich. Die Schülerinnen und Schüler sollen so erkennen, dass mit Quellen stets kritisch und reflektierend umgegangen werden muss. Die Ausprägung einer Gattungs- bzw. Interpretationskompetenz wird unterstützt. Einen Gegenwarts- und Zukunftsbezug ermöglichen die Äußerungen heutiger islamistisch-terroristischer Gruppierungen zu den „westlichen Kreuzfahrerstaaten".

Methodische Vorschläge

Die angeführten Quellen sind für den Einsatz in einer Doppelstunde der Abiturstufe konzipiert und erfordern gewisse Vorkenntnisse der Schülerinnen und Schüler, quellenkritisch zu arbeiten.

Der Einstieg sollte mit einem Unterrichtsgespräch über die Redewendung „die modernen westlichen Kreuzfahrerstaaten" geschehen. Nachdem den Schülerinnen und Schülern die historische Situation, die Quellenlage und die näheren Umstände der Rede von der Lehrkraft erläutert wurden, erhält eine Hälfte der Klasse die von Fulcher von Chartes überlieferte Papstrede (Q1). Die andere Hälfte der Klasse bekommt den von Robert dem Mönch überlieferten Kreuzzugsaufruf (Q2). Die Gruppen beschäftigen sich nun in Einzelarbeit mit der Quelle und werden angehalten, den Text mit Kapitelüberschriften zu versehen sowie nach den Absichten und rhetorischen Mitteln des Redners zu fragen. Im Anschluss daran werden zwei Schüler aufgefordert, jeweils eine der Reden wirkungsvoll und situationsgerecht vorzutragen. Im Unterrichtsgespräch werden dann die gewonnenen Eindrücke besprochen und die Erkenntnisse – hinsichtlich der Motive, Ziele, Mittel und dem versprochenen Lohn – in einer Tabelle zum Vergleich zusammengefasst.

Ausgehend von den unterschiedlichen Inhalten wird eine Diskussion über den Quellenwert geführt. Dazu erhalten die Schülerinnen und Schüler das Material M1. Im Ergebnis der quellenkritischen Diskussion sollen die Lernenden sich eine Meinung bilden, welcher Rede sie die höhere Glaubwürdigkeit zuschreiben würden.

4.1.3.5 Ein Simulationsspiel – am Beispiel einer zurückhaltenden und einer kämpferischen Rede Martin Luthers vor dem Reichstag zu Worms 1521

Historische Situation

Nachdem Martin Luther (1483–1546) 1517 aus Protest gegen die Missstände in der katholischen Kirche seine 95 Thesen verfasst hatte, wurde er in Folge eines Ketzerprozesses von Papst Leo X. schließlich mit dem Kirchenbann belegt. Auf dem 1521 einberufenen Reichstag zu Worms sollte Luther seine Lehren widerrufen, was er aber nicht tat. Daraufhin verhängte der junge Kaiser Karl V. (1519–1556) die Reichsacht (Wormser Edikt) über den „Ketzer aus Wittenberg“. Zu einer Ergreifung Luthers sollte es aber nicht kommen. Der sächsische Kurfürst Friedrich der Weise ließ ihn vorsorglich entführen und auf der Wartburg in Sicherheit bringen.

Der Reichstag zu Worms wurde am 27. Januar 1521 eröffnet. Die Quellen berichten von einem außergewöhnlich großen Interesse. Nach dem Plan des päpstlichen Gesandten Aleander sollte Luther ohne Verhandlung als Ketzer verurteilt werden. Die anwesenden Fürsten bestanden aber darauf, Luther die Gelegenheit zur Rechtfertigung zu geben.

Redebeispiel

Q 1 Luthers Rede nach Konrad Peutinger (18.4.1521)

„Ich bin hindurch!“ jubelte Dr. Martin Luther am Abend des 18. April 1921 in der Herberge „Deutscher Hof“ zu Worms. Nach 24stündiger Bedenkzeit hatte er kurz zuvor in der Bischofspfalz vor dem 21jährigen Kaiser Karl V. einen Widerruf seiner Lehre abgelehnt. Er hatte darauf beharrt: Der Mensch werde allein aus dem Glauben gerechtfertigt, und die Bibel stehe über dem Papst. Das Zusammentreffen des Wittenberger Mönchs, über den Papst Leo X. am 3. Januar 1521 den Bann verhängt hatte, mit dem strenggläubigen Kaiser, der die Hilfe des Vatikans bei seinen Plänen be-

Abb. 23: Martin Luther, Kupferstich v. Lukas Cranach d.Ä., 1520

nötigte, schilderte am gleichen Abend der 56jährige Augsburger Humanist und Diplomat Dr. Konrad Peutiger dem Rat seiner Heimatstadt in einem Brief. Drei Wochen später sprach Karl V. über Luther die Reichsacht aus.

„Am Dienstag, dem 16. April um 11 Uhr ist Dr. Martin Luther samt einem Mönch auf einem Wagen angekommen und hat sehr viele Zuschauer gehabt. Er liegt in Herberge bei Herrn Philipp von Feilitzsch, einem Ritter des Kurfürsten von Sachsen. Am Mittwochmorgen hat er Herrn Hans von Minkwitz, der krank ist, die Beichte gehört und ihn mit den Sakramenten versehen.

Danach ist er um 4 Uhr nachmittags an den Hof bestellt worden. In Gegenwart der Kaiserlichen Majestät, der Kurfürsten, Fürsten und anderer Stände des Reiches sowie auch vieler anderer Leute wurde er in der Hofstube durch einen Beamten des Erzbischofs von Trier angesprochen, er habe viel geschrieben und gelehrt, deshalb würde man ihm etliche Bücher, die unter seinem Namen erschienen seien, vorhalten. Er solle darauf

Antwort geben, ob er diese Bücher geschriebenen habe und sie für seine Bücher halte und ob er auf ihnen und ihrem Inhalt beharre oder sie widerrufen wolle. Es waren dort viele seiner Bücher vorhanden, deren Titel alle verlesen wurden. Darauf gab Luther zur Antwort, er habe nicht allein die Bücher, deren Namen man vorgelesen hatte, sondern viele andere geschrieben und wolle sie für seine Bücher halten. Für die andere Frage aber, ob er auf ihrem Inhalt beharren oder ihn widerrufen wolle, bat er um Bedenkzeit, da diese Frage wichtig wäre. Die Kaiserliche Majestät besprach sich mit den Kurfürsten und gewährte ihm Bedenkzeit bis Donnerstag 5 Uhr nachmittags.

Am Donnerstag ist Luther zur festgesetzten Zeit wieder in einem großen Saal erschienen, in dem auch die Kaiserliche Majestät, die Kurfürsten, Fürsten und andere Stände sowie eine große Menge Volk aus allerlei Nationen mit Ausnahme des päpstlichen Gesandten zugegen waren. Dort begann der erwähnte Beamte des Erzbischofs von Trier die Sache von neuem, erwähnte die gewährte Bedenkzeit und begehrte mit vielen Worten eine Antwort, indem er ihn daran erinnerte, dass seine Lehre durch die Päpstliche Heiligkeit und etliche Hochschulen verdammt worden sei. So solle er wiederrufen.

Darauf antwortet Luther. Er sprach allein die Kaiserliche Majestät und die weltlichen Fürsten an, hängte daran aber die Bemerkung, dass er nicht bei Hofe erzogen worden sei und auch jedem anderen seinen ihm zukommenden Titel stillschweigend gebe. Dann fuhr er fort, er habe sich gestern zu seinen Büchern bekannt und darauf beharre er noch. Wenn aber ihm zuwider etwas darin gedruckt worden sei, wolle er dies nicht für das seine halten. Die andere oben erwähnte Frage beantwortete er unter drei Gesichtspunkten. Was er zum ersten dem gemeinen Volk gepredigt und geschrieben habe, stünde nicht im Gegensatz zur Heiligen Schrift; seine Widersacher hätten dies auch nie angefochten; darum wäre hier nicht not, einen Widerruf zu tun. Zum anderen habe er in seinen Büchern aus Anlass seiner Gegner den Missbrauch zu Rom angegriffen, weil dadurch die deutsche Nation hart bedrückt worden sei; er habe diese Dinge zu treuer Mahnung gelehrt, was der Heiligen Schrift ebenfalls nicht zuwider, sondern gemäß wäre. Er gedenke in diesem Punkt auch nicht zu widerrufen, zumal im geistlichen Recht vorgesehen und ausgedrückt wäre, wenngleich der Papst etwas festsetze und zu Recht erheben wolle, was dem göttlichen Recht und der evangelischen Lehre entgegen wäre, dann sollte dies nicht gültig sein. Zum dritten aber habe er sonst viel geschrieben und gelehrt, das er solange als im Einklang mit der Heiligen Schrift halte, bis er mit der Heiligen Schrift von jedermann, gleichgültig wer das wäre, widerlegt und überwunden werde; dann wolle er dies gern widerrufen. [...]

Nun hat ihn der Beamte nochmals nachdrücklich zum Widerruf ermahnt. Er wies ihn darauf hin, dass er wider die heiligen Konzilien, insbesondere dasjenige von Konstanz, geschrieben habe, obwohl sie von der christlichen Kirche gebilligt würden. Es wäre auch nicht notwendig, viel mit ihm zu disputieren und ihn zu überwinden, da er in seinen Büchern nichts Neues, sondern die – bereits von den Konzilien verdammten – Lehren des Wiclif, Hus und anderer niedergeschrieben habe. Luther entgegnete, die Konzilien hätten sich auch geirrt und sogar mehrmals entgegen dem göttlichen Recht Verordnungen erlassen. Der Beamte sagte „Nein!“, Luther dagegen „Ja!“ und wollte seine Meinung beweisen. Damit fand die Verhandlung ihr Ende. Als Luther diesen Ort wieder verließ, entstand ein großer Tumult. Er empfahl sich der Kaiserlichen Majestät untertänigst. Zum Schluss sprach er die Worte: „Gott, komm' mir zu Hilf'!“

Der Reformator trotzt dem Kaiser, in: Wein, Martin (Hrsg.): Ich kam sah und schrieb. Augenzeugenberichte aus fünf Jahrhunderten, München 1964, S. 59f.

Q 2 Luthers Rede vor dem Reichstag zu Worms (18. April 1521)

„Allergnädigster Kaiser, durchlauchtigste Fürsten! Mir wurden gestern durch Eure allergnädigste Majestät zwei Fragen vorgelegt, nämlich ob ich die genannten, unter meinem Namen veröffentlichten Bücher als meine Bücher anerkennen wollte und ob ich dabei bleiben wollte, sie zu verteidigen, oder bereit sei, sie zu widerrufen. Zum ersten Punkt habe ich bereitwillig eine unverhohlene Antwort gegeben, zu der ich noch stehe und in Ewigkeit stehen werde: Es sind meine Bücher, die ich selbst unter meinem Namen veröffentlicht habe, es sei denn, dass die Tücke meiner Feinde oder eine unzeitige Klugheit darin nachträglich etwas geändert oder fälschlich gestrichen hat. Denn ich erkenne schlechterdings nur das an, was allein mein eigen und von mir geschrieben ist, aber keine weisen Auslegungen von anderer Seite.

Hinsichtlich der zweiten Frage bitte ich aber Eure allergnädigste Majestät und fürstliche Gnaden dies beachten zu wollen, dass meine Bücher nicht alle von der gleichen Art sind.

Es gibt einige Schriften, in denen ich über den rechten Glauben und rechtes Leben so schlicht und evangelisch gehandelt habe, dass sogar meine Gegner zugebenen müssen, sie seien nützlich, ungefährlich und durchaus lesenswert für einen Christen. Ja, auch die Bulle erklärt trotz ihrer wilden Gegnerschaft einige meiner Bücher für unschädlich, obschon sie sie dann in einem ganz abenteuerlichen Urteil dennoch verdammt. Wollte ich also anfangen diese Bücher zu widerrufen – wohin, frage ich, sollte das führen? Ich wäre dann der einzige Sterbliche, der eine Wahrheit verdammte, die

Freund und Feind gleichermaßen bekennen, der einzige, der sich gegen das einmütige Bekenntnis aller Welt stellen würde!
Die zweite Gruppe greift das Papsttum und die Taten seiner Anhänger an, weil ihre Lehren und ihr schlechtes Beispiel die ganze Christenheit sowohl geistlich wie leiblich zerstört habe. Wollte ich also diese Bücher widerrufen, so würde ich die Tyrannei damit geradezu kräftigen und schützen, ich würde diese Gottlosigkeit für ihr Zerstörungswerk nicht mehr ein kleines Fenster, sondern Tür und Tor öffnen, weiter und bequemer, als sie es bisher je vermocht hat. So würde mein Widerruf ihrer grenzenlosen, schamlosen Bosheit zugute kommen, und ihre Herrschaft würde das arme Volk noch unerträglicher bedrücken, und nun erst recht gesichert und gegründet sein, vor allem, wenn man damit prahlen würde, ich hätte das auf Geheiß Eurer allergnädigsten Majestät und des ganzen römischen Reiches getan. Guter Gott, wie sehr würde ich da der Bosheit und Tyrannei zur Deckung dienen.
Die dritte Gruppe sind die Bücher, die ich gegen einige sozusagen für sich stehende Einzelpersonen geschrieben habe, solche nämlich, die darauf hingearbeitet haben, die römische Tyrannei zu schützen und das Christentum, wie ich es lehrte, zu erschüttern. Ich bekenne, dass ich gegen diese Leute heftiger vorgegangen bin, als in Sachen des Glaubens und bei meinem Stande angebracht war. Denn weder mache ich mich zu einem Heiligen, noch trete ich hier für meinen Lebenswandel ein, sondern ich streite für die Lehre Christi. Trotzdem wäre mein Widerruf auch für diese Bücher nicht statthaft; denn er würde wiederum zur Folge haben, dass sich gottlose Tyrannei auf mich berufen könnte und das Volk Gottes grausamer beherrscht und misshandelt würde denn je zuvor. [...]
Ich sage das nicht in der Meinung, so hohe Häupter hätten meine Belehrung oder Ermahnung nötig, sondern weil ich meinem lieben Deutschland den Dienst nicht versagen wollte, den ich ihm schuldig bin. Hiermit will ich mich Eurer allergnädigsten kaiserlichen Majestät und fürstlichen Gnaden demütig befehlen und bitten, sie mögen sich von meinen eifrigen Widersachern nicht ohne Grund gegen mich einnehmen lassen. Ich habe gesprochen.
Nach diesen Worten sagte der Redner des Kaisers in harschem Ton: Ich hätte nicht zur Sache geantwortet, und was ehedem auf Konzilien verdammt und beschlossen sei, dürfe nicht in Zweifel gezogen werden. Man wünsche von mir daher eine einfache Antwort ohne Spitzfindigkeiten, ob ich widerrufen wolle oder nicht.
Darauf antwortete ich: Da denn Eure allergnädigste Majestät und fürstliche Gnaden eine einfache Antwort verlangen, will ich sie ‚ohne Hörner und Zähne' [=Spitzfindigkeiten] und unverfänglich erteilen, nämlich so: Wenn ich nicht mit Zeugnissen der Schrift oder mit offenbaren Vernunftgründen besiegt werde, so bleibe ich von den Schriftstellern besiegt, die ich angeführt

habe, und mein Gewissen bleibt gefangen in Gottes Wort. Denn ich glaube weder dem Papst noch den Konzilien allein, weil es offenkundig ist, dass sie öfters geirrt und sich selbst widersprochen haben. Widerrufen kann und will ich nichts, weil es weder sicher noch geraten ist, etwas gegen sein Gewissen zu tun. Gott helfe mir, Amen."

Zit. nach: Erbe, Michael, Luther: Gott helfe mir, in: Brodersen, Kai (Hrsg.): Reden, die die Welt bewegten, Darmstadt 2002, S. 50-53

M 1 Rollenkarten

Martin Luther (kämpferisch)	Martin Luther (zurückhaltend)	Johann von der Ecken *(Sprecher des Kaisers) leitet die Sitzung nach Ablaufplan*	Kaiser Karl V.
Hieronymus Aleander (päpstlicher Gesandter)	Päpstlicher Legat	Päpstlicher Legat	Kurfürst 1
Kurfürst 2	Kurfürst 3	Kurfürst 4	Kurfürst 5
Kurfürst 6	Kurfürst 7	Fürst	Fürst
Fürst	Fürst	Reichsstände	Reichsstände
Reichsstände	Reichsstände	Reichsstände	Schreiber
Schreiber	Mönch (begleitet Luther)	Volk	Volk
Volk	Volk	Volk	Volk

M2 Tafelbild: Raumskizze

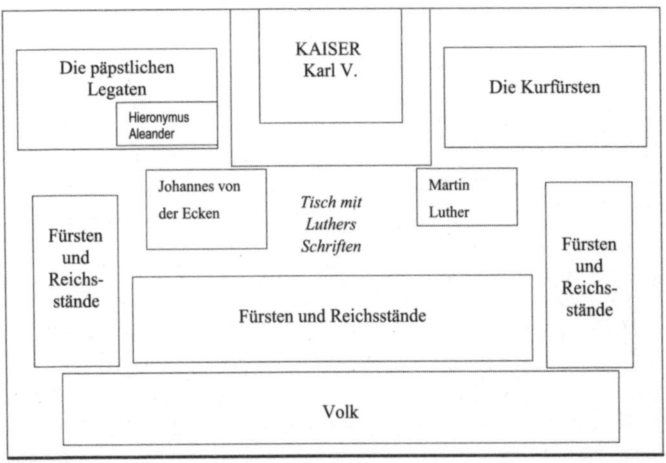

M 3/Abb. 24: Luther vor dem Wormser Reichstag, Ölgemälde (170 x 240 cm) von Hermann Freihold Plüddemann (1809–1868)

M 4 Informationsblatt für Johann von der Ecken (Sprecher des Kaisers)

1) *Du eröffnest den Reichstag zu Worms und begrüßt die Anwesenden beim Namen*
- Kaiser Karl V.
- den Gesandten seiner Heiligkeit Papst Leos X., seine Exzellenz Hieronymus Aleander
- den Kurfürsten von ..., den Kurfürsten von ..., den Kurfürsten von ..., den Kurfürsten von ...,
- den Kurfürsten von ..., den Kurfürsten von ..., den Kurfürsten von ...,
- die Vertreter der Reichsstände und der Heiligen Römischen Kirche

2) *Frage an Luther*

„Die kaiserliche Majestät hat dich, Martin Luther, aus zwei Gründen nach hier gerufen, nämlich zu erkunden, 1. ob du hier öffentlich die bisher unter deinem Namen verbreiteten Bücher anerkennst und ob du bejahendenfalls 2. das schon anerkannte als deine Meinung aufrechterhalten oder etwas davon widerrufen wolltest."[8]

3) *Luther erhält das Wort*

4) *Nachfrage an Luther:*

„Die kaiserliche Majestät hat dir, Martin Luther, eine Frage gestellt. Dinge, die ehedem auf Konzilien verdammt und beschlossen seien, dürfen von dir nicht in Zweifel gestellt werden. Seine kaiserliche Majestät fragt deshalb nochmals nach einer einfachen Antwort ohne Spitzfindigkeiten, ob du widerrufen wollest oder nicht."

5) Antwort Luthers
6) Schlusswort:
„Im Namen seiner kaiserlichen Majestät Karl V. wird der Reichstag unterbrochen. Seine kaiserliche Hoheit wird ihre Entscheidung im Fall Martin Luther in den kommenden Tagen dem Reichstag zukommen lassen."

Didaktische Potenziale

Die Rede Luthers vor dem Reichstag 1521 gilt als markanter Punkt der Reformationsgeschichte. Sie verdeutlicht nicht nur Luthers Motive, sondern benennt auch seine zentralen Kritikpunkte: etwa „die Tyrannei des Papsttums" oder „die Abkehr vom rechten Glauben und Leben". In seiner Rede bekennt sich Luther zu seinen Schriften – die er alle widerrufen sollte – und verteidigt diese mit drei Argumenten. Erstens betont er, dass sich unter den Schriften auch Werke befinden, die Anerkennung bei seinen Gegnern finden, zweitens stellt er die Autorität des Papstes bezüglich der Glaubensauslegung in Frage – weil auch dieser und die Konzilien irren können – und drittens werde er nur widerrufen, wenn man ihm aufzeige, dass seine Worte den Aussagen der Evangelien widersprechen. Das methodische Vorgehen im Unterricht zielt auf die inhaltliche Auseinandersetzung mit Luthers Worten vor dem Reichstag, stellt die Situation szenisch dar und ermöglicht eine reflektierende bzw. quellenkritische Diskussion über das mögliche Auftreten Luthers.

Die Unterrichtsgestaltung als Simulationsspiel ist in einem hohen Maße handlungs- und schülerorientiert. Den didaktischen Wert dieser Spiele für den Geschichtsunterricht hat Markus Bernhardt beschrieben.[9] Im Rahmen der Unterrichtssequenz ermöglicht das Simulationsspiel die Modellierung einer vergangenen Realität. Simulationen sind geprägt von Auslassungen zum Nutzen der zentralen Lernziele. Diese sog. Ersatz-Realität kann den Schülerinnen und Schülern einen Eindruck von den Handlungsmöglichkeiten in der Geschichte vermitteln. Es ist allerdings wichtig, die Lernenden vor und nach dem Spiel darauf hinzuweisen, dass die Simulation keinesfalls der Realität entspricht, sondern nur ein Hilfskonstrukt ist, welches die historische Situation verständlicher werden lässt. Gerade bei der Rede Luthers in Worms gehen die Meinungen über den Ablauf und dessen Auftreten weit auseinander, was auch an verschiedenen Bildquellen deutlich wird.

Methodische Vorschläge

Der Stunde zugrunde liegende Materialien sind für eine 7. Klasse konzipiert und auf vier Unterrichtsstunden bezogen. Dabei wäre es methodisch sinnvoll, die Stunden als Doppelstunden zu planen.

1. Doppelstunde: Anknüpfend an die vergangene Geschichtsstunde, in der die Thesenanschläge Luthers behandelt wurden, erläutert die Lehrerin bzw. der Lehrer, dass sich 1521 der Reichstag in Worms u.a. mit dem vom Papst als Ketzer verurteilten Martin Luther und seinen Schriften auseinandersetzte. Dieser Teil des Reichstags soll in der Folge als Simulationsspiel dargestellt werden.

Um den Schülerinnen und Schülern die konkrete Situation auf dem Augsburger Reichstag zu verdeutlichen, erhalten sie einen Zeitzeugenbericht (Q1). Nachdem der Lerngruppe etwas Zeit gegeben wurde, die Quelle zu lesen, findet ein Unterrichtsgespräch zu deren Inhalten statt. Dabei muss auf die Beteiligten und den Ablauf des Reichstages eingegangen werden. Die Ergebnissicherung erfolgt in einem erklärenden Tafelbild.

Anschließend erhalten die Schülerinnen und Schüler die – gekürzte – Rede Martin Luthers (Q2) und werden aufgefordert, diese zu lesen und sich dabei Gedanken zu machen, mit welcher Mimik und Gestik Luther die Rede vorgetragen haben könnte. Das folgende kurze Unterrichtsgespräch dient dem Ziel, mögliche Unklarheiten zu beseitigen.

Per Los werden den Lernenden ihre Rollen zugeteilt (M1). Dabei wird die Rolle des Martin Luther zweimal vergeben. Eine Schülerin bzw. ein Schüler soll Martin Luther als selbstbewusst und kämpferisch auftretenden Reformator darstellen. Ein(e) andere(r) soll ihn zurückhaltender spielen – wissend um die Gefahren, die von einer Verurteilung durch den Reichstag ausgehen konnten.

Anschließend wird den Schülern ein Gemälde (M3) vom Wormser Reichstag gezeigt. Damit sollen die näheren Umstände der Rede (Sitzordnung, Beteiligte) verdeutlicht werden. In einer Tafelskizze sollten diese an die Bedingungen, die im Klassenraum bestehen, angepasst werden (M2). Das Gemälde ist allerdings erst im 19. Jahrhundert von Hermann Freihold Plüddemann (1809–1868) gemalt worden. Auf diesen Umstand muss im Unterrichtsgespräch problematisierend hingewiesen werden.

2. Doppelstunde: Die Schülerinnen und Schüler nehmen entsprechend der Raumskizze (fiktiver Reichstag) ihre Plätze ein. Der Kaiser muss erhöht sitzen, die Kurfürsten und päpstlichen Legaten sitzen, Fürsten und Volk stehen. Da der Kaiser selbst die Verhandlung nicht leitet, kommt dem kaiserlichen Sprecher Johannes von der Ecken die moderierende Rolle zu. Hierzu erhält dieser Schüler einen Ablaufplan (M4) – er eröffnet den Reichstag (das Spiel).

Nachdem das Geschehen vor dem Wormser Reichstag mit einem kämpferischen Luther durchgespielt wurde, werden die Schülerinnen und Schüler nach ihren unmittelbaren Eindrücken gefragt. Anschließend wird der Reichstag nochmals gespielt – diesmal mit einem zurückhaltenderen Luther. Erneut sollen die Schülerinnen und Schüler ihre Eindrücke mitteilen.

Es folgt der Vergleich der beiden Spiele bzw. der Darstellungen der Person Luthers. Dabei muss die Lerngruppe erkennen, dass nicht bekannt ist, welche sprachlichen Mittel Luther einsetzte. In der Folge wurde sein Auftritt aber meist nur als ein kämpferischer – aller weltlichen und geistlichen Gewalt trotzender – Mensch dargestellt. Bilder im Schulbuch liefern gegebenenfalls den Vergleich.

An die Auswertung, die sich besonders dem Auftreten Luthers vor dem Reichstag widmet, schließt sich eine inhaltliche Auswertung der Rede – hinsichtlich der Argumente und des argumentativen Aufbaus – an. Im Rahmen dieses Unterrichtsgespräches sollte der Lehrer ein Tafelbild entwickeln, das zusammenfasst, was Luther in Worms sagte und wie er es gesagt haben könnte.

4.1.3.6 Das heruntergefallene Manuskript – am Beispiel der Rede Friedrichs des Großen vor der Schlacht bei Leuthen (3.12.1757)

Abb. 25: Friedrich II., um 1745

Historische Situation

Seit Friedrich II. (1712–1786) im Jahre 1740 preußischer König wurde, verfolgte er ein außenpolitisches Konzept, mit dem er Preußen zu einer führenden Macht in Europa machte. Dieses Streben führt zu Kollisionen mit den Interessen Österreichs. Die beiden Schlesischen Kriege (1740–1742 und 1744/1745), die mit der Annexion Schlesiens durch Preußen endeten, waren die ersten Stationen dieser Expansionspolitik.

Der dritte Schlesische Krieg (1756–1763), der als Siebenjähriger Krieg in die Geschichte einging, wurde unter Teilnahme Englands (auf preußischer Seite) und Frankreichs (auf österreichischer Seite) geführt. Vordergründig ging es um den Ausbau der preußischen Hegemonie im Heiligen Römischen Reich Deutscher Nation, aber auch koloniale Interessen in Indien und Nordamerika spielten eine Rolle. Nach anfänglichen Erfolgen im ersten Kriegsjahr erlitt die preußische Armee im Sommer des Jahres 1757 große Niederlagen. Die Österreicher fassten in Schlesien mehr und mehr Fuß und es gelang ihnen, im November 1757 Breslau einzunehmen. Nun sah sich der preußische König genötigt, durch einen gezielten Vorstoß die Provinz, insbesondere die Hauptstadt Breslau, zurückzuerobern.

Unter allen preußischen Regionen zählte Schlesien strategisch und wirtschaftlich zu den wertvollsten. In der Schlacht bei Leuthen standen sich rund 39 000 preußische und 66 000 österreichische Soldaten gegenüber. Trotz ihrer wesentlich geringeren Truppenstärke siegten die Preußen.[10] Die Ansprache, die Friedrich II. am 3. Dezember 1757 vor der Schlacht bei Leuthen hielt, ging in die Geschichte ein und belegt deutlich das preußische Rückeroberungsinteresse. Der Redetext wurde von Major Rudolf Wilhelm von Klatenborn überliefert, dessen Aufzeichnung der Ansprache in die Werke Friedrichs des Großen eingegangen ist.[11]

Redebeispiel

Q 1 Friedrich der Große

Die Ansprache Friedrich des Großen an seine Generäle und Stabsoffiziere am 3. Dezember 1757, vor der Schlacht bei Leuthen (die einzelnen Abschnitte sind durcheinander geraten).

1) „Das Kavallerieregiment, was nicht gleich, wenn es befohlen wird, sich à corps perdu in den Feind hineinstürzt, lass ich gleich nach der Bataille* absitzen und mach es zu einem Garnison-Regiment. Das Bataillon Infanterie, was, es treffe auch, worauf es wolle, nur zu stocken anfängt, verliert die Fahnen und die Säbels, und ich lass ihnen die Borten* von der Montierung schneiden."

2) „Nun leben Sie wohl, meine Herren, morgen um diese Zeit haben wir den Feind geschlagen, oder wir sehen uns nie wieder."

3) „Ich habe vermutet, dass mich keiner von Ihnen verlassen würde; ich rechne nun also ganz auf Ihre treue Hilfe und auf den gewissen Sieg. Sollt ich bleiben und Sie nicht für das, was Sie morgen tun werden, belohnen können, so wird es unser Vaterland tun. Gehen Sie nun ins Lager, und sagen Sie das, was ich Ihnen hier gesagt habe, Ihren Regimentern, und versichern Sie ihnen dabei, ich würde ein jedes genau bemerken."

4) „Meine Herren! Ich habe Sie hierher kommen lassen, um Ihnen erstlich für die treuen Dienste, die Sie [...] dem Vaterlande und mir geleistet haben, zu danken. Ich erkenne sie mit dem gerührtesten Gefühl. Es ist beinahe keiner unter Ihnen, der sich nicht durch eine große und Ehre bringende Handlung ausgezeichnet hätte. Mich auf Ihren Mut und Erfahrung verlassend, habe ich den Plan zur Bataille* gemacht, die ich morgen liefern werde und liefern muss. Ich werde gegen alle Regeln der Kunst einen beinahe zweimal stärkern, auf Anhöhen verschanzt stehenden Feind angreifen."

5) „Ich muss es tun, oder es ist alles verloren. Wir müssen den Feind schlagen oder uns vor ihren Batterien alle begraben lassen. So denk ich, so werde ich auch handeln. Ist einer oder der andere unter Ihnen, der nicht so denkt, der fordere hier auf der Stelle seinen Abschied. Ich werde ihm selbigen ohne den geringsten Vorwurf geben." – Hier folgte eine Pause von Seiten des Redners, und eine heilige Stille von Seiten der Zuhörer. Freundlich lächelnd fuhr er fort:"

*Batterien: Geschützstellungen; *Borten: schmales Band, Einfassung, Saum; mit ihrem Verlust ging die Soldatenehre verloren; *Bataille: Schlacht

Zit. nach: Schafarschik, Walter: Herrschaft durch Sprache. Politische Reden, Reclam, Stuttgart 1973, S. 22f.

Lösung: Die richtige Reihenfolge der Rede nach Absätzen: 4/5/3/1/2

Didaktische Potenziale

Die Rede Friedrichs II. ist eine Quellen des kämpferisch-aufstrebenden Preußens im 18. Jahrhundert. Er appelliert an die Ehre der preußischen Soldaten und versucht vor einer der entscheidenden Schlachten des Siebenjährigen Krieges seine Truppe zu motivieren. Dabei erinnert der König an vergangene Erfolge und stilisiert die kommende Schlacht zu einer Schlacht für das Vaterland. Mut machen, Ehrgeiz wecken und an die Kampfkraft appellieren sind seine Ziele.

Das methodische Vorgehen im Unterricht legt sein Hauptaugenmerk nicht auf die originalgetreue Textreproduktion. Es ist möglich, dass die Rede auch Sinn entfaltet, wenn manche Absätze anders angeordnet werden als beim Original. Die Schülerinnen und Schüler sollen sich inhaltlich intensiv mit dem Redetext auseinandersetzen, um eine aussagekräftige Rede wieder herzustellen. Bei diesem Vorgehen findet eine Perspektivübernahme durch die Lernenden statt. Sie müssen sich in Friedrich II. und seine Zuhörer versetzen. Von einer „durcheinander geratenen Rede" geht eine große Anziehungskraft aus. Die Motivation, sich mit gedruckten Reden zu beschäftigen, wird durch dieses handlungsorientierte Verfahren vergrößert.

Methodische Vorschläge

Das beigefügte Material ist so ausgewählt worden, dass es entsprechend den spezifischen Anforderungen sowohl in der Sekundarstufe I als auch in der Sekundarstufe II eingesetzt werden kann.

Den Schülerinnen und Schülern wird die durcheinander geratene Rede Friedrichs des Großen vorgelegt. Der Lehrer gibt das Ziel vor: die Redeteile in eine sinnvolle Abfolge zu ordnen, um sie anschließend vortragen zu lassen. Bevor den Lernenden in Partnerarbeit Zeit gegeben wird, die Rede zu ordnen, muss die historische Situation – das Vormachtstreben Preußens und die sich daraus ergebende Konkurrenz mit Österreich – beleuchtet werden. Im Anschluss an die Partnerarbeit wird die Rede Friedrichs in der richtigen Abfolge von Einzelnen vorgelesen.

Im Anschluss daran beginnt die Interpretation der Rede, in der die Absichten des Redners, mögliche Reaktionen der Zuhörer und der Quellenwert deutlich herausgearbeitet werden sollen. Mit der gebotenen Zurückhaltung können auch Spekulationen bezüglich des Stimmeinsatzes und der Körperhaltung Friedrichs des Großen diskutiert werden. Das zu entwerfende Tafelbild sollte zum einen danach fragen, was (Motive, Ziele) der König sagt und wie (Argumente, rhetorische Mittel) er versucht, seine Zuhörer davon zu überzeugen.

4.1.3.7 Eine Debatte über Schuld oder Unschuld und/oder Eine fiktive Debatte über das Strafmaß für Ludwig XVI.

Historische Situation

Ab Dezember 1792 führte der französische Nationalkonvent ein Hochverratsverfahren gegen Ludwig XVI. Man warf ihm u.a. vor, das Vermögen des Landes verschwendet, sich mit Regierungen anderer Länder gegen die Ergebnisse der Französischen Revolution verschworen, einen Fluchtversuch unternommen und Komplotte gegen die junge Republik geschmiedet zu haben. Mit knapper Mehrheit wurde der König am 17.

Januar 1793 zum Tode verurteilt. Bei der Verkündung des Urteils reagierte er gelassen und sprach seiner Familie Trost zu. Ebenso souverän erwies sich Ludwig XVI. bei seiner Hinrichtung durch die Guillotine am 21. Januar 1793 auf der Place de la Révolution (heute Place de la Concorde) in Paris. In einer letzten kurzen Rede betonte er wiederholt seine Unschuld. Am 16. Oktober 1793 ereilte seine Frau Marie Antoinette das gleiche Schicksal.

Redebeispiele

Q 1 Die erste Rede de Sèzes

Romain de Sèze hält die Verteidigungsrede des Königs im Nationalkonvent am 12.3.1792. Sèze (1748–1828) war Rechtsanwalt aus Bordeaux:

> „Hören Sie, was die Geschichte zu seinem Ruhm sagt: ‚Ludwig bestieg den Thron mit zwanzig Jahren; mit zwanzig Jahren gab er auf dem Thron ein Beispiel für die Sitten; er brachte auf den Thron keine schuldhafte Schwäche noch verderbliche Leidenschaft mit; er war sparsam, gerecht und streng und bewies sich als beständiger Freund des Volkes [...]; den Wünschen des Volkes kam er durch zahllose persönliche Opfer entgegen. Und doch, im Namen dieses selben Volkes fordert man heute...!' – Bürger, ich beende den Satz nicht...! Ich mache vor der Geschichte halt. Denken Sie daran, welches Ihr Urteil und welches das seinige in den Jahrhunderten sein wird!"

Zit. n.: http://de.wikipedia.org/wiki/Ludwig_XVI., Stand: 10.12.2005

Abb. 26: Sitzung des Nationalkonvents

Q 2 Die Rede Robespierres

Maximilien de Robespierre hält am 3.12.1792 im Nationalkonvent eine Rede gegen Ludwig XVI.

Robespierre (1758–1794) war Abgeordneter des Nationalkonvents und führender Kopf der Jakobiner, die im Dezember 1792 König Ludwig XVI. stürzten.

„Ohne es zu merken hat sich die Versammlung weit von der eigentlichen Fragestellung abbringen lassen. Hier ist kein Prozess zu führen. Ludwig ist kein Angeklagter, ihr seid keine Richter. Ihr seid und ihr könnt nichts anderes sein als Staatsmänner und Repräsentanten der Nation. Ihr habt keinen Spruch für oder gegen einen Mann abzugeben, sondern ihr habt eine Maßnahme zugunsten des Gemeinwohls zu treffen, eine Entscheidung zu treffen, die für die Nation von grundlegender Bedeutung ist. [...] Vor aller Welt seine Verbrechen zum Problem aufzubauschen, seinen Fall zum Problem einer außerordentlichen, feierlichen und anspruchsvollen Debatte machen, genauso geht man vor, will man ihn erneut zu einer Gefahr für die Freiheit werden lassen. [...] Ludwig wurde aufgrund seiner Untaten entthront. Er hat das französische Volk der Rebellion bezichtigt. Er hat es strafen wollen und deswegen um Waffenbeistand der Tyrannen, seiner Brüder nachgesucht. Mit seinem Sieg hat das Volk gezeigt, dass allein er der Rebell ist. Es kann also kein Urteil über Ludwig geben; er ist bereits verurteilt. Er ist verurteilt, oder aber die Republik ist nicht zu rechtfertigen. (Beifall) Wer für Ludwig einen Prozess will, kehrt zurück zur Monarchie. [...]

Ihr verlangt den von der Todesstrafe auszunehmen, für den allein man sie fordern kann. [...] Ich verlange, dass der Nationalkonvent Ludwig zum Verräter an der französischen Nation erklärt, zum Verbrecher an der Menschheit. Ich verlange, dass er als ein solcher dasteht vor der ganzen Welt, und das an derselben Stelle, an der am 10. August die edlen Märtyrer der Freiheit ihr Leben opferten."

Abb. 27: Maximilien de Robespierre

Zit. nach: Geschichte in Quellen. Amerikanische und Französische Revolution, bearb. v. W. Lautemann, München 1981, S. 328f.

Q 3 Die zweite Rede de Sèzes

Romain de Sèze hält die Verteidigungsrede des Königs (26.12.1792):

„Ludwig ist angeklagt. Er ist angeklagt im Namen der Nation. Ihm werden verschiedene Verbrechen zur Last gelegt. Nun aber, wenn diese Verbrechen in der Verfassungsurkunde aufgeführt sind, dann müssen dort auch die darauf gesetzten Strafen stehen. Wenn sie es aber nicht sind, dann gibt es auch keine ‚Strafen', die man deswegen verhängen kann.
Hat der König nicht das Recht zu sagen: ‚Als die Verfassung angenommen wurde, war ich Gefangener der Nation. Warum habt ihr mich damals nicht verurteilt? Ihr habt das Königtum abgeschafft. Ich bestreite euch nicht das Recht dazu. Aber was! Weil ihr das Königtum abgeschafft habt, wollt ihr mich bestrafen, und weil ihr kein Gesetz habt, wollt ihr eines schaffen, für mich, für mich ganz allein! Sicher, ihr habt jegliche Macht, aber eine Macht habt ihr nicht, nämlich die, ungerecht zu sein.'
Auch wenn ihr Ludwig das Recht nehmt, als König unverletzlich zu sein, könnt ihr ihm doch nicht das Recht nehmen, als ein Bürger behandelt zu werden. Wenn ihr ihn wie einen Bürger Frankreichs behandelt, dann frage ich euch: Wo bleibt das geregelte Verfahren? Wo sind die Geschworenen, die als eine Art von Geiseln für Leben und Ehre der Bürger einstehen? Wo bleibt das Stimmenverhältnis, wie es das Gesetz in weiser Voraussicht verlangt? Wo bleibt die geheime Abstimmung, die in derselben Urne Meinung und Gewissen des Richters vereint? Ich spreche mit der Offenheit eines freien Mannes. Ich suche unter euch nach Richtern, aber ich sehe nur Ankläger. Ihr wollt Ludwig richten, und ihr selbst habt ihn angeklagt! Ihr wollt Ludwig richten, und ihr habt ihm gegenüber doch schon seinen Willen geäußert! Ihr wollt Ludwig richten, und eure Meinungen haben sich schon über ganz Europa wie ein Lauffeuer verbreitet."

Zit. nach: Geschichte in Quellen. Amerikanische und Französische Revolution, bearb. v. W. Lautemann, München 1981, S. 329f.

Q 4 Die Rede Saint-Justs

Antoine de Saint-Just vor dem Nationalkonvent am 13. November 1792 über die Verurteilung Ludwigs XVI. Saint-Just (1767–1794) war seit 1792 Abgeordneter im Nationalkonvent und eifriger Anhänger Robespierres.

„Die Absicht [...], Sie zu überzeugen, dass der König wie ein einfacher Bürger beurteilt werden müsse, ist falsch. Ich für meine Person sage, dass der König als Feind zu behandeln ist, dass wir nicht über ihn ein Urteil zu fällen

sondern ihn vielmehr zu bekämpfen haben. [...] Wir haben eine Republik zu gründen; diejenigen, welche der gerechten Bestrafung eines Königs irgendwelche Wichtigkeit beilegen, werden niemals eine Republik gründen. [...]
Ludwig unterdrückte eine freie Nation; er erklärte sich für ihren Feind; er missbrauchte die Gesetze; er muss sterben, um die Ruhe des Volkes zu sichern, da er das Volk niederzudrücken beabsichtigte, um seine Ruhe zu sichern! Hielt er nicht vor dem Kampf über die Truppen Revue? Ergriff er nicht die Flucht, statt sie am Feuern zu hindern? Was tat er, um die Wut der Soldaten zu hindern? Man schlägt Ihnen vor, ihn nach bürgerlichem Gesetz zu beurteilen, während Sie anerkennen, dass er früher nie ein Bürger sein wollte und dass er das Volk seinetwegen opfern ließ, statt es zu erhalten. [...]
Alles, was ich gesagt habe, bezweckt, Ihnen den Beweis vorzuführen, dass Ludwig XVI. als ein fremder Feind gerichtet werden muss. [...] Ludwig hat das Volk bekämpft: Er ist besiegt, er ist ein Barbar, ein fremder Kriegsgefangener. Sie haben seine treulosen Absichten durchschaut; Sie haben seine Armee gesehen; der Verräter war nicht der König der Franzosen; er war der König einiger Verschwörer; er hob insgeheim Truppen aus, hatte besondere Beamte; er betrachtete die Bürger als Sklaven; er hatte insgeheim alle rechtschaffenen und mutvollen Männer proskribiert [an den Pranger gestellt]. Er ist der Mörder der Bastille, von Nancy, vom Marsfeld, von Tournay, von den Tuilerien. Welcher Feind, welcher Fremdling hat uns mehr Übel zugefügt? Er muss seiner würdig gerichtet werden."

Zit. nach: Fischer, Peter (Hrsg.), Reden der Französischen Revolution, München 1974, S. 217ff.

Q 5 Ludwig XVI. vor dem Nationalkonvent am 11. Dezember 1792

Ludwig XVI. (1754–1793) war seit 1774 französischer König. Nach dem Sturm auf die Tuilerien am 10. August 1792 wurde er abgesetzt und vor der Nationalversammlung des Hochverrats angeklagt. Während des Prozesses wurde er mit seinem bürgerlichen Namen Capet angesprochen.

„Während ich vielleicht zum letzten Male zu Ihnen spreche, erkläre ich Ihnen, dass mein Gewissen mir nichts vorwirft und dass meine Verteidiger Ihnen nur die Wahrheit gesagt haben. Ich habe niemals gefürchtet, dass meine Führung öffentlich untersucht würde, aber es zerreißt mir das Herz, in der Anklageschrift die Beschuldigung zu finden, ich hätte das Blut des Volkes vergießen wollen, und besonders, das Unglück des 10. August sei mir zuzuschreiben. Ich bekenne, dass die vielfachen Beweise, die ich jederzeit für meine Liebe zum Volk gegeben und die Art, in der ich mich immer verhalten habe, mir zu beweisen scheinen, dass ich wenig gefürchtet habe, mich einer Gefahr auszusetzen, um dem Volk Blut zu ersparen, und dass dies für immer eine derartige Beschuldigung von mir fernhalten müsste."

Zit. n.: http://de.wikipedia. org/wiki/Ludwig_XVI. Stand: 10.12.2005

Didaktische Potenziale

Durch die originalen Redeausschnitte lernen die Schülerinnen und Schüler die verschiedenen Standpunkte im Prozess gegen Ludwig XVI. kennen. Sie erhalten Einblick in die Diskussion, warum Ludwig XVI. vom Konvent und nicht von einem Gericht verurteilt wurde und weshalb man ihm nicht die Rechte eines normalen Bürgers zugestehen wollte. Die verschiedenen Redeausschnitte leisten zudem eine multiperspektivische Sicht auf die Ereignisse und verdeutlichen die zwiespältige Haltung des Königs zur Revolution (einerseits billigte er den revolutionären Wandel, andererseits war er mit Hilfe des Auslandes bestrebt, die vorrevolutionären Zustände wiederherzustellen).

Das methodische Vorgehen dient der Fortentwicklung einer Gattungs- und Interpretationskompetenz und fühlt sich den Prinzipien des Geschichtsunterrichtes verpflichtet. Problem- und Gegenwartsorientierung kann durch die Diskussion der Frage erreicht werden, ob ehemalige Herrscher durch die neuen „Herrscher" angeklagt und verurteilt werden dürfen. Als Beispiel können u.a. die Prozesse gegen ehemalige DDR-Machthaber wie Erich Mielke (1993) oder Egon Krenz (1993–1997) herangezogen werden.

Bei der Behandlung der Reden während des Prozesses gegen Ludwig XVI. üben sich die Schülerinnen und Schüler ferner in der Interpretation von Redetexten und im Vortragen von Arbeitsergebnissen. Beim Verfassen einer eigenen (kleinen) Rede lernen sie das Formulieren von Argumenten und Begründen von Urteilen. Im Zuge der Argumentation finden kognitive Prozesse statt, bei denen

Abb. 28.: Ludwig XVI.

die Schuld oder Unschuld des Angeklagten mit dem möglichen Strafmaß verglichen und das Urteil eingeschätzt wird. Dabei können sich die Schülerinnen und Schüler auch in die Lage der Kleinbürger und Besitzlosen versetzen und danach fragen, welche Folgen das Handeln des Königs für diese hatte (Multiperspektivität). Zudem kann die Frage diskutiert werden, ob die Hinrichtung Ludwigs XVI. gerechtfertigt war. Dadurch könnten Multiperspektivitätsgesichtspunkte mit Kontroversitätsgesichtspunkten verbunden werden.

Methodische Vorschläge

Die hier skizzierten Unterrichtsstunden können in beiden Schulstufen durchgeführt werden. In der Sekundarstufe I sollte zu weiten Teilen der Stunde in Gruppen- oder Partnerarbeit vorgegangen werden. In der Sekundarstufe II bietet sich Einzelarbeit an.

Die Stunde ist Teil der Unterrichtseinheit zur Französischen Revolution und schließt sich an die Stunde über die gescheiterte Flucht Ludwigs XVI. und seiner Familie an. Zu Beginn der Stunde muss der Lehrer in einleitenden Worten den Schülerinnen und Schülern mitteilen, wie es zu dem Prozess gegen Ludwig XVI. kam. Ferner muss vor der Verteilung des Materials klar werden, was die Anklagepunkte gegen den König waren. Es bietet sich an, diese an der Tafel zu notieren. Anschließend werden die Schülerinnen und Schüler der Sekundarstufe I in fünf Gruppen eingeteilt und aufgefordert, den jeweiligen Redeauszug eigenständig zu lesen. Folgende Fragestellungen sind dabei zu beachten: Welcher Redegattung gehört die Rede an (= politische Gerichtsrede)? Wer ist der Redner, was fordert er? Welche Argumente führt er für seine Forderungen an?

Es folgt ein Stegreifspiel: Ein Schüler bzw. eine Schülerin pro Gruppe wird jeweils aufgefordert, den Redeauszug wirkungsvoll (einem Revolutionsgericht angemessen) vor der Klasse vorzutragen. Anschließend wird über die „Darbietungen" hinsichtlich ihrer Ausdrucksstärke reflektiert und ein Tafelbild erarbeitet. Auf der einen Seite werden die Personen und deren Argumente zusammengefasst, die für die Verurteilung Ludwigs sind, auf der anderen Seite jene, die dagegen sind. Es ist wichtig, nicht nur darüber zu sprechen, was gesagt bzw. gefordert wurde, sondern auch, wie es gefordert wird. Es sollten also Spekulationen über das Auftreten, die Gestalt, die Körpersprache und weitere nonverbale Mittel angestellt werden.

Ausgehend vom Wissen der Schülerinnen und Schüler über die Ursachen der Französischen Revolution könnten die Lernenden zusätzlich aufgefordert werden, eine kurze Rede bezüglich Schuld oder Unschuld des Königs zu verfassen. Anschließend wird durch eine Abstimmung ein fiktives Urteil gefunden. Dieses fiktionale Vorgehen verlangt unbedingt eine abschließende Auswertung und den Vergleich mit der historischen Realität.

Zur Information: Eine knappe Mehrheit im Konvent stimmte für die Todesstrafe, und Ludwig der XVI. wurde am 21. Januar 1793 öffentlich guilliotiniert.

4.1.3.8 Eine Rede mit Lücken – am Beispiel der Rede der Adelheid Popp in einer Arbeiterversammlung von 1891

Historische Situation

„Adelheid Popp, geb. Dworschak (1869–1939) stammte aus einer kinderreichen Weberfamilie im österreichischen Inzersdorf. Seit ihrem zehnten Lebensjahr musste sie als Dienstmädchen, Näherin und Fabrikarbeiterin zum Lebensunterhalt der Familie beitragen. Schon mit 16 Jahren wurde sie Mitglied der Sozialdemokratischen Arbeiterpartei Österreichs, in der sie später als eine der ersten Frauen eine führende Rolle spielte. Sie trat besonders für das Recht der Frau auf freie und gleichberechtigte Entfaltung am Arbeitsplatz, in der Familie und in der Öffentlichkeit ein.“[12]

Abb. 29: Adelheid Popp

Redebeispiel

Q 1 Rede Adelheid Popps „Zur Lage der in Fabriken beschäftigten Arbeiterinnen“

> „Arbeiterinnen! Habt ihr schon einmal über eure Lage nachgedacht? Leidet ihr nicht alle unter der ____________ Eurer sogenannten Herren? Viele ____________ arbeiten vom grauenden Morgen bis in die ____________, während Tausende ihrer Mitschwestern arbeitslos die Tore der Fabriken

und Werkstätten belagern, weil es ihnen nicht möglich ist, soviel Arbeit zu erhalten, um sich vor ___________ zu schützen und ihren Körper notdürftig zu bekleiden. Und wie weit reicht der Lohn selbst für so lange anhaltende Arbeit?

Ist es der unverheirateten Arbeiterin möglich, ein menschenwürdiges Dasein zu führen? Und erst die verehelichte Arbeiterin? Ist es ihr möglich, trotz anstrengender Arbeit für ihre Kinder in erforderlicher Weise zu sorgen? Muss sie nicht hungern und darben, um für diese das ___________ herbeizuschaffen? So ist die Lage der weiblichen Arbeiter und wenn wir da müßig zusehen, wird sie sich nie zum Besseren wenden, im Gegenteil wir werden immer mehr getreten und ausgesogen.

Arbeiterinnen! Zeigt, dass ihr noch nicht gänzlich ___________ seid. Rafft Euch auf, erkennt, dass sich männliche und weibliche Arbeiter zum gemeinsamen Bunde die Hände reichen müssen. Verschließt Eure ___________, der an Euch ergeht. Tretet der Organisation bei, die auch die Frau zum wirtschaftlichen und politischen Kampfe erziehen will. Besucht ___________, lest ___________, werdet ziel- und klassenbewusste Arbeiterinnen in den Reihen der ___________."

versumpft und geistig verkümmert – Arbeiterblätter – Hunger – späte Nacht – sozialdemokratischen Arbeiterpartei – Brutalität und Ausbeutung – Lohnsklavinnen – Versammlungen – Notwendige – Ohren nicht dem Rufe

Popp, Adelheid: Jugend einer Arbeiterin, 2. Aufl., Bonn 1978, S. 79f.

Aufgaben:

1) Ersetze die Lücken in der Rede mit Hilfe der Wortleiste.
2) Überlege, welches Anliegen die Rednerin verfolgt und welche auffälligen rhetorischen Mittel sie verwendet, um ihre Ziele zu erreichen?
3) Unterstreiche die Wörter, die du besonders betonen würdest, um auf deine Zuhörer große Wirkung zu erzielen.

Didaktische Potenziale

Die Geschichte auch aus der Sicht der Frau zu betrachten, zählt schon seit längerem zu den Forderungen des multiperspektivischen Unterrichtes. Die Arbeiterin Adelheid Popp beschreibt in ihren Ausführungen die schlechte Lage der Frauen in der Zeit der Industrialisierung. Die Rede ist damit auch ein Dokument des in dieser Zeit immer größer werdenden politischen Engagements der Frau.

Durch das methodische Vorgehen wird Motivation entfaltet und eine konzentrierte Textarbeit gewährleistet. Die Schülerinnen und

Schüler müssen sich in die Lage der Arbeiterin versetzen, um den Redetext sinnvoll zu ergänzen. Ferner wird die Entwicklung der Interpretationskompetenz gefördert.

Methodische Vorschläge
Die hier verwendete Rede kann sowohl in der Mittel- als auch in der Oberstufe eingesetzt werden.

Im Rahmen der Behandlung des Themas „Frauen in der industriellen Revolution" erhalten die Schülerinnen und Schüler die „Lücken-Rede". Sie werden gebeten, in Einzel- oder Partnerarbeit die Rede zu vervollständigen, sich über die Ziele und rhetorischen Mittel auszutauschen und jene Wörter bzw. Wortgruppen zu unterstreichen, die bei einem öffentlichen Vortragen der Rede vermutlich besonders betont werden müssten. Anschließend wird die Rede von zwei bis drei Schülerinnen vorgetragen.

Im folgenden Unterrichtsgespräch findet die Interpretation der Rede statt. Dabei ist auf den Quellenwert, die Situation, die Absichten der Rednerin sowie mögliche Reaktionen des Publikums einzugehen. Als Ergänzungsmaterial für die historische Situation und die Reaktionen des Publikums sei auf den Bericht der Adelheid Popp über diese Rede verwiesen.[13]

Eine *Alternative* zu diesem handlungsorientierten Vorgehen wäre eine „Rede mit Tücken". Der didaktische Trick besteht darin, Schülerinnen und Schüler inhaltliche oder anachronistische Fehler aus einem Redetext heraussuchen zu lassen. Dies zwingt zur intensiven Beschäftigung mit dem Text und bedingt ein konzentriertes, Sinn erschließendes Lesen.

4.1.3.9 Reden aus dem Zeitungs- oder Stadtarchiv – am Beispiel der Berichterstattung über die Kundgebung Adolf Hitlers in Greiz (1.12.1932)

Redebeispiel
Q 1 Faksimile der Rede (CD: 05-Hitler in Greiz.jpg)

Anmerkungen zur Rede
Der Artikel der „Greizer Neusten Nachrichten" vom 2.12.1932 über die Rede Adolf Hitlers am 1. Dezember 1932 in Greiz ist ein Beispiel für den Abdruck von Reden in Regionalzeitungen, die sich heutzutage in jedem Stadtarchiv finden lassen.

Nachdem der Redakteur zunächst die Situation vor Hitlers Eintreffen im „Haus der Turnerschaft“ beschreibt, wendet er sich anschließend sehr detailliert dem triumphalen Einzug des „Führers“ zu und gibt dann dessen Redetext im Original wieder. Sehr aufschlussreich sind auch die Anmerkungen des Redakteurs über das große Interesse an der Person Hitlers – man bedenke, zwei Monate vor der Machtergreifung! Große Lautsprecher waren vor der Halle aufgebaut, um den „Tausenden Zuhörern“ im Freien, die keine 2-5 Mark Eintritt bezahlen konnten, wenigstens das Hören der Rede zu ermöglichen. In seiner Rede spricht Hitler über die drängenden wirtschaftlichen Probleme der Zeit. Diese können seiner Meinung nach nur gelöst werden, „wenn aus den Parteien, Konfessionen usw. eine einzige Volksgemeinschaft entsteht“. Hitler hat ganz klar das Ziel vor Augen: Er möchte seine Partei an die Regierung bringen. Seiner Meinung nach ist „die nationalsozialistische Bewegung die einzige, die edelste, sie allein kann die große deutsche Frage lösen“ – darum bittet er die Anwesenden um ihre Zustimmung.

Wie bei den großen und bekannten Reden Hitlers wird auch hier nichts dem Zufall überlassen. Parteigenossen sorgen für brausenden Jubel und „Heil-Hitler“ Rufe.

Didaktische Potenziale

Der hier verwendete Zeitungsauszug mit der Rede Adolf Hitlers soll lediglich als Beispiel für Reden aus dem Archiv dienen. Reden aus dem Lebensumfeld der Schülerinnen und Schüler besitzen einen besonderen Aufforderungscharakter.

Forschend-entdeckendes Lernen ist ein anerkanntes Prinzip des Geschichtsunterrichts. Viele Schülerinnen und Schüler haben aber in ihren 6 bzw. 8/9 Jahren Geschichtsunterricht niemals ein Archiv von innen gesehen. Dies ist schade, ist doch das Archiv der zentrale Aufbewahrungsort für Quellen bzw. Dokumente vergangener Zeiten. Wenn, dann finden Archivbesuche häufig im Rahmen von Projekten statt. Aber auch darüber hinaus sollte den Lernenden ermöglicht werden, in Stadtarchiven, Staatsarchiven oder Zeitungsarchiven nach Quellen der Vergangenheit, v.a. aus der Regionalgeschichte, zu suchen.

Reden bieten für das Lernen im Archiv ideale Voraussetzungen. Spätestens seit Mitte des 19. Jahrhunderts werden in Regionalzeitungen Reden veröffentlicht. Anlässe waren beispielsweise die Einweihung von Rathäusern, Schulen, Krankenhäusern, Denkmälern (z.B. Bismarcksäulen), Bahnhöfen, Kirchen oder besondere Tage wie der Sedanstag, der Geburtstag des Landesherren oder der Jahreswechsel. Oftmals finden sich in den Zeitungen nach 1918 die Reden von bekannten Politikern, die in der Heimatstadt der Schülerinnen und Schüler gesprochen haben. Nicht selten kommt es im Zuge solcher Recherchen zu der Aussage: „Was, der war auch bei uns!?"

Der didaktische Wert dieses methodischen Vorgehens liegt darin begründet, dass das eigenverantwortliche Lernen zu einer großen Motivation der Lernenden führt und dass sie bei der Suche nach Informationen folglich auch die methodischen Kompetenzen erwerben, die sie für die Archivarbeit benötigen. Thomas Lange fasst fünf Lernziele und Methoden der Schülerarbeit im Archiv zusammen: erstens das Kennenlernen von Funktion, Aufgaben und Arbeitsweisen von Archiven, zweitens das Nutzen der Informationsmöglichkeiten, drittens das Lesen und Auswerten von archivarischen Quellen (forschendes Lernen), viertens die Teamarbeit und fünftens die Präsentation der Arbeitsergebnisse.[14]

Methodische Vorschläge

Zunächst gilt die Einschränkung, dass der Lehrer die Schülerinnen und Schüler nur mit solchen Archivrecherchen beauftragen kann, die zeitlich und räumlich gesehen für die Lernenden leistbar sind. Die Lehrkraft wird selbst nicht darum herum kommen, im Archiv gewisse Vorarbeiten zu leisten, um abschätzen zu können, ob überhaupt Archivalien zur Lösung der entsprechenden Fragestellung vorhanden sind. Zudem gilt es zu beachten, dass die Lernenden nur sehr begrenzt handschriftliche Aufzeichnungen vergangener Zeiten lesen können. Deshalb kommen wohl meist solche Quellengattungen in Frage, die gedruckt oder maschinengeschrieben vorliegen. Im Falle der Rede sind dies überwiegend Sitzungsprotokolle oder Zeitungen.

Für die selbsttätige Arbeit von Schülerinnen und Schülern in Archiven können folgende Schritte hilfreich sein:

- Zunächst ist es wichtig zu klären, in welchem Archiv zu einem bestimmten Thema etwas zu finden ist.
- Dann sind vom zuständigen Archivar Informationen über die Benutzung des Archivs bzw. zum Fundort einer Quelle (z.B. Reden) zu ermitteln.
- Die Suche nach den Archivalien erfolgt in der Regel mit Hilfe einschlägiger Findbücher bzw. von Online- oder Zettelkatalogen.
- Nachdem die Archivalien bestellt und vom Archivar übergeben wurden, sollte sich ein erster Überblick verschafft bzw. jene Reden herausgesucht werden, die für die formulierte Fragestellung am aufschlussreichsten erscheinen.
- Der letzte Schritt der Archivarbeit ist das Fotokopieren bzw. Abschreiben der Rede. Dabei darf auf keinen Fall der Quellennachweis (Signatur, Quellengattung, Titel, Autor, Datum) vergessen werden.[15]

Die eigentliche inhaltliche Auswertung und Aufbereitung für den Unterricht kann außerhalb des Archivs geschehen, sofern die Rede (als Kopie) zur Verfügung steht. Zeitungsartikel, die Reden wiedergeben, berichten häufig zusätzlich über die Veranstaltung, auf der die Rede gehalten wurde, und geben so einen Eindruck von den unmittelbaren Umständen der Rede.

4.1.3.10 Ein originales Redemanuskript – am Beispiel der beruflichen Abschiedsrede der Erna Karl (1982)

Anmerkungen zur Rede

Das Redemanuskript der Erna Karl (1922–1996) ist ein zeitgeschichtliches Dokument einer ehemaligen leitenden Mitarbeiterin des DDR-Post- und Fernmeldeamtes. Die Rede wurde aus Anlass des Ausscheidens aus dem Berufsleben gehalten. Neben den Worten des Abschieds gibt die Rede Aufschluss über das Leben einer Frau, die 1922 geboren wurde, in der Weimarer Republik von Arbeitslosigkeit betroffen war und dann als Dienstverpflichtete die Schrecken des Zweiten Weltkrieges hautnah miterlebte. Mit der geregelten Beschäftigung bei der Post seit dem Jahre 1946 begann ein neuer Lebensabschnitt. Frau Karl war „Kind der ersten Stunde“ ihres Postamtes und schaut 1982 zufrieden, aber auch nachdenklich auf die vergangenen Jahre im Dienste der Deutschen Post und für den „Aufbau der sozialistischen Gesellschaft“ zurück.

Abb. 30: Erna Karl (Foto 1993)

Redebeispiel

Q 1 Faksimile der Rede Erna Karls (CD: 06-Manusk Erna Karl S 1.jpg und 07-Manusk Erna Karl S 2.jpg)

Didaktische Potenziale

Die hier verwendete Rede der Erna Karl soll lediglich ein Beispiel für eine in Manuskriptform vorliegende Rede sein. Von solchen handschriftlichen Aufzeichnungen geht ein großer Aufforderungscharakter an die Schülerinnen und Schüler aus. Das Schriftbild und mögliche Korrekturen enthalten zusätzliche Informationen über die Rede und den Redner. „Übersetzte" und schulbuchgerecht aufbereitete Reden können dies niemals leisten. Die Handschrift kann Motivator und Hindernis zu gleich sein. Auf der einen Seite geht von dieser Schrift etwas Rätselhaftes aus, was es zu lösen gilt – auf der anderen Seite können Schüler schnell an alten Handschriften scheitern und so das Interesse verlieren; deshalb empfiehlt sich hier Partner- oder Gruppenarbeit.

Ein großer Vorteil besteht darin, dass die Lerngruppe die Möglichkeit erhält, mit historischen Originalquellen in Kontakt zu kommen. Reden, die Schüler vielleicht aus familiären Hinterlassenschaften besitzen, verfügen ebenfalls über große Anziehungskraft – geben sie doch Aufschluss über die eigene Familiengeschichte.

Mit Manuskripten kann ebenso eine Interpretation durchgeführt werden wie mit „aufbereiteten" Reden. Ferner können die Form des Textes (Stichpunkte oder ausformulierte Sätze) oder mögliche Korrekturen und Anmerkungen für den Vortrag (z.B. Pausenzeichen oder hervorgehobene Worte) in die Quellenarbeit einbezogen werden.

Gelegentlich finden sich in Onlinearchiven digitalisierte Originaldokumente, so u.a. die Manuskripte der beiden berühmten Aussprüche zweier amerikanischer Präsidenten (John F. Kennedy und Ronald Reagan) in West-Berlin (s. S. 47).[16]

Methodische Vorschläge

Reden in Manuskriptform sollten in allen Schulstufen eingesetzt werden. Die hier verwendete Rede besitzt ihren thematischen Bezug im Hinblick auf die Rolle der Frau in der ehemaligen DDR. Zu Beginn der Stunde wird den Schülerinnen und Schülern das Original der Rede gezeigt. In einem Unterrichtsgespräch werden die Vorzüge von originalen Redemanuskripten besprochen. Die Lernenden erhalten eine Kopie der Rede. Anschließend wird die Rede von Schülerinnen und Schülern vor der Klasse vorgetragen.

Die weitere Beschäftigung mit der Rede fühlt sich dem Prinzip der Handlungs- und Produktorientierung verpflichtet. Die Schülerinnen und Schüler können selbst entscheiden, wie sie sich im Folgenden mit der Rede auseinander setzen. So können sie beispielsweise die Rede digital aufbereiten („übersetzen"), eine fiktive Kurzbiografie über die

Rednerin schreiben oder einen Zeitungsartikel verfassen, der über die Rede und deren Anlass berichtet. Für die Auswertung und Präsentation der Produkte muss genügend Zeit zur Verfügung stehen.

4.2 Historische Reden als Tondokumente

4.2.1 Allgemeine didaktische und methodische Aspekte

Die didaktisch-methodischen Anmerkungen zu Reden im Allgemeinen und zur Textform gelten zu weiten Teilen auch für die Präsentationsform Tondokumente. Tondokumente sind eine in der Praxis oft unterschätzte Quellengattung, deren Besonderheit in der Verbindung von Inhalt und Ton liegt. Um den Schülerinnen und Schülern die besonderen Merkmale der Reden zu verdeutlichen, muss immer auch die Art und Weise des Vortrages beachtet werden. Durch den Einsatz des Tons tritt die akustische Dimension hinzu. Somit kann eine realistischere Beurteilung der Redesituation, der Verfassung des Redners und der Reaktionen des Publikums erfolgen, als dies durch die reine Textform möglich ist. Reden, die nur in Textform überliefert sind, lassen mehr Raum für Spekulationen.

Die rasanten Entwicklungen im Medienbereich erleichtern zunehmend den Einsatz von Tondokumenten im Unterricht. Mussten früher schwere Tonbandgeräte und Schallplattenspieler aufgebaut werden, finden sich heute in allen Schulen oder sogar Klassenräumen CD-und DVD-Player. In Zukunft wird der multimediale Unterricht noch mehr Erleichterungen für einen umfassenden Medieneinsatz bringen, und die CD wird von MP3 ergänzt, möglicherweise auch verdrängt. Schon heute gibt es erste Projekte, bei denen in digitalisierter Form Bilder, Schaubilder, Tonausschnitte und Videosequenzen auf CD-ROM oder DVD gebrannt werden. Die Quellen werden hier durch Computer, Beamer oder interaktive Whiteboards präsentiert.[17]

Viele Geschichtslehrerinnen und -lehrer bemängeln, dass es wenige Tonträger mit Reden gibt. In der Tat ist das diesbezügliche Angebot von Seiten der Lehrmittelverlage überschaubar. Aber Medienstellen, das Internet (z.B. www.dhm.de/lemo/suche/audios.html), Radiosender (z.B. Deutschlandfunk) oder CD-Vertriebsfirmen bieten zahlreiche Tondokumente mit Redeausschnitten. Eine wahre Fundgrube für Tondokumente ist das Deutsche Rundfunkarchiv, das ständig neue CDs mit Tondokumenten produziert (www.dra.de).[18]

Reden als Tondokumente können prinzipiell in allen Phasen des Unterrichts eingesetzt werden. In der Einstiegsphase sind sie besonders geeignet, die Gefühle der Schülerinnen und Schüler zu thematisieren. Die vertiefte Auseinandersetzung im Hauptteil der Stunde ist sicherlich die häufigste Form des Toneinsatzes, aber auch Wiederholungen oder Leistungskontrollen sollten mit ihm gestaltet werden. Mit entsprechender Vorbereitung kann mit diesem Medium sogar eine ganze Unterrichtseinheit durchgeführt werden. Als Thema bietet sich z.B. die „Emanzipation der Frau" an. Zu diesem Thema hat das Deutsche Rundfunkarchiv eine CD herausgegeben.[19]

Das Abspielen von Tondokumenten erfordert Konzentration und Aufmerksamkeit. Es kann den Unterricht positiv beeinflussen, wenn man den Schülern keinen Redetext zur Verfügung stellt und statt dessen die Rede mehrmals unter verschiedenen Fragestellungen hören lässt. Zeitsparender kann der zusätzliche Einsatz eines Redetextes sein, aber hier besteht die Gefahr, dass sich die Konzentration der Lernenden zwischen den beiden Medienformen (Text oder Ton) aufteilt.

Brauchbare Tonbeispiele für den historischen Unterricht gibt es erst seit Ende des 19. Jahrhunderts, aber nur wenige erhaltene Platten stammen aus der Zeit vor 1918.[20] Die Weimarer Republik und der Nationalsozialismus brachten eine Vielzahl von Tondokumenten hervor, nicht zuletzt wegen des neuen Massenmediums Radio. Beachtet werden muss, dass Live-Mitschnitte von Reden noch nicht zur Selbstverständlichkeit zählten. Häufig entstanden die Redepassagen nachträglich im Studio (z.B. Ph. Scheidemanns Rede vom 9.11.1918), ohne dass der Redner nun ein Publikum vor sich hatte. Die Rundfunkansprachen als Informations- und Propagandamittel müssen unter derselben Einschränkung analysiert werden. Hier steht nicht der Zuhörer vor Ort, sondern der Hörer am Radio bzw. Volksempfänger im Fokus der Interpretation.

Es gibt auch Tonträger mit verschiedenen Redeausschnitten, die durch Kommentare und Wertungen miteinander verbunden sind und somit die historische Deutung vorweg nehmen. „Unter geschichtsdidaktischen Aspekten betrachtet scheint dieses wohlmeinende Verfahren denkbar problematisch, zumal gelegentlich die historischen Tondokumente bei diesem Verfahren primär als illustrierendes, schmückendes Beiwerk für den ‚aufklärerischen' Kommentar dienen."[21]

Die Sprache zählt zu den Grundbestandteilen des menschlichen Zusammenlebens. Früher wie heute stiftet sie „Vertrautheit, sozialen Zusammenhalt, Tradition und Gruppenbewusstsein".[22] In der Erziehung des Kindes wird Geschichtsbewusstsein als erstes durch die Sprache vermittelt. Die Erzählungen der Eltern oder Großeltern auf die Aufforderung „Erzähl doch mal, wie es früher war" können das Geschichtsbewusstsein der Schülerinnen und Schüler intensiver als das Lernen in der Schule prägen. Die narrative Kompetenz wird durch die Erzählungen und den Spracheinsatz gefördert. Der didaktische Wert des Einsatzes von Reden in Form von Tondokumenten reicht allerdings noch viel weiter. So kann eine Rede in Textform niemals eine solche Ausdrucksstärke verleihen, wie dies durch das Hören von Stimme, Ausdruck und Betonung der Fall ist. Auch die Unterstufendidaktik geht davon aus, dass das Textverständnis durch das Hören um ein Vielfaches gesteigert wird. Das lebendigere Bild der Redesituation erhöht die Anschaulichkeit und bewirkt bei den Schülerinnen und Schülern Sympathie bzw. Antipathie. Bei der Interpretation der Wirkung auf die Augenzeugen bzw. Zeitgenossen muss allerdings darauf geachtet werden, dass die Lernenden ihre subjektiven Eindrücke nur begrenzt auf die historische Situation übertragen können. Deshalb müssen mögliche Wahrnehmungsunterschiede zwischen Schüler und Zeitgenosse stets besprochen werden. Die Emotionen, Perspektiven, Urteile und Intentionen der Vergangenheit werden dann lebendig, wenn die Schülerinnen und Schüler durch das Gehörte eigene Vorstellungen entwickeln können. Tondokumente provozieren förmlich anschauliches Denken und lenken die Konzentration der Schüler auf das sprachliche und akustische Redemoment.

Tondokumente prägten in besonderer Weise die erste Hälfte des 20. Jahrhunderts. Mit dem Aufkommen des Radiofunks in den 1920er Jahren boten sich neue Möglichkeiten, Menschen anzusprechen. Die Politiker der Weimarer Zeit und später des Nationalsozialismus erkannten den Nutzen des neuen Mediums und wendeten sich mit seiner Hilfe zunehmend mit Reden und Aufrufen an die Bevölkerung. Bis in die 50er Jahres des 20. Jahrhunderts blieb der Rundfunk das bestimmende Massenmedium und wurde erst nach und nach durch das Fernsehen abgelöst.

Die didaktischen und methodischen Chancen von Tondokumenten beinhalten allerdings auch einige Risiken. Diese sollten beachtet werden, um keine Fehlurteile aufkommen zu lassen bzw. um die Schülerinnen und Schüler im medienkritischen Denken zu schulen: Alte Tonmitschnitte haben häufig die Eigenschaft, dass sie verzerrt, undeutlich oder hastig wirken. Die Ursache hierfür ist nicht nur beim Redner zu suchen, sondern auch bei den damaligen technischen Möglichkeiten. Wie bei den Textreden dominieren bei den Originaltönen bekannte und mächtige Persönlichkeiten. Vom „kleinen Mann" – z.B. dem einfachen Parteimitglied – sind selten Tondokumente überliefert. Es besteht also die Gefahr, dass der Geschichtsunterricht in das längst überholte Raster der

„Geschichte der großen Männer“ zurückfällt. Es kommt auf die Lehrkraft an, diesem Nachteil mit methodischer Kreativität entgegenzuwirken. Gleiches gilt für die Dominanz von „Männerreden“. Auch Frauen haben historische und bewegende Reden gehalten, die im Unterricht ebenfalls eingesetzt werden sollten.

Abb. 31: Außenminister Gustav Stresemann bei einer Rundfunkansprache (1925)

Neben der starken Personalisierung können Tondokumente auch Sympathie für den Redner wecken. Es kann allerdings nicht Ziel des Geschichtsunterrichtes sein, durch die vordergründige Betrachtung rhetorischer Fähigkeiten eine historische Person zu verharmlosen oder zu unterschätzen. Stimme und Sprache charakterisieren einen Menschen nicht allein. Gelegentlich beruht die Skepsis, Tondokumente einzusetzen, darauf, dass sich die Schülerinnen und Schüler über die Stimme einer historischen Person lustig machen könnten. Dies ist aber auf keinen Fall ein Grund, Tondokumente zu meiden. Hier kommt es abermals auf die Lehrkraft an, diese Irritation zu thematisieren und in die Quellenarbeit einzubeziehen. Beispielsweise wirkte die Stimme Bismarcks im Gegensatz zu seiner Gestalt keineswegs monumental, und die Aussprache Walter Ulbrichts und Erich Honeckers haben schon die Zeitgenossen zu zahlreichen Witzen und Parodien animiert. Der Respekt oder bisweilen auch die Furcht vor diesen Staatsmännern war denn auch nicht Folge ihrer rhetorischen Fähigkeiten, sondern ihres Handelns.

4.2.2 Interpretation vertonter Reden

Durch Tondokumente wird es – wie bereits erwähnt – möglich, neben der inhaltlichen und textsprachlichen Ebene auch die akustische Ebene in die Betrachtungen einzubeziehen. Unter 4.1.2 wurde der Versuch unternommen, ein Interpretationsmodell zu entwickeln, das den besonderen Merkmalen der Quellengattung Rede Rechnung trägt. Im Folgenden soll dieses Modell (CD: 01-Analyseraster.jpg) erweitert werden, um die einzelnen Erkenntnisebenen (Situation, Absicht, Reaktion, Quellenwert) nicht nur durch die inhaltliche, sondern auch durch die akustische Analyse zu vertiefen.

Das besondere Potenzial von Ton- und Filmdokumenten besteht darin, dass diese Reden nicht nur auf die damaligen Zuhörer, sondern auch auf die Schülerinnen und Schüler emotional wirken. Der Frage: „Wie und warum wirkt die Rede auf euch?" kommt deshalb besondere Bedeutung zu. Versäumen Geschichtslehrerinnen bzw. Geschichtslehrer diesen wichtigen Schritt unmittelbar nach dem ersten Hören der Rede, verschenken sie motivationale Lerneffekte und gehen das Risiko ein, dass sich falsche Höreindrücke festsetzen. Es kann allerdings nicht Ziel dieses Schrittes sein, die Lernenden in eine der historischen Situation angemessene emotionale Verfasstheit zu versetzen. Im Gegenteil: Die Schülerinnen und Schüler müssen sich ihren persönlichen Empfindungen bezüglich der Rede bewusst sein, um eine kritische Distanz für die nachfolgende Analyse zu entwickeln.

Im Anschluss an diesen Schritt setzt die eigentliche Interpretation der vertonten Rede ein. Diese kann unterstützt werden, indem man den Schülerinnen und Schülern den gedruckten Text der Rede austeilt. Will man aber besonders die sprachlichen und akustischen Merkmale betrachten, ist es auch möglich, gänzlich auf den Text zu verzichten, was für die Lerngruppe eine höhere Konzentration auf das Tondokument bedeutet. Ob mit Redetext oder ohne, am Anfang einer Interpretation steht die Quellenkritik. Wie bei Textdokumenten müssen auch bei Tondokumenten Authentizität, Fundort, Gattung und Zustand der Rede bzw. des Mediums festgestellt werden.

Die Kontextanalyse hat zum Ziel, die historische Situation und die Umstände der Rede zu analysieren. Wie auch bei den gedruckten Reden kommt es darauf an, die Umstände der Rede und die unmittelbar Beteiligten zu charakterisieren. Tondokumente erleichtern es mitunter, den Grad der Öffentlichkeit und die Anzahl der Zuhörer festzustellen. Sie weisen insofern eine größere Authentizität auf, als das gesprochene Wort tatsächlich einem bestimmten Redner zugeordnet werden kann. Die Stimme ist individuell und einem Fingerabdruck vergleichbar. Um Näheres über Alter, Bildungsgrad, Herkunft oder gesellschaftliche Stellung des Redners zu erfahren, bedarf es allerdings zusätzlicher Quellen.

Anliegen der nun folgenden „Interpretation im engeren Sinne" ist es, die Aussagen und Ziele sowie die Wirkungsmittel der Rede bzw. des Redners aufzeigen. Die Stimme des Redners, seine Aussprache, seine Betonung oder das Redetempo sind charakteristische Merkmale der Rede und entscheiden mit darüber, ob der Redner seine Absichten (Redeziele) erreicht oder nicht. An das Gehörte anknüpfend können die Lernenden überlegen, mit welchem körperlichen Ausdruck der Redner vorgetragen haben könnte.

Hinsichtlich der Interpretation des Redetextes gilt, dass auf schwierige Begriffe (z.B. Fachtermini) und spezifische Wortbedeutungen, auf das Sprachniveau, die Satzgestaltung (Satzarten, -länge, -stellung), sprachliche Mittel (z.B. Metaphern, Wiederholungen, Worthäufungen), ideologische Äußerungen und natürlich Argumente bzw. Argumentationsstrategien eingegangen werden muss. Vertonte Reden besitzen den entscheidenden Vorteil, dass sie die rhetorischen Figuren, die Satzgestaltung und die Argumentationen – wenn sie sprachlich gut vorgetragen werden – deutlicher erkennbar werden lassen. Tondokumente erhöhen somit die Anschaulichkeit, die Eindringlichkeit, die Spannung sowie den ästhetischen Reiz, der von Reden ausgeht.

Die Anschaulichkeit und die Verständlichkeit der Tondokumente hilft bei der Beschreibung und Interpretation der Publikumsreaktionen. Während bei Textreden das Publikum gar nicht „zu Wort" kommt, können mit Hilfe der Tonaufnahme dessen Stimmungen, Beifallsbekundungen, Zwischenrufe, Unterbrechungen und Aufmerksamkeitsgrad zumindest realitätsnah eingeschätzt werden. Selbstverständlich kann ein Mikrophon nicht jede Äußerung der Augen- und Ohrenzeugen festhalten, und hinsichtlich der Reaktionen von sonstigen Zeitzeugen muss weiterhin auf Ergänzungsquellen zurückgegriffen werden.

Mit der Frage nach dem historischen Wert und den Folgen der Rede werden im letzten Schritt der Interpretation die gewonnenen Erkenntnisse zusammengeführt. Besondere Bedeutung kommt der Frage nach den Vor- und Nachteilen der interpretierten Rede zu. Neben dem inhaltlichen Aussagewert sollten die besonderen Vorteile, aber auch mögliche Probleme von Tondokumenten in die Quellenkritik einfließen.

Entsprechend den vom Lehrer formulierten Unterrichtszielen kann die Interpretation von vertonten Reden mit unterschiedlicher Intensität betrieben werden. Allerdings wirken Tondokumente niemals von allein. Es kommt stets darauf an, sie vor- bzw. nachzubereiten, um die gewünschten Lernziele zu erreichen.

Um den Schülerinnen und Schülern die differenzierte Wirkung der Stimme des Redners zu verdeutlichen, bietet sich ein weiteres – bereits vom Autor dieses Buches erprobtes – methodisches Vorgehen an.

Polaritätsprofil für vertonte historische Reden

Die von Florian Wimmer für das historische Lied zusammengestellte Adjektivtabelle zur begrifflichen Erfassung der Wirkung von Liedern, kann mit einigen Anpassungen auch für historische Reden gewinnbringend verwendet werden.[23]

Das entworfene Polaritätsprofil für Reden besteht aus 28 Adjektivpaaren. Aufgabe der Lerngruppe ist es, jeweils ein Kreuz pro Paar und Zeile zu machen. Dabei können sie wählen zwischen „sehr", „ziemlich" und „ein wenig" (vgl. Abb. 32). Ziel dieses Vorgehens ist eine individuelle Kreuztabelle, die für jeden Schüler sichtbar macht, wie er die Stimme und Betonung eines Redners empfindet. Ferner soll hierdurch deutlich werden, dass jede Rede ein eigenes Sprachmuster aufweist und das Sprachverhalten dem Erreichen der Redeziele dient. Ein anderer didaktischer Wert ist darin zu sehen, dass klar ersichtlich wird, wie stark die Empfindungen und Wirkungen bezüglich der Aussprache eines Redners differieren können.

	sehr	ziem-lich	ein wenig	ein wenig	ziem-lich	sehr	
kräftig		1x	6x	3x	5x		gedämpft
kühl			3x	4x	6x	2x	gefühlvoll
feierlich		4x	2x	3x	6x		ungezwungen
angespannt		3x	4x	4x	3x	1x	gelöst
leise			3x	6x	5x	1X	laut
langsam	1x	6x	8x	1x			schnell
unstimmig				1x	8x	6x	schlüssig
versöhnend	7x	6x	2x				kämpferisch
auffordernd	4x	7x	3x	1x			lähmend
abwechslungsreich	2x	7x	3x	3x			eintönig
gehemmt		2x	4x	5x	2x		schwungvoll
ausdrucksvoll	5x	7x	2x	1x			matt
traurig	2x	4x	6x	3x			froh
vergnügt				1x	4x	10x	ernst
aufdringlich			2x	7x	3x	3x	zurückhaltend
vertrauensvoll	2x	7x	6x				einschüchternd
verständlich	2x	5x	5x	2x	1x		kompliziert
vorwärtsstrebend	5x	3x	3x		3x		ruhend
geheimnisvoll				2x	10x	3x	durchschaubar
deutlich	11x	3x	1x				undeutlich
zurückhaltend	1x	2x	3x	3x	4x	2x	mitreißend
schüchtern			1x	8x	5x	1x	kraftvoll
nachdenklich	7x	8x					oberflächlich
lebhaft		5x	7x	3x			müde
interessant	5x	7x	3x				langweilig
distanziert			2x	6x	5x	2x	vertrauensvoll
ängstlich				2x	8x	1x	mutig
aufwühlend	1x	3x	2x	2x	4x	1x	beruhigend

Abb. 32: Polaritätsprofil für vertonte Rede

Das vorliegende Beispiel (Abb. 32) ist die Zusammenfassung von fünfzehn Polaritätsprofilen, die Schülerinnen und Schüler eines Grundkurses Klasse 12 während des Hörens der „Weizsäcker-Rede" (8. Mai 1985) erstellt haben.

Aus Anlass des 40. Jahrestages des Kriegsendes hielt der damalige Bundespräsident am 8. Mai 1987 eine vielbeachtete und hoch gelobte Rede im Bonner Bundestagsgebäude. Den 8. Mai beschreibt er in dieser Rede als einen „Tag des Erinnerns" und einen „Tag der Befreiung". Die Bedeutung dieser Rede lag darin, dass Richard von Weizsäcker die vielfältigen Erinnerungen und Deutungen an diesen Tag aufgriff und damit versöhnte, statt zu spalten.

Das Beispiel macht deutlich, dass die Empfindungen bezüglich eines Sprachverhaltens stark differieren können und keinesfalls immer einheitlich sind. Interessant ist aber, dass die Schülerinnen und Schüler tendenziell die gleichen Spracheigenschaften ankreuzen. So kommt es nicht vor, dass die Eindrücke so weit auseinander gehen, dass an beiden Enden einer Zeile gleich viele Kreuze zu finden sind. Im Gegenteil, in der Regel entscheidet sich die Lerngruppe deutlich für ein bestimmtes Adjektiv, wenn auch mit gewissen Abstufungen. Die Schülerinnen und Schüler erkennen so, dass man Gefühle bezüglich des Sprachempfindens in Worte fassen kann. Die Arbeit mit diesem Profil ist motivierend und steigert die Konzentration der Lerngruppe auf das Tondokument.

4.2.3 Unterrichtsbeispiele für vertonte Reden

4.2.3.1 „Die Zeiten ändern sich – das Medium auch" – am Beispiel der Reden von Olympe de Gouges (1789) und Elisabeth Selbert (1949)

Historische Situation

Marie Gouze (1748–1793) entstammte einer kleinbürgerlichen Familie aus Südfrankreich. Nach ihrem Umzug in einen Vorort von Paris nahm sie den aristokratisch klingenden Namen Olympe de Gouges an. Im vorrevolutionären Paris suchte sie den Kontakt zu den gebildeten Kreisen, zu kulturellen Zirkeln und Salons. „Angeregt durch die revolutionären Ereignisse ab 1789 wandte sie sich immer mehr der Politik zu. De Gouges besuchte regelmäßig die Sitzungen der Nationalversammlung. Ihre Ideen verwandelte sie in Vorschläge zu sozialpolitischen Maßnahmen, die sie als Plakate anschlagen ließ. Mit ihrer ‚Erklärung der Rechte der Frau und Bürgerin' war Olympe de Gouges die erste Person, die umfassende Menschen- und Bürgerrechte formuliert hatte. Die Deklaration erregte in ganz Frankreich und sogar im Ausland Aufsehen. [..] Sie wollte die Umgestaltung der Gesellschaft nicht durch sinnlose Gewalt, sondern durch Worte, durch die Veröffentlichung ihrer Schriften und den unablässigen Appell an die Vernunft erreichen.“[24] Ihre Forderung nach einer Volksbefragung über die zukünftige Regierungsform in Frankreich und die öffentliche Verteidigung des Königs, vor allem aus humanitären Gründen, brachten sie vor das Revolutionstribunal. Am 3. November 1793 wurde Olympe de Gouges als Parteigängerin der Girondisten und als Frauenrechtlerin geköpft. Schon kurz nach ihrer Hinrichtung wurde sie den Frauen als negatives Beispiel vorgehalten.

Die Durchsetzung der Gleichberechtigung als öffentliches Gut sollte in Deutschland allerdings noch weitere 155 Jahre dauern. Erst im Zuge der Ausarbeitung eines Grundgesetzes für die Bundesrepublik Deutschland wurde die Gleichberechtigung zwischen Mann und Frau in der Verfassung festgeschrieben. Die SPD-Frauenrechtlerin Elisabeth Selbert (1896–1986) verkündet eben dieses historische Ereignis in ihrer Rundfunkansprache vom 19. Januar 1949. Sie war eine der „vier Mütter“ des Grundgesetzes. Den Satz in Artikel 3 Abs. 2 des Grundgesetzes „Männer und Frauen sind gleichberechtigt“ hatte sie aber quasi im Alleingang durchgesetzt, denn ihre drei Kolleginnen im Rat fürchteten zunächst, dass damit dem gesamten Familienrecht der Boden entzogen würde und ein Rechtschaos die Folge wäre. Deshalb gab es zunächst eine Übergangsfrist zur Angleichung des Familienrechts an das Grundgesetz. Das aus dem 19. Jahrhundert stammende Familienrecht lieferte die Frau ihrem Ehemann rechtlich aus. Er konnte über ihr Vermögen verfügen und ihr Arbeitsverhältnis kündigen, wenn ihm die Berufstätigkeit seiner Frau nicht gefiel.[25] Elisabeth Selbert war nach 1949 nur noch kommunal- und landespolitisch aktiv und widmete sich vor allem ihrer Rechtsanwaltskanzlei und ihrer Familie.

Abb. 33: Olympe de Gouges

Redebeispiel

Q 1 Die „Erklärung der Rechte der Frau und Bürgerin" von Olympe de Gouges (7.9.1791)

„Mann, bist du fähig, gerecht zu sein? Eine Frau stellt dir diese Frage. Dieses Recht wirst du ihr zumindest nicht nehmen können. Sag mir, wer hat dir die selbstherrliche Macht verliehen, mein Geschlecht zu unterdrücken? Deine Kraft? Deine Talente? Betrachte den Schöpfer in seiner Weisheit. Durchlaufe die Natur in all ihrer Majestät, die Natur, der du dich nähern zu wollen scheinst, und leite daraus, wenn du es wagst, ein Beispiel für diese tyrannische Herrschaft ab. Geh zu den Tieren, befrage die Elemente, studiere die Pflanzen, ja wirf einen Blick auf den Kreislauf der Natur und füge dich dem Beweis, wenn ich dir die Mittel dazu in die Hand gebe. Suche, untersuche und unterscheide, wenn du es kannst, die Geschlechter in der Ordnung der Natur. Überall findest du sie ohne Unterschied zusammen, überall arbeiten sie in einer harmonischen Gemeinschaft an diesem unsterblichen Meisterwerk. Nur der Mann hat sich aus der Ausnahme ein Prinzip zurechtgeschneidert. Extravagant, blind, von den Wissenschaften aufgeblasen und degeneriert, will er in diesem Jahrhundert der Aufklärung und des Scharfsinns, doch in krassester Unwissenheit, despotisch über ein Geschlecht befehlen, das alle intellektuellen Fähigkeiten besitzt.

Präambel

Wir, Mütter, Töchter, Schwestern, Vertreterinnen der Nation, verlangen, in die Nationalversammlung aufgenommen zu werden. In Anbetracht dessen, dass Unkenntnis, Vergessen oder Missachtung der Rechte der Frauen die alleinigen Ursachen öffentlichen Elends und der Korruptheit der Regierungen sind, haben wir uns entschlossen, in einer feierlichen Erklärung die natürliche, unveräußerlichen und heiligen Rechte der Frau darzulegen [...]. Das an Schönheit wie Mut im Ertragen der Mutterschaft überlegene Geschlecht anerkennt und erklärt somit, in Gegenwart und mit dem Beistand des Allmächtigen, die folgenden Rechte der Frau und Bürgerin.

Artikel I

Die Frau ist frei geboren und bleibt dem Manne gleich in allen Rechten. Die sozialen Unterschiede können nur im allgemeinen Nutzen begründet sein.

Artikel II

Ziel und Zweck jedes politischen Zusammenschlusses ist der Schutz der natürlichen und unveräußerlichen Rechte sowohl der Frau als auch des Mannes. Diese Rechte sind: Freiheit, Sicherheit, das Recht auf Eigentum und besonders das Recht auf Widerstand gegen Unterdrückung.

Artikel III

Das Prinzip jeder Herrschaft ruht wesentlich in der Nation, die nichts anderes darstellt als eine Vereinigung von Frauen und Männern. Keine Körperschaft und keine einzelne Person kann Macht ausüben, die nicht ausdrücklich daraus hervorgeht. [..]

Artikel VII

Für Frauen gibt es keine Sonderrechte, sie werden verklagt, in Haft genommen und gefangen gehalten in den durch das Gesetz bestimmten Fällen. Frauen unterstehen wie Männer den gleichen Strafgesetzen. [..]

Artikel X

Niemand darf wegen seiner Meinung, auch wenn sie grundsätzlicher Art ist, verfolgt werden. Die Frau hat das Recht, das Schafott zu besteigen. Sie muss gleichermaßen das Recht haben, die Tribüne zu besteigen, vorausgesetzt, dass ihre Handlungen und Äußerungen die vom Gesetz gewahrte öffentliche Ordnung nicht stören.

Artikel XI

Die freie Gedanken- und Meinungsäußerung ist eines der kostbarsten Rechte der Frau, denn diese Freiheit garantiert die Vaterschaft der Väter an ihren Kindern. Jede Bürgerin kann folglich in aller Freiheit sagen: „Ich bin die Mutter eines Kindes, das du gezeugt hast", ohne dass ein barbarisches Vorurteil sie zwingt, die Wahrheit zu verschleiern. Dadurch soll ihr nicht die Verantwortung für den Missbrauch dieser Freiheit in den durch Gesetz bestimmten Fällen abgenommen werden. [..]

Artikel XIII

Für den Unterhalt der Polizei und für die Verwaltungskosten werden von der Frau wie vom Manne gleiche Beträge gefordert. Hat die Frau teil an allen Pflichten und Lasten, dann muss sie ebenso teilhaben an der Verteilung der Posten und Arbeiten, in niederen und hohen Ämtern, und im Gewerbe. [..]

Artikel XVI

Eine Gesellschaft, in der die Garantie der Rechte nicht versichert und die Trennung der Gewalten nicht festgelegt ist, hat keine Verfassung. Die Verfassung ist null und nichtig, wenn die Mehrheit der Individuen, die die Nation darstellen, an ihrem Zustandekommen nicht mitgewirkt hat."

Zit. nach: http://www.dadalos.org/deutsch/Menschenrechte/Grundkurs_MR3/frauenrechte/woher/dokumente/dokument_1.htm" \t „_blank (26.12.2005)

Q 2 „Der gestrige Tag war ein geschichtlicher Tag"

Rundfunkansprache von Elisabeth Selbert (SPD) nach der Verabschiedung des Grundrechts auf Gleichberechtigung der Frau im Hauptausschuss des Parlamentarisches Rates v.19.1.1949 (CD: Tondokument Nr. 01)

„Meine verehrten Hörerinnen und Hörer!

Der gestrige Tag, an dem im Hauptausschuss des Parlamentarischen Rates

in Bonn dank der Initiative der Sozialdemokraten die Gleichberechtigung der Frau in die Verfassung aufgenommen worden ist, dieser Tag war ein geschichtlicher Tag, eine Wende auf dem Weg der deutschen Frauen der Westzonen. Lächeln sie nicht: Es ist nicht falsches Pathos einer Frauenrechtlerin, das mich so sprechen lässt. Ich bin Jurist und unpathetisch – und ich bin Frau und Mutter – und zu frauenrechtlerischen Dingen gar nicht geeignet. Ich spreche aus dem Empfinden einer Sozialistin heraus, die nach jahrzehntelangem Kampf um diese Gleichberechtigung, nun das Ziel erreicht hat. Darüber hinaus spreche ich zu Ihnen hier als weiblicher Anwalt, der in langen Jahren beruflicher Erfahrung das Unrecht der minderen Rechtstellung der Frau aus der Fülle des täglichen Lebens in seiner ganzen Härte und Tragik erlebt hat. Ich sehe im Geist, eine lange Reihe von Frauen, die im Laufe der Jahre in meiner Sprechstunde mir gegenüber gesessen haben. Geschäftsfrauen, Landfrauen und andere, denen ihre Ehen aus irgendwelchen Gründen Schiffbruch erlitten hatten. Sei es, dass der Mann der alternden Frau eine jüngere vorzog oder weil man sich im Wandel der Zeiten entfremdet oder in den Kriegszeiten auseinander gelebt hatte. Wie groß war immer das Erschrecken dieser Frauen, die vielleicht ein ganzes Leben lang hinter dem Ladentisch gestanden, als sogenannte Seele des Geschäftes oder des landwirtschaftlichen Anwesens oder der Familie, den Wohlstand miterarbeitet – in Kriegsjahren allein erarbeitet – hat, wenn sie dann hörten, dass sie bei der Scheidung mit leeren Händen aus dem Hause gingen, weil sie nach dem Bürgerlichen Gesetzbuch verpflichtet waren, im Geschäft oder im Betrieb des Mannes mitzuarbeiten, ohne allerdings an dem Gewinn oder an dem Vermögen, das sie miterarbeitet hatten, beteiligt zu sein.
Wissen überhaupt die meisten Frauen, wie rechtlos sie sind? Mein Kampf im neuen staatlichen Leben und ganz besonders bei der Erarbeitung dieser Verfassung, galt daher ganz bewusst der Reform des Familienrechtes. Und diese haben wir durch die Schaffung der neuen Verfassung nunmehr ausgelöst.
Wenn es uns in der Frage der Gleichberechtigung gelungen war, die anderen Parteien zu überzeugen, so ist es uns leider im Punkte der Gleichstellung des unehelichen Kindes nicht gelungen – zu meinem größte[n] Bedauern. Wir hatten von der sozialdemokratischen Fraktion aus beantragt, dass das uneheliche Kind dem ehelichen gleichgestellt werden sollte. Wir hatten auch beantragt, dass es in Zukunft mit seinem natürlichen Vater als verwandt gelten soll, um ihm einen Erbanspruch damit zu geben. Diese Gleichstellung sollte ein altes Unrecht gutmachen. Und ich muss offen sagen, ich habe mich darüber sehr gewundert, ich war sogar erschüttert darüber, wie die anderen Parteien die Augen vor den Realitäten des Lebens

verschließen. Alle diese Argumente, die die weiblichen Abgeordneten der anderen Parteien brachten, sie sind sicherlich schon einmal vor 30 Jahren bei der Beratung der Weimarer Verfassung vorgebracht worden. Und inzwischen ist doch eine Welt in Trümmer gegangen, inzwischen haben sich doch neue Lebensformen angebahnt. Und wir wissen doch davon wie die Millionen Frauen, die heute auf eine Ehe verzichten müssen und nach neuen Lebensformen suchen, und zwar auf der Grundlage nach sittlicher Reife. Wenn sie nicht heiraten können, dann soll man ihnen nicht zumuten, auch auf das Glück, ein Lebensglück und auch auf Liebesglück und auch auf das Glück der Mutterschaft zu verzichten. Das alles hat man verkannt gestern. Man diffamiert das uneheliche Kind weiter, man diffamiert die uneheliche Mutter weiter, obwohl heute viele dieser Mütter ganz bewusst Mütter sind."

Zit. nach: Böttger, Barbara: Das Recht auf Gleichheit und Differenz. Elisabeth Selbert und der Kampf um Art. 3.2 Grundgesetz, Münster 1990, S. 225

Didaktische Potenziale

Aus dem Inhalt der Reden erfahren die Schülerinnen und Schüler Argumente für die Gleichberechtigung und Gleichbehandlung von Mann und Frau. De Gouges sieht die Gleichheit der Geschlechter als ein natürliches Recht. Sie betont, dass Frauen wie Männer die gleichen Rechte, aber auch Pflichten haben müssen. Ihrer Meinung nach ist ein Staat, der die Hälfte seiner Bürger (Frauen) von der öffentlichen Partizipation ausschließt, „null und nichtig". Ihr Eintreten für eine Volksbefragung über die zukünftige Regierungsform – eine Republikanische Regierung, eine Föderative Regierung oder eine Monarchie führt schließlich im Mai 1793 zu ihrer Verhaftung. Am 30. Oktober 1793 wurde sie öffentlich hingerichtet. Elisabeth Selbert war 150 Jahre später erfolgreicher. Trotz großer Widerstände konnte sie die Gleichberechtigung im Grundgesetz durchsetzen. Die Lerngruppe erfährt, dass die Geschichte der Frauenbewegung eine lange Tradition hat und erst mit dem Grundgesetz von 1949

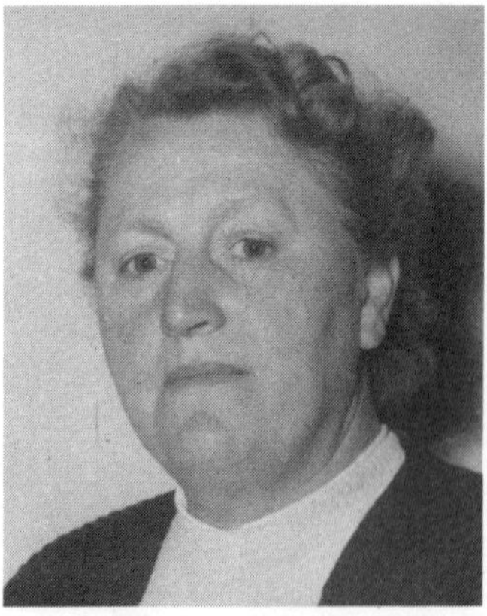

Abb. 34: Elisabeth Selbert (1953)

das Grundrecht auf Gleichberechtigung von Frau und Mann in der Verfassung festgeschrieben wurde. An Chancengleichheit zwischen Mann und Frau (z.B. im Beruf), so muss den Schülern deutlich werden, mangelt es aber bis heute.

Das methodische Vorgehen ermöglicht die Beschäftigung mit zwei verschiedenen Präsentationsformen der Rede. So erkennen die Schülerinnen und Schüler die spezifischen Potenziale der einzelnen Formen und lernen diese entsprechend zu interpretieren. Von großer Bedeutung ist die Einsicht, dass mit Hilfe des Tondokuments zusätzliche Aussagen über das Sprachverhalten und die Gemütsverfassung der Rednerin getroffen werden können.

Im Sinne der Multiperspektivität und Kontroversität darf die Frage, ob es heute in Deutschland Gleichberechtigung und Chancengleichheit zwischen Mann und Frau gibt, nicht aus den Augen verloren werden. Die Lernenden müssen erkennen, dass alle Menschen gleichberechtigt sind, aber in Sachen der Chancengleichheit von Frau und Mann zukünftig noch große Anstrengungen nötig sind.

Methodische Vorschläge

Die politischen Reden, die dem im Folgenden beschriebenen Unterrichtsverlauf zu Grunde liegen, sind für den Einsatz in der Sekundarstufe I geeignet.

Der Einstieg in die Rede von Olympe des Gouges erfolgt durch die Fragen „Seid ihr der Meinung, dass Frauen und Männer heutzutage gleichberechtigt sind?“ und „Denkt ihr, dass Männer und Frauen dieselben Chancen haben?“ Ausgehend von den Schülermeinungen kommt der Lehrer auf die Geschichte der Frauenbewegung, speziell der Frauenbewegung in der Französischen Revolution zu sprechen. Die Schülerinnen und Schüler sollen Vermutungen bezüglich der Rolle der Frau im ausgehenden 18. Jahrhundert äußern. Darauf aufbauend erhält die Lerngruppe „die Erklärung der Rechte der Frau und Bürgerin“ von Olympe de Gouges. Nach einer kurzen Zeit des Einlesens soll eine Schülerin die Erklärung ausdrucksstark und willensfest vor der Klasse vortragen. Die Mitschüler sind aufgefordert, auf einem Blatt Stichpunkte zu den Inhalten, Forderungen und Argumenten der Erklärung zu notieren. Im anschließenden Unterrichtsgespräch wird zunächst reflektiert, ob der Vortrag der Schülerin der historischen Situation angemessen war. Dann wird kritisch-spekulativ über die näheren Umstände der Rede gesprochen. Leider ist nicht bekannt, wo und wie de Gouges ihren Aufruf der Öffentlichkeit mitteilte. An der Tafel werden die Forderungen und angeführte Gründe notiert. Es ist die Aufgabe der Lehrkraft, im

Folgenden die Schülerinnen und Schüler über die Auswirkungen des Aufrufes und das Ende von Olympe de Gouges zu informieren. Der Lehrer fragt, wann die Forderungen der de Gouges (1791) nach Gleichberechtigung in Deutschland durchgesetzt wurden (1949).

Nachdem kurz erläutert wurde, was der Parlamentarische Rat war, kommt das Tondokument mit der Ansprache von Elisabeth Selbert zum Einsatz. Die Höraufgabe der Schülerinnen und Schüler besteht darin, zu erfassen, welchen Erfolg sie verkündete (= Gleichstellung), welche Verbesserungen sie für die Frauen kommen sah (= Rechte in der Ehe) und welche Ungerechtigkeit nicht beendet werden konnte (= Nicht-Gleichstellung des unehelichen Kindes). In akustischer Hinsicht sollen die Schülerinnen und Schüler darauf achten, wie Elisabeth Selbert vorträgt. Im Unterrichtsgespräch findet die Redeinterpretation statt. Neben den inhaltlichen Aussagen ist auf die sich ändernde Tonlage (erst erleichtert und glücklich, dann nachdenklich und enttäuscht) einzugehen.

Im Sinne der Gattungskompetenz wird gefragt: „Welche Redeform hat euch besser gefallen und warum?" Am Ende des Unterrichts wird die Frage aus dem Einstieg hinsichtlich Gleichberechtigung und Chancengleichheit wieder aufgegriffen und diskutiert, was es noch zu ändern gilt.

4.2.3.2 Verfassen einer „Gegenrede aus dem Exil"– am Beispiel der Rundfunkrede der „Reichsfrauenführerin" Gertrud Scholtz-Klink „An die deutsche Frau" (1939)

Historische Situation

Gertrud Scholtz-Klink (1902–1999) war seit 1934 Reichsfrauenführerin und damit gewissermaßen die Vertreterin von 30 Millionen deutscher Frauen. Die als unscheinbar und zurückhaltend beschriebene Reichsfrauenführerin, die einzige Frau an der Spitze des NS-Regimes, gründete das Deutsche Frauenwerk, den Dachverband aller gesetzlich zugelassenen Frauenorganisationen. Gemeinsam mit ande-

Abb. 35: Gertrud Scholtz-Klinck (1937)

ren Aktivistinnen proklamierte sie den „Mutterschaftskreuzzug", dessen Ziel die Steigerung der Geburtenrate war. Mit ihren elf Kindern entsprach Scholtz-Klink völlig dem NS-Frauenbild. Hitler beschrieb sein Verständnis von der Rolle der Frau mit den Worten: „Frauen sollen den Erziehungsauftrag des völkischen Staates erfüllen – im Heranzüchten kerngesunder Körper."

1933 mussten 74 Frauen nationale politische Ämter aufgeben, 19 000 regionale oder lokale Amtsinhaberinnen mussten abtreten, die Zahl der Lehrerinnen ging um 15 Prozent zurück. 1935 verloren Ärztinnen die Kassenzulassung, ab 1936 durften Frauen nicht mehr als Richterinnen oder Staatsanwälte amtieren. Als offizieller Grund genannt wurde die „weibliche Unfähigkeit, logisch und sachlich zu denken". [26]

Redebeispiel

Q 1 „Dank an Adolf Hitler"
Rundfunkrede der Reichsleiterin der NS-Frauenschaft Gertrud Scholtz-Klink über die Stellung der Frau im Herbst 1939 (CD: Tondokument Nr. 02)

„Wenn es das Ziel nationalsozialistischer Männergemeinschaften ist, Männer zu soldatischer und ritterlicher Haltung zu erziehen, so wollen wir versuchen, Frauen mit mütterlichen Herzen heranzubilden. Beide gehören zusammen und brauchen einander. Denn der Ritter und die Mutter haben zu allen Zeiten in der Geschichte eins gemeinsam gehabt, nämlich das Beschützen alles dessen, was schutzbedürftig ist.
Es ist immer Aufgabe des Ritters gewesen, Schutzloses mit seinem Schild zu decken. Die Frau aber folgt ihrem Lebensgesetz, als Hüterin alles Lebendigen und alles Wachsens wird sie zur Mutter ihres Volkes. Nicht nur die Frau, die leibliche Mutter wird, hat daran teil, sondern jede Frau, die geistige Weite, praktische Lebensgestaltung und eine mütterliche Seele mit absoluter Lebensbejahung in sich vereint.
So wie im Leben von ihrer göttlichen Sendung her der Ritter und die Mutter in unaussprechbarer Übereinkunft sich die Hände reichen, so stehen auch heute die deutschen Frauen in jeder Situation bei den deutschen Männern. Denn beide haben das Kostbarste zu schützen, was es für uns gibt, die deutsche Nation. Der Einzelne ist vergänglich, das Volk aber trägt den Ewigkeitsgedanken in sich. Diesen Glauben an die Ewigkeit unseres Volkes hat uns Adolf Hitler geschenkt, und wer könnte ihn besser verstehen als die deutsche Frau und Mutter, die selbst eine Repräsentantin des Zukunftsgedankens und Zukunftswillens ist? Wenn wir sprechen von Vaterland und Muttersprache, so sagt uns das, daß, wo Männer Heimat schaffen, Frauen dieser Heimat ihren Klang geben und diesen Klang den

Kindern lieb und zu eigen machen. Dienst tun für die Heimat ist das Schönste für einen deutschen Menschen, sei er Mann oder Frau, jeder an seinem Platz und seiner Kraft entsprechend. Jeder von uns ist bereit für den Dienst am Volk und all unsere Arbeit soll der Dank sein an unsere genesende Mutter Deutschland und ihren treuesten Sohn, Adolf Hitler."

Zit. nach: http://www.dhm.de/lemo/html/dokumente/scholtz-klink/index.html, Stand: 14.12.2005

M 1 Frauen im „Dritten Reich"

Die Ziele der nationalsozialistischen Frauenpolitik waren widersprüchlich. Auf der einen Seite wollte das Regime die Frauen auf ihre biologische Funktion reduzieren. Sie sollten, wie sich Hitler in „Mein Kampf" ausdrückte, der „Vermehrung und Erhaltung der Art und Rasse" dienen. Auf der anderen Seite dieser familienorientierten Politik stand aber das ideologische Ziel, auch Frauen und Mädchen als „Volks-" und „Parteigenossinnen" zu erfassen und zu diesem Zweck in Frauenverbänden zu organisieren. […]
Wie ihre männlichen Altersgenossen mussten auch Mädchen im Alter von zehn Jahren der Parteijugend beitreten. Mit 14 Jahren wechselten sie von den „Jungmädeln" zum „Bund Deutscher Mädel". Mit 18 Jahren konnten sie dem 1938 gegründeten BDM-Werk „Glaube und Schönheit" und mit 21 Jahren der NS-Frauenschaft unter Führung von Gertrud Scholtz-Klink beitreten. 1938 wurde als Pendant zum Wehrdienst der Männer ein „Pflichtjahr" für alle Mädchen und Frauen im Alter zwischen 14 und 25 Jahren eingeführt. Das bedeutete ein Jahr Arbeit in der Land- oder Hauswirtschaft. […]
Diese historische Bewertung darf jedoch nicht übersehen lassen, dass die Volksgemeinschaftsideologie all jene ausschloss, die als „fremdrassig", „erbkrank" oder „asozial" galten. Denn auch die NS-Frauenpolitik war dem rassenideologischen Programm verpflichtet. […]
Welche Stellung nahmen Frauen im Berufsleben ein? Gemäß ihren Ankündigungen haben die Nationalsozialisten unmittelbar nach der „Machtergreifung" versucht, Frauen aus dem Berufsleben zu verdrängen und zur möglichst frühzeitigen Eheschließung anzuregen. Diesem Ziel diente einmal das „Gesetz zur Verminderung der Arbeitslosigkeit" vom 1. Juni 1933. Ferner wurde die schon in der Weimarer Republik begonnene Kampagne gegen das „Doppelverdienertum" fortgesetzt. Darunter wurden Ehen verstanden, in denen beide Partner arbeiteten. Betroffen waren dann vor allem Frauen in höher qualifizierten Berufen. Sie wurden systematisch verdrängt. An den Universitäten wurde ein rigider, geschlechtsspezifischer Numerus clausus eingeführt: Nur zehn Prozent der Studierenden sollten

Frauen sein. 1934 wurde es Ärztinnen untersagt, eine Praxis zu eröffnen. Seit 1936 war es gesetzlich verboten, Frauen zu Staatsanwältinnen oder Richterinnen zu ernennen. Im Staatsdienst beschäftigte Frauen wurden generell geringer bezahlt und schlechter eingestuft als Männer. Einige der Maßnahmen wurden aber vor dem Hintergrund der Aufrüstung und dem sich abzeichnenden Arbeitskräftemangel wieder aufgehoben.

Stillig, Jürgen/Wippermann, Wolfgang: Der Nationalsozialismus. Kurshefte Geschichte. Berlin 2000, S. 64f.

Q 2/Abb. 36: Plakat „Deutsches Mädel" (um 1935)
Quelle: http://www.dhm.de/lemo/objekte/pict/p62_1871/index.html (CD: 08-Frauen im NS.jpg)

Didaktische Potenziale

Im Rahmen der Auseinandersetzung mit der Rundfunkansprache erkennen die Schülerinnen und Schüler, dass die Frau im Sinne der NS-Ideologie als „Erhalterin des Volkes" charakterisiert wird. Dass die absolute Unterordnung der Frau unter den Mann bzw. „Ritter" von einer Frau propagiert wird, bietet zusätzlichen Diskussionsstoff. Scholtz-Klink fordert die Frauen auf, sich voll und ganz der nationalsozialistischen Männergesellschaft unterzuordnen.

Die Abfolge des Unterrichts bewirkt, dass die Schülerinnen und Schüler das Tondokument als historische Quelle erkennen und es zur Informationsgewinnung nutzen. Die Interpretation muss besonderen Wert auf die Quellenkritik und die damit verbundene ideologiekritische Auseinandersetzung legen. Ferner ermöglicht das methodische Vorgehen einen multiperspektivischen Geschichtsunterricht, der zudem auf die Potenziale der Handlungs- und Produktorientierung zurückgreift. Das Verfassen eigener kurzer Reden und das Vortragen vor Mitschülern dient dem Aufbau kommunikativer bzw. rhetorischer Kompetenzen.

Methodische Vorschläge

Das nachfolgend vorgeschlagene Vorgehen kann sowohl in der Sekundarstufe I als auch in der Abiturstufe durchgeführt werden. Zu Beginn des Unterrichts wird den Schülerinnen und Schülern ein NSDAP-Plakat (Q 2/Abb. 36) präsentiert, das auf die Rolle der Frau im Nationalsozialismus anspielt. Die Schüler beschreiben nun im Unterrichtsgespräch den Plakatinhalt und stellen Vermutungen darüber an, welche Stellung und welche Aufgaben der Frau im Nationalsozialismus zukamen.

Ausgehend von den Schülermeinungen bezüglich des nationalsozialistischen Frauenbildes wird nun das Tondokument der Reichsfrauenführerin Gertrud Scholtz-Klink vorgespielt. Die Höraufgabe besteht darin, zu erkennen, welche Aufgaben sie der Frau zuschreibt und welche Beziehung Mann und Frau im nationalsozialistischen Deutschland haben sollten. Zur Unterstützung des Verständnisses dieser sehr ideologisch geprägten Rede kann den Schülern der Redetext zur Verfügung gestellt werden. Im folgenden Unterrichtsgespräch wird zunächst der unmittelbare Höreindruck erfragt; anschließend sollen die Lernenden möglichst selbstständig den Inhalt sowie den sprachlichen Aufbau der Rede im Unterrichtsgespräch diskutieren. Der ideologische Gehalt der Rede muss dabei im Mittelpunkt stehen.

Ausgehend von der Frage nach möglichen Reaktionen bei den Zeitgenossen (Frauen) auf diese Rede schließt sich der produkt- und handlungsorientierte Teil an. Aufgabe der Schülerinnen und Schüler ist es, eine Gegenrede zu schreiben. Dabei sollen sie sich vorstellen, sie sprächen aus dem Ausland über einen Radiosender (z.B. BBC) zu den deutschen Frauen. Ziel ist es, eine Rede zu verfassen, die den Frauen ein anderes, moderneres Frauenbild vermittelt und jenes kritisiert, das die „Frau als Erhalterin des Volkes“ charakterisiert. Das Vortragen und Auswerten der verfassten Reden findet in der darauffolgenden Stunde statt.

4.2.3.3 Die Reaktionen waren verschieden – am Beispiel der „Sportpalastrede“ Joseph Goebbels (18.2.1943)

Historische Situation

Nach der Kapitulation der 6. deutschen Armee vor Stalingrad am 2. Februar 1943 war die Wende des Zweiten Weltkrieges erreicht. Von da an wurde die deutsche Front von der Roten Armee nach Westen zurückgedrängt. Da Hitler seit dieser Niederlage kaum noch große öffentliche Reden hielt, kam seinem Propagandaminister Joseph Goeb-

Abb. 37: Joseph Goebbels

bels (1897–1945) die Aufgabe zu, Siegeszuversicht zu vermitteln. Die Sportpalastrede vom 18. Februar 1943 diente genau diesem Ziel. Es sollte Kampfeswille und Siegeszuversicht im „Reich" und in die „Welt" propagiert werden. Goebbels begleitete die Vorbereitungen für die Kundgebung der Berliner NSDAP sehr interessiert. Er schrieb seine Rede mehrmals um und verfasste Anweisungen an die Presse, wie über die Kundgebung zu berichten sei. Einen Tag vor der Rede im Sportpalast übte der eigentlich routinierte Propagandaredner nochmals Mimik, Gestik und Betonung.[27] Im Sportpalast selbst befanden sich 14 000 von der Partei eingeladene Zuhörerinnen und Zuhörer. Die mehrmalige Übertragung im Rundfunk und die Ausstrahlung von Teilen der Rede in den Wochenschauen erreichten allerdings einen weitaus größeren Adressatenkreis.

In der Rede selbst ging Goebbels nur am Rande auf die Geschehnisse in Stalingrad ein. Vielmehr war es sein Ziel, den Zeitgenossen im In- und Ausland zu vermitteln, dass die „bolschewistische Gefahr" nicht nur eine Gefahr für Deutschland, sondern für ganz Europa sei. Nur das Deutsche Reich, so Goebbels, sei in der Lage, dieser Gefahr standzuhalten. Nachdem er die Anwesenden von der Notwendigkeit eines erbitterten Kampfes „überzeugt" hatte, gipfelte seine Rede in zehn Fragen. In einer demagogischen Meisterleistung stellte er die Kennzeichen des totalen Krieges zur Abstimmung. Darauf folgten jeweils begeisternde Rufe der Zustimmung durch die Anwesenden. Angemerkt sei an dieser Stelle, dass es eigentlich eher untypisch für NS-Kundgebungen war, dass der Redner durch das Publikum unterbrochen wurde. „Über 200 Zwischenrufe können gezählt werden. Mehrfach ist deshalb die Vermutung geäußert worden, dass die Zuschauerreaktionen nicht spontan (waren), sondern auf Inszenierung beruhten."[28]

Redebeispiel

Q1 „Wollt Ihr den totalen Krieg?"

Auszug aus der Rede des Reichspropagandaministers Joseph Goebbels im Berliner Sportpalast vom 18.2.1943 (CD:Tondokument Nr. 03):

> „Ihr also, meine Zuhörer, repräsentiert in diesem Augenblick für das Ausland die Nation! Und an Euch möchte ich zehn Fragen richten, die Ihr mit dem deutschen Volk vor der ganzen Welt, insbesondere aber vor unseren Feinden, die uns auch in dieser Stunde an ihrem Rundfunk zuhören, beantworten müsst! Wollt ihr das? (Stürmische Rufe ‚Ja!').
> Die Engländer behaupten, das deutsche Volk habe den Glauben an den Sieg verloren (wiederholt stürmische Rufe: ‚Nein!', ‚Nie!', ‚Niemals!'). Ich frage Euch: Glaubt ihr mit dem Führer und mit uns an den endgültigen, totalen Sieg der deutschen Waffen? (Stürmische Rufe: ‚Ja!', starker Beifall, Sprechchöre: fünf mal ‚Sieg Heil! Sieg Heil!'). Ich frage Euch: Seid ihr entschlossen, dem Führer in der Erkämpfung des Sieges durch dick und dünn und unter Aufnahme auch der schwersten persönlichen Belastungen zu folgen? (Stürmische Rufe: ‚Ja!', starker Beifall, mehrfach wiederholte Sprechchöre ‚Sieg Heil!', ‚Wir grüßen unsern Führer!').
> Zweitens: Die Engländer behaupten das deutsche Volk sei des Kampfes müde (Rufe: ‚Nein!', ‚Pfui!'). Ich frage Euch: Seid ihr bereit, mit dem Führer, als Phalanx der Heimat hinter der kämpfenden Wehrmacht stehend, diesen Kampf mit wilder Entschlossenheit und unbeirrt durch alle Schicksalsfügungen fortzusetzen, bis der Sieg in unseren Händen ist? (Stürmische Rufe: ‚Ja!', Starker Beifall).
> Drittens: Die Engländer behaupten, das deutsche Volk hat keine Lust mehr, sich der überhandnehmenden Kriegsarbeit, die die Regierung von ihm fordert, zu unterziehen (Pfui-Rufe). Ich frage Euch: Soldaten, Arbeiter und Arbeiterinnen, seid Ihr und ist das deutsche Volk entschlossen, wenn der Führer es einmal in der Notzeit befehlen sollte, zehn, zwölf, wenn nötig vierzehn und sechzehn Stunden täglich zu arbeiten und das Letzte für den Sieg herzugeben? (Stürmische Rufe: ‚Ja!', starker Beifall).
> Viertens: Die Engländer behaupten, das deutsche Volk wehrt sich gegen die totalen Kriegsmaßnahmen der Regierung (Rufe: ‚Nein!'). Es will nicht den totalen Krieg, sagen die Engländer, sondern die Kapitulation! (Stürmische Rufe: ‚Nein!', ‚Pfui!'). Ich frage Euch, wollt ihr den totalen Krieg? (Stürmische Rufe_‚Ja!', starker Beifall, Trampeln, Klatschen). Wollt ihr ihn (Rufe: ‚Wir wollen ihn!'), wenn nötig totaler und radikaler, als wir ihn uns heute überhaupt erst vorstellen können? (Stürmische Rufe: ‚Ja!', Beifall).
> Fünftens: Die Engländer behaupten, das deutsche Volk hat sein Vertrauen zum Führer verloren! (Stürmische Empörung und Pfui-Rufe, lang anhal-

tender Lärm). Ich frage Euch – (Sprechchöre, vier Mal: ‚Führer befiehl, wir folgen', Heilrufe), ich frage Euch: Vertraut ihr dem Führer? (Rufe, u.a.: ‚Ja!'). Ist Eure Bereitschaft, ihm auf allen seinen Wegen zu folgen und alles zu tun, was nötig ist, um den Krieg zum siegreichen Ende zu führen, eine absolute und uneingeschränkte? (Lebhafte Rufe: ‚Ja!').

Ich frage Euch als Sechstes: Seid Ihr von nun ab bereit, Eure ganze Kraft einzusetzen und der Ostfront, unsern kämpfenden Vätern und Brüdern, die Menschen und Waffen zur Verfügung zu stellen, die sie brauchen, um den Bolschewismus zu besiegen? Seid ihr dazu bereit? (Rufe: ‚Ja!', starker Beifall, Zurufe).

Ich frage Euch als Siebentes: Gelobt Ihr mit heiligem Eid der Front, dass die Heimat mit starker, unerschütterlicher Moral hinter der Front steht und ihr alles geben wird, was sie zum Siege nötig hat? (Rufe: ‚Ja!', starker Beifall).

Ich frage Euch achtens: Wollt ihr, insbesondere ihr Frauen selbst, dass die Regierung dafür sorgt, dass auch die letzte Arbeitskraft auch der Frau der Kriegsführung zur Verfügung gestellt wird (Rufe weiblicher Stimmen ‚Ja!') und dass die Frau überall da, wo es nur möglich ist, einspringt, um Männer für die Front freizumachen? Wollt ihr das? (Stürmische Rufe, insbesondere weiblicher Stimmen: ‚Ja!', starker Beifall).

Ich frage Euch neuntens: Billigt ihr, wenn nötig, die radikalsten Maßnahmen gegen einen kleinen Kreis von Drückebergern und Schiebern (stürmische Rufe: ‚Ja!'. Starker Beifall, Zurufe), die mitten im Kriege Frieden spielen wollen und die Not des Volkes zu eigensüchtigen Zwecken ausnutzen? (Rufe: ‚Aufhängen!'. Geschrei). Seid Ihr damit einverstanden (Rufe: ‚Jawohl!'), dass, wer sich am Kriege vergeht, den Kopf verliert? (Stürmische Rufe: ‚Ja!' Starker Beifall).

Und nun frage ich Euch zehntens und zuletzt: Wollt Ihr, dass, wie das nationalsozialistische Parteiprogramm das vorschreibt, gerade im Kriege gleiche Rechte und gleiche Pflichten vorherrschen (Rufe: ‚Ja!'), dass die Heimat die schwersten Belastungen des Krieges solidarisch auf ihre Schultern nimmt und dass sie für hoch und niedrig und arm und reich in gleicher Weise verteilt werden? Wollt ihr das? (Stürmische Rufe: ‚Ja: Stürmischer Beifall).

Ich habe Euch gefragt und Ihr habt mir Eure Antwort nicht vorenthalten. Ihr seid ein Stück Volk. Durch Euren Mund hat sich die Stellungnahme des Volkes vor der Welt manifestiert (Zwischenruf: ‚Wir haben nichts gegen ..!'). Ihr habt unsern Feinden das zugerufen, was sie wissen müssen, damit sie sich keinen Illusionen und falschen Vorstellungen hin-geben (Zwischenrufe). Somit sind wir, wie von der ersten Stunde unserer Macht an durch all die zehn Jahre hindurch, fest und brüderlich mit dem deutschen Volke vereint! Der mächtigste Bundesgenosse, den es auf dieser Welt gibt, das Volk selbst, steht hinter uns und ist entschlossen, mit dem Führer –

koste es, was es wolle, und unter Aufnahme auch der schwersten Opfer – den Sieg kämpfend zu erstreiten (Bravo-Rufe, starker Beifall). [...] Wenn wir je treu und unverbrüchlich an den Sieg geglaubt haben, dann in dieser Stunde der nationalen Besinnung und der inneren Aufrichtung. Wir sehen ihn greifbar nahe vor uns liegen, – wir müssen nur zufassen! Wir müssen nur die Entschlusskraft aufbringen, alles seinem Dienste unterzuordnen; das ist das Gebot der Stunde! Und darum lautet von jetzt ab die Parole: Nun, Volk, steh' auf – und Sturm, brich los! (Stürmische Heilrufe und Beifall, Rufe: ‚Unser Gauleiter – Sieg Heil! Sieg Heil! Sieg Heil!' Heilrufe. Das Deutschlandlied und das Horst-Wessel-Lied werden intoniert. Beifall, Rufe: ‚Der große deutsche Führer Adolf Hitler, Sieg Heil, Sieg Heil!')."

Zit. nach: Pandel, Hans-Jürgen: „Wollt ihr den totalen Krieg?. Goebbels' Sportpalastrede am 18.2.1943, in: Geschichte lernen, Heft 85 (2002), S. 54f.

Didaktische Potenziale

Die Bereitschaft der Lerngruppe zur handlungsorientierten Arbeit mit der Quelle kann durch den Einsatz eines Tonträgers verstärkt werden. Im Mittelpunkt der Auseinandersetzung mit der Sportpalastrede steht deren Wirken auf die unmittelbar Beteiligten und auf die Deutschen, welche die Rede über Rundfunk hörten. Deshalb kommt es bei der Interpretation des Tondokuments zunächst darauf an, die rhetorischen Mittel und die Betonung des Reichspropagandaministers zu untersuchen, um hieraus abzuleiten, wie es ihm gelang, Tausende begeistert mitzureißen, sodass sie ihm die gestellten rhetorischen Fragen bedingungslos mit „Ja!" beantworteten.

Das methodische Vorgehen legt einen Schwerpunkt auf die Perspektivübernahme. Durch das Verfassen einer fiktiven Postkarte sollen sich die Lernenden in die Lage eines Augenzeugen versetzen und reflektieren, wie es Goebbels gelingen konnte, jene Reaktionen hervorzurufen, die das Tondokument eindrucksvoll darstellt. Im Sinne der Multiperspektivität soll sich zudem mit den Gefühlen derjenigen Deutschen beschäftigt werden, die unter dem Krieg zu leiden hatten. Und für welche die Ausrufung des „totalen Krieges" weitere Ängste und schlimmste Befürchtungen hervorrief. Schließlich können Überlegungen betr. der Reaktionen des Auslandes in den Unterrichtsverlauf einbezogen werden.

Methodische Vorschläge

Die Sportpalastrede und das hier vorgeschlagene methodische Vorgehen ist für den Geschichtsunterricht ab Klasse 9 geeignet.

Auf Grundlage ihrer Kenntnisse über die Niederlagen der deutschen Wehrmacht an der Ostfront, diskutieren die Schülerinnen und Schüler zunächst über die möglichen Folgen und Meinungen bei der deutschen Zivilbevölkerung. Die Lehrerin bzw. der Lehrer informiert die Klasse, dass auch die nationalsozialistische Führung erkannte, dass die Zustimmung für den Krieg nachließ. Um entstandene Widerstände zu zerstreuen, entschloss sich der Reichspropagandaminister zu einer Rede, die damals große Beachtung gefunden hat.

Vor dem Abspielen des Tondokumentes wird die Lerngruppe – unter Beachtung der historischen Situation – aufgefordert, zu diskutieren, was Goebbels mit seiner Rede bei den Zuhörern erreichen wollte und wie er gesprochen haben könnte. Die hierdurch erzeugte Erwartungshaltung wird nun mit dem Tondokument verglichen. Die Schülerinnen und Schüler erhalten den Auftrag, herauszufinden, welche Gruppen Goebbels mit seiner Rede ansprach, was seine Ziele waren, wie er diese Ziele zu erreichen versuchte und wie das Publikum auf seine Rede reagierte. Nach dem Hören ist es zwingend notwendig, die Schülerinnen und Schüler nach ihren unmittelbaren Höreindrücken zu fragen. Im Unterrichtsgespräch werden die Absichten des Redners und die Reaktionen des Publikums herausgearbeitet. Anschließend werden die Lernenden aufgefordert, sich vorzustellen, sie seien Augen- und Ohrenzeugen der Rede gewesen und schreiben nun eine begeisterte Postkarte (Kurzbrief) an einen Bekannten.

Da die Reaktionen der Zuhörer im Sportpalast keineswegs repräsentativ für die Gefühle der Deutschen waren, werden die Lernenden im letzten Teil der Stunde aufgefordert, sich in die Lage der deutschen Kriegsopfer und von Teilnehmern des Widerstands zu versetzen. Aufgabe ist es, einen fiktiven Tagebucheintrag zu verfassen, wie ihn beispielsweise eine Frau geschrieben haben könnte, die mit ihren Kindern Nacht für Nacht die Bombenangriffe durchlebte. Eine andere Möglichkeit wäre, aus der Sicht eines jungen Soldaten zu schreiben, der durch eine Granate beide Beine verloren hatte. Den Schülerinnen und Schülern kann es selbst überlassen werden, welche Biografie sie sich geben. Die Einzelschicksale waren vielfältig und schrecklich.[29] Die Vorstellung der Ergebnisse muss in der nächsten Unterrichtsstunde erfolgen.

4.2.3.4 „Der Ton macht's" – die inhaltliche und akustische Dimension von Reden – am Beispiel der Rede Ernst Reuters aus Anlass der 1. Berlinblockade (9.9.1948)

Historische Situation

Nachdem die Währungsreform in den westlichen Besatzungszonen und schließlich auch in West-Berlin durchgeführt wurde, sperrten die sowje-

Abb. 38: Ernst Reuter bei der Rede vor dem Reichstagsgebäude (9.9.1948)

tischen Truppen in der Nacht zum 24. Juni 1948 die Zufahrtswege nach West-Berlin. Die Gas- und Stromversorgung der Berliner Westsektoren wurde vom Sowjetsektor drastisch eingeschränkt. Ziel und eigentliche Ursache der Berlin-Blockade war es, die Westmächte zu zwingen, auf die geplante Gründung eines Weststaates zu verzichten.

Auf Initiative des US-Militärgouverneurs Lucius D. Clay stellten die Westmächte über drei Luftkorridore die Versorgung West-Berlins sicher. Mit fast 200 000 Flügen wurden rund 1,5 Millionen Tonnen lebenswichtiger Güter mit den sog. Rosinenbombern nach Berlin transportiert.

Ernst Reuter (1889–1953) wurde am 24.6.1947 von der Stadtverordnetenversammlung zum Oberbürgermeister von Berlin gewählt. Dagegen legte der sowjetische Stadtkommandant auf Veranlassung Stalins sein Veto ein, weil sich der ehemalige Kommunist Reuter von der KPD abgewandt hatte und wieder Sozialdemokrat geworden war. Für ihn wurden die Amtsgeschäfte des Stadtoberhauptes bis Mai 1948 von Louise Schroeder und danach bis Dezember 1948 von Ferdinand Friedensburg (beide SPD) vertreten. Eine am 5.12.1948 nur in den Westsektoren durchgeführte Wahl erbrachte mit 64,5 Prozent der Stimmen eine absolute Mehrheit der Sozialdemokraten. Die Stadtverordnetenversammlung wählte Ernst Reuter erneut zum Oberbürgermeister – diesmal allerdings nur für die drei Westsektoren. „Auf dem

Höhepunkt der Berlin-Blockade hielt Ernst Reuter als zwar gewählter, aber nicht bestätigter Oberbürgermeister am 9. September 1948 vor dem zerstörten Reichstag in Anwesenheit von über 300 000 West-Berlinern – und der Ostsektor konnte es hören – seine berühmt gewordene Rede, in der er im Namen der Westberliner an „die Völker der Welt“ appellierte, die Stadt nicht „preiszugeben“. Durch den zähen Durchhaltewillen der West-Berliner und die Unterstützung der Westmächte scheiterte die Berlin-Blockade der Sowjets und wurde nach fast einem Jahr im Mai 1949 aufgehoben.“[30]

Redebeispiel

Q1 „Schaut auf diese Stadt ...!“
Ernst Reuters Rede am 9. September 1948 vor dem Reichstag (CD: Tondokument Nr. 04):

> [...] „Wenn heute dieses Volk von Berlin zu Hunderttausenden hier aufsteht, dann wissen wir, die ganze Welt sieht dieses Berlin. Denn verhandeln können hier schon nicht mehr die Generale, verhandeln können schon nicht mehr die Kabinette. Hinter diesen politischen Taten steht der Wille freier Völker, die erkannt haben, dass hier in dieser Stadt ein Bollwerk, ein Vorposten der Freiheit aufgerichtet ist, den niemand ungestraft preisgeben kann.
>
> Wer diese Stadt, wer dieses Volk von Berlin preisgeben würde, der würde eine Welt preisgeben, noch mehr, er würde sich selber preisgeben, und er würde nicht nur dieses Volk von Berlin preisgeben in den Westsektoren und im Ostsektor Berlins. Nein, wir wissen auch, wenn sie nur könnten, heute stünde das Volk von Leipzig, von Halle, von Chemnitz, von Dresden, von all den Städten der Ostzone, so wie wir auf ihren Plätzen und würde unserer Stimme lauschen. [..]
>
> Ihr Völker der Welt, ihr Völker in Amerika, in England, in Frankreich, in Italien! Schaut auf diese Stadt und erkennt, dass ihr diese Stadt und dieses Volk nicht preisgeben dürft und nicht preisgeben könnt! Es gibt nur eine Möglichkeit für uns alle: gemeinsam so lange zusammenzustehen, bis dieser Kampf gewonnen, bis dieser Kampf endlich durch den Sieg über die Feinde, durch den Sieg über die Macht der Finsternis besiegelt ist.
>
> Das Volk von Berlin hat gesprochen. Wir haben unsere Pflicht getan, und wir werden unsere Pflicht weiter tun. Völker der Welt! Tut auch ihr eure Pflicht und helft uns in der Zeit, die vor uns steht, nicht nur mit dem Dröhnen eurer Flugzeuge, nicht nur mit den Transportmöglichkeiten, die ihr hierher schafft, sondern mit dem standhaften und unzerstörbaren Einstehen für die gemeinsamen Ideale, die allein unsere Zukunft und die auch

allein eure Zukunft sichern können. Völker der Welt, schaut auf Berlin! Und Volk von Berlin, sei dessen gewiß, diesen Kampf, den wollen, diesen Kampf, den werden wir gewinnen!"

Zit. n.: http://www.berlin.de/rubrik/hauptstadt/geschichte/ernstreuterrede.html, Stand: 12.12.2005

Didaktische Potenziale

Die Schülerinnen und Schüler sollen anhand der Rede Reuters ein Verständnis für die Bevölkerung Berlins entwickeln. Sie sollen den „emotionalen" Appell interpretieren, die Absichten Reuters erkennen, die Wirkung auf die Zuhörer (vor dem Reichstag und in der Welt) einschätzen, über die Folgen der Rede nachdenken und die Rede als ein Medium für den historischen Erkenntnisprozess begreifen.

Das methodische Vorgehen ist geprägt durch das dreimalige Anhören des Tondokumentes. Hierdurch soll zunächst die emotionale, dann die inhaltliche und schließlich die sprachliche bzw. akustische Ebene in die Interpretation einbezogen werden. Der Sprachstil Reuters wirkt aufgrund seiner Emotionalität, der flammenden Wortwahl und Betonung motivierend auf die Auseinandersetzung mit den Redeinhalten. Weil der Lerngruppe der Redetext vorenthalten wird, verstärkt sich deren Konzentration auf das Tondokument.

Neben dem Aufbau einer Gattungs- und Interpretationskompetenz gewährleistet das methodische Vorgehen die Perspektivübernahme. Der emotionale Appell Reuters gibt auch heute noch die verzweifelte Situation der Berliner Bevölkerung in den Tagen der Blockade wieder.

Methodische Vorschläge

Der nachfolgende Unterrichtsverlauf ist konzipiert für den Unterricht in einer 10. Klasse. Die Stunde knüpft an Kenntnisse über die Bestimmungen der Potsdamer Konferenz und den Ost-West-Konflikt an. Durch einen kurzen Verweis auf die noch immer gängige Unterscheidung der Bevölkerung Deutschlands in „Ossis" und „Wessis" kann an die deutsche Teilung und deren Folgen erinnert werden. Mit dem Ausblick auf die Stunde soll den Schülerinnen und Schülern deutlich werden, dass die Blockade Berlins ein Schritt von vielen hin zur Teilung Deutschlands war. Während der Stunde darf die Frage, ob Berlin nicht stellvertretend für das Kräftemessen um Deutschland steht, nicht aus den Augen verloren werden.

Mit Hilfe eines Schulbuchtextes bzw. eines Ausschnittes aus einem Dokumentarfilm erarbeiten die Lernenden die Ursachen, den Anlass sowie die Folgen der Berlin-Blockade. Die Sicherung der Ergebnisse erfolgt durch ein Tafelbild. Anschließend kommt die Lehrkraft auf die Person Ernst Reuter zu sprechen und beschreibt kurz die unmittelbare Situation, in der er seine berühmte Rede hielt.

Der Lehrer spielt der Lerngruppe nun den Ausschnitt der Rede vor. Spontan sollen die Lernenden ihre Eindrücke schildern und Vermutungen über die historische Bedeutung der Rede anstellen. Ziel ist es dabei, bei den Schülern Interesse und eine Erwartungshaltung zu wecken.

Beim zweiten Hören sollen sich die Schülerinnen und Schüler auf die inhaltlichen Aussagen der Rede konzentrieren. Dazu ist es nicht nötig, den Redetext auszugeben, da so die Konzentration auf das Tondokument minimiert wird. Die Schüler sind so gezwungen, intensiv auf das gesprochene Wort zu hören und die Rede durch das Hören zu verstehen. Bei der inhaltlichen Analyse kommt es besonders darauf an, dass die Ziele erkannt werden, die Reuter bei den einzelnen Zielgruppen (Berliner Bevölkerung – Westmächte – SU) erreichen will.

Beim anschließenden dritten Hören wird den Schülern der Text zur Verfügung gestellt. Nun kommt es darauf an, dass neben den sprachlichen Mitteln Reuters die Stilmittel (Appell, Correctio, Steigerungen, Personifizierung) der Rede erkannt werden. Nach den einzelnen Analyseschritten wird die historische Bedeutung der Rede besprochen. Im Zuge der Ausbildung einer Gattungskompetenz sollte im Unterrichtsgespräch über die Vor- und Nachteile historischer Tondokumente diskutiert werden. Die am Stundenbeginn aufgeworfene Frage, ob das Kräftemessen um Berlin nicht stellvertretend für ganz Deutschland gelten kann, soll abschließend von Schülern durch das erworbene Wissen beantwortet werden. Zudem sollen sie überlegen, wann der Satz Reuters „Völker der Welt, schaut auf diese Stadt" (Berlin) noch hätte gesagt werden können.

4.2.3.5 Die fehlgeschlagene Rede oder Reden, die die Republik bewegen – am Beispiel der Gedenkrede Philipp Jenningers (10.11.1988)

Historische Situation

Die Gedenkstunde des Deutschen Bundestages am 10. November 1988 aus Anlass der Pogrome gegen die jüdische Bevölkerung vom 9.11.1938 war mit großem Interesse erwartet worden. Diese Gedenkstunde traf in eine Zeit, da die sogenannte „Schlussstrichdebatte" die Historiker und weite Teile der Gesellschaft bewegte.

Philipp Jenninger (geb. 1932), dem als Bundestagspräsident die Aufgabe zukam, die Gedenkrede zu diesem Tag zu halten, erteilte der Forderung „mit der Vergangenheit endlich Schluss zu machen" eine deutliche Absage. Dennoch sollte seine Rede große Entrüstung hervorrufen. Im Gegensatz zu vielen Gedenkreden der 1980er Jahre wollte Jenninger mehr als das deutsche Schicksal beklagen, die verübten Verbrechen verurteilen und die deutsche Schuld eingestehen. Er wollte Antwort geben. Antwort auf die Frage: „Wie konnte es zu all dem Schrecken kommen?" Und Antwort auf die Frage: „Wie der Jubel der Deutschen über die von ihrem ‚Führer' vollbrachten Taten zu erklären sei."[31]

Die Rede Jenningers wollte bewusst andere Akzente setzen als die 1985 gehaltene Rede des Bundespräsidenten von Weizsäcker. Während Richard von Weizsäcker die Deutschen aufforderte, die Vergangenheit nicht nur aus der eigenen Perspektive, sondern mit den Augen des anderen, des leidenden Zeitgenossen, zu sehen, versuchte Jenninger zu erklären, wie es dazu kommen konnte, dass ein Volk einem Regime, wie es Hitler anführte, folgen konnte. Bei seiner Darlegung verwendete der Bundestagspräsident allerdings sprachliche Mittel wie rhetorische Fragen oder Zitate, die durch einen sprachlich unsauberen Vortrag als solche nicht deutlich wurden. So sprach er mit den Worten der Täter z.B. vom „‚Ungeziefer', von dem es sich durch ‚Ausmerzung' und ‚Vernichtung' zu befreien galt." Oder stellte Fragen wie, „hatten sie [die Juden] es nicht vielleicht sogar verdient, in ihre Schranken gewiesen zu werden?" Die Öffentlichkeit machte sich nach dieser misslungen vorgetragenen Rede gar nicht mehr die Mühe, diese in ihrer ganzen Intention zu betrachten. Der Parlamentspräsident, so die öffentliche Meinung, wolle die NS-Gewalttaten rechtfertigen. Noch schlimmer wog der Eindruck der Zuhörer, die sich durch den monotonen und gefühllosen Vortrag in die NS-Verbrechen hineingezogen fühlten: „Der Ankläger sah sich plötzlich in die Rolle des Verbrechers gedrängt. Und das war für einen Teil der Zuhörer

Abb. 39: Philipp Jenninger während der Rede am 10.11.1988

eine unerträgliche Herausforderung.“[32] Der Druck wurde so groß, dass Jenninger am Tag nach dieser Rede vom Amt des Bundestagspräsidenten zurücktrat.

Redebeispiel

Q1 „Querulantische Nörgler“
Rede des Bundestagspräsidenten Philipp Jenninger am 10. November 1988 im Deutschen Bundestag (CD: Tondokument Nr. 05)

> „Meine Damen und Herren! Die Juden in Deutschland und in aller Welt gedenken heute der Ereignisse vor 50 Jahren. Auch wir Deutschen erinnern uns an das, was sich vor einem halben Jahrhundert in unserem Land zutrug, und es ist gut, dass wir dies in beiden Staaten auf deutschem Boden tun; denn unsere Geschichte lässt sich nicht aufspalten in Gutes und Böses, und die Verantwortung für das Vergangene kann nicht verteilt werden nach den geographischen Willkürlichkeiten der Nachkriegsordnung. [...]
> Für das Schicksal der deutschen und europäischen Juden noch verhängnisvoller als die Untaten und Verbrechen Hitlers waren vielleicht seine Erfolge. Die Jahre von 1933 bis 1938 sind selbst aus der distanzierten Rückschau und in Kenntnis des Folgenden noch heute ein Faszinosum insofern, als es in der Geschichte kaum eine Parallele zu dem politischen Triumphzug Hitlers während jener ersten Jahre gibt.
> Wiedereingliederung der Saar, Einführung der allgemeinen Wehrpflicht, massive Aufrüstung, Abschluss des deutsch-britischen Flottenabkommens, Besetzung des Rheinlandes, Olympische Sommerspiele in Berlin, ‚Anschluss‘ Österreichs und ‚Großdeutsches Reich‘ und schließlich, nur wenige Wochen vor den Novemberpogromen, Münchener Abkommen, Zerstückelung der Tschechoslowakei – der Versailler Vertrag war wirklich nur noch ein Fetzen Papier und das Deutsche Reich mit einem Mal die Hegemonialmacht des alten Kontinents.
> Für die Deutschen, die die Weimarer Republik überwiegend als eine Abfolge außenpolitischer Demütigungen empfunden hatten, musste dies alles wie ein Wunder erscheinen. Und nicht genug damit: Aus Massenarbeitslosigkeit war Vollbeschäftigung, aus Massenelend so etwas wie Wohlstand für breiteste Schichten geworden. Statt Verzweiflung und Hoffnungslosigkeit herrschten Optimismus und Selbstvertrauen. Machte nicht Hitler wahr, was Wilhelm II. nur versprochen hatte, nämlich die Deutschen herrlichen Zeiten entgegenzuführen? War er nicht wirklich von der Vorsehung auserwählt, ein Führer, wie er einem Volk nur einmal in tausend Jahren geschenkt wird?
> Sicher, meine Damen und Herren, in freien Wahlen hatte Hitler niemals

eine Mehrheit der Deutschen hinter sich gebracht. Aber wer wollte bezweifeln, dass 1938 eine große Mehrheit der Deutschen hinter ihm stand, sich mit ihm und seiner Politik identifizierte? Gewiss, einige ‚querulantische Nörgler' wollten keine Ruhe geben und wurden von Sicherheitsdienst und Gestapo verfolgt, aber die meisten Deutschen und zwar aus allen Schichten: aus dem Bürgertum wie aus der Arbeiterschaft – dürften 1938 überzeugt gewesen sein, in Hitler den größten Staatsmann unserer Geschichte erblicken zu sollen. [...]

Und was die Juden anging: Hatten sie sich nicht in der Vergangenheit doch eine Rolle angemaßt – so hieß es damals –, die ihnen nicht zukam? Mussten sie nicht endlich einmal Einschränkungen in Kauf nehmen? Hatten sie es nicht vielleicht sogar verdient, in ihre Schranken gewiesen zu werden? Und vor allem: Entsprach die Propaganda – abgesehen von wilden, nicht ernstzunehmenden Übertreibungen – nicht doch in wesentlichen Punkten eigenen Mutmaßungen und Überzeugungen?

Und wenn es gar zu schlimm wurde, wie im November 1938, so konnte man sich mit den Worten eines Zeitgenossen ja immer noch sagen: ‚Was geht es uns an! Seht weg, wenn euch graust. Es ist nicht unser Schicksal.'

Meine Damen und Herren, Antisemitismus hat es in Deutschland – wie in vielen anderen Ländern auch – lange vor Hitler gegeben. Seit Jahrhunderten waren die Juden Gegenstand kirchlicher und staatlicher Verfolgung gewesen; der von theologischen Vorurteilen geprägte Antijudaismus der Kirchen konnte auf eine lange Tradition zurückblicken.

Um so dankbarer sind wir heute, dass die christlichen Konfessionen und die Juden seit dem Ende des Krieges zum Dialog gefunden haben und ihn offen und freundschaftlich miteinander führen.

Es gab auch andere Beispiele in der Geschichte: Preußen etwa, das nicht nur für französische Hugenotten, salzburgische Protestanten und schottische Katholiken, sondern eben auch für viele verfolgte Juden zur neuen Heimstatt wurde. Praktisch bis zu Hitlers Machtübernahme zeigte sich der deutsche Antisemitismus eher verhalten gegenüber der in Ost- und Südosteuropa herrschenden militanten Judenfeindschaft. [...]

Waren die Juden in früheren Zeiten für Seuchen und Katastrophen, später für wirtschaftliche Not und ‚undeutsche' Umtriebe verantwortlich gemacht worden, so sah Hitler in ihnen die Schuldigen für schlechthin alle Übel: Sie standen hinter den ‚Novemberverbrechern' des Jahres 1918, den ‚Blutsaugern' und ‚Kapitalisten', den ‚Bolschewisten' und ‚Freimaurern', den ‚Liberalen' und ‚Demokraten', den ‚Kulturschändern' und ‚Sittenverderbern', kurz sie waren die eigentlichen Drahtzieher und Verursacher allen militärischen, politischen, wirtschaftlichen und sozialen Unglücks, das Deutschland heimgesucht hatte.

Die Geschichte reduzierte sich auf einen Kampf der Rassen; zwischen Ariern und Juden, zwischen germanischen ‚Kulturspendern' und jüdischen ‚Untermenschen'. Die Rettung für das deutsche Volk und die endgültige Niederwerfung des Menschheitsverderbers konnten nur in der Erlösung der Welt vom jüdischen Blut als dem bösen Prinzip der Geschichte liegen. Das Gegenbild war der Krieger und Bauer, der in den Weiten des Ostens im steten Kampf gegen asiatische Horden die Grenzen des germanischen Kulturlandes immer weiter ausdehnte und gleichzeitig mittels Zucht und Veredelung die germanische Rasse in einsame Höhen hinaufmendelte. Noch als anderswo am Bau der Atombombe gearbeitet wurde, verkündeten Himmler und andere diese an Idiotie grenzenden Vorstellungen mit der ermüdenden Eintönigkeit von Geisteskranken.

Gleiches galt für Hitlers Zwangsvorstellung des schwarzhaarigen, hakennasigen Juden, der die weiße, blondgelockte germanische Frau mit seinem Blut schändet und damit für immer ihrem Volk raubt. Schon in ‚Mein Kampf' findet sich wieder und wieder diese Wahnvorstellung, die sich in einer endlosen Litanei über ‚Unzucht' und ‚Bastardisierung', ‚Vergewaltigung' und ‚Blutschande' bis in sein Testament hinein fortsetzt.

Das Elend der Kindheit, die Demütigungen der Jugend, die ruinierten Träume des gescheiterten Künstlers, die Deklassierung des stellungs- und obdachlosen Herumtreibers und die Obsessionen des sexuell Gestörten – das alles fand in Hitler ein Ventil: seinen unermesslichen und niemals endenden Hass auf die Juden. Der Wunsch, zu demütigen, zu schlagen, auszutilgen und zu vernichten, beherrschte ihn bis zum letzten Augenblick.

Mit dem Überfall auf die Sowjetunion bot sich die Möglichkeit, beides miteinander zu verbinden: die Eroberung von ‚Lebensraum' im Osten und die schon am 30. Januar 1939 öffentlich angedrohte ‚Vernichtung der jüdischen Rasse in Europa'. Bereits im Vorfeld des Ostfeldzuges zeichnete sich – Stichworte ‚Kommissarbefehl' und ‚Einsatzgruppen' – ein gigantisches Morden ab, das selbst das, was zuvor in Polen geschehen war, weit in den Schatten stellen musste. In den Monaten nach dem 22. Juni 1941 werden unter dem Vorwand der Partisanen- und Bandenbekämpfung Hunderttausende jüdischer Männer, Frauen und Kinder von hinter der Front tätigen Einsatzgruppen erschossen. Die ‚Endlösung' hat begonnen – lange bevor sie am 20. Januar 1942 auf der ‚Wannsee-Konferenz' aktenkundig wird. In der Folge entstehen die Fabriken des Todes; aus den ‚Gaswagen' werden Gaskammern und Verbrennungsöfen, während die Erschießungen weitergehen. Den unschuldigen Opfern wird selbst der Scharfrichter verweigert; die Täter ersetzen den Henker durch die ins Monströse gesteigerten, industrialisierten Methoden des Kammerjägers – getreu ihrer Sprache, es gelte ‚Ungeziefer auszutilgen'. [...]

Viele Deutsche ließen sich vom Nationalsozialismus blenden und verführen. Viele ermöglichten durch ihre Gleichgültigkeit die Verbrechen. Viele wurden selbst zu Verbrechern. Die Frage der Schuld und ihrer Verdrängung muss jeder für sich selbst beantworten.
Wogegen wir uns aber gemeinsam wenden müssen, das ist das Infragestellen der historischen Wahrheit, das Verrechnen der Opfer, das Ableugnen der Fakten. Wer Schuld aufrechnen will, wer behauptet, es sei doch alles nicht so – oder nicht ganz so – schlimm gewesen, der macht schon den Versuch, zu verteidigen, wo es nichts zu verteidigen gibt.
Solche Bemühungen laufen nicht nur tendenziell auf eine Verleugnung der Opfer hinaus – sie sind auch ganz sinnlos. Denn was immer in der Zukunft geschehen oder von dem Geschehenen in Vergessenheit geraten mag: An Auschwitz werden sich die Menschen bis an das Ende der Zeiten als eines Teils unserer deutschen Geschichte erinnern.
Deshalb ist auch die Forderung sinnlos, mit der „Vergangenheit endlich Schluss" zu machen. Unsere Vergangenheit wird nicht ruhen, sie wird auch nicht vergehen. Und zwar unabhängig davon, dass die jungen Menschen eine Schuld gar nicht treffen kann. Renate Harpprecht, eine Überlebende von Auschwitz, hat dazu gesagt:
‚Man kann sich sein Volk nicht aussuchen. Ich habe mir damals manchmal gewünscht, nicht Jüdin zu sein, dann bin ich es aber in sehr bewusster Weise geworden. Die jungen Deutschen müssen akzeptieren, dass sie Deutsche sind – aus diesem Schicksal können sie sich nicht davonstehlen.'
Sie wollen sich, meine Damen und Herren, auch nicht davonstehlen. Sie wollen vielmehr von uns wissen, wie es dazu kam, wie es dazu kommen konnte. So nimmt die Beschäftigung mit den nationalsozialistischen Verbrechen trotz des wachsenden zeitlichen Abstandes zu den Ereignissen nicht ab, sondern gewinnt an Intensität. Auch für die Psyche eines Volkes gilt, dass die Verarbeitung des Vergangenen nur in der schmerzlichen Erfahrung der Wahrheit möglich ist. Diese Selbstbefreiung in der Konfrontation mit dem Grauen ist weniger quälend als seine Verdrängung.
‚Aus der Vergangenheit für die Zukunft zu lernen, ist das Verlangen vieler. Schon zu erkennen, was war, um zu verstehen, was ist, und zu erfassen, was sein wird, das scheint doch die Aufgabe zu sein, die der Geschichtserkenntnis zugeschrieben wird.' Diese Sätze schrieb im Mai 1946 Leo Baeck, der dem Tod im Konzentrationslager Theresienstadt entronnen war.
Meine Damen und Herren, die Erinnerung wachzuhalten und die Vergangenheit als Teil unserer Identität als Deutsche anzunehmen – dies allein verheißt uns Älteren wie den Jüngeren Befreiung von der Last der Geschichte. [...]
Lassen wir niemals wieder zu, dass unserem Nächsten die Qualität als

Mensch abgesprochen wird. Er verdient Achtung; denn er trägt wie wir ein menschliches Antlitz."

Zit. n.: http://www.mediaculture-online.de/fileadmin/bibliothek/jenninger_rede/jenninger_rede.html (Stand: 26.11.2007)

Didaktische Potenziale

Bevor die Leistungen beschrieben werden sollen, muss eingeräumt werden, dass die Rede in ihrer vollen Länge (ca. 45 Minuten) den Rahmenbedingungen des Unterrichtes in der Sekundarstufe I nicht entspricht. Da die Rede, um Fehlschlüsse zu vermeiden, aber nur durch das Hören längerer Ausschnitte erfasst werden kann, wird der Einsatz in der Kursstufe speziell im Leistungskurs empfohlen. Werden in der Sekundarstufe I Ausschnitte dieser „fehlgeschlagenen Rede" verwendet, muss der Lehrer unbedingt die wahren Anliegen Jenningers erläutern. Eine Nähe zum Nationalsozialismus kann man Jenninger nicht vorwerfen.

Die Arbeit mit der Rede des ehemaligen Bundestagspräsidenten ermöglicht eine Auseinandersetzung mit vergangener und gegenwärtiger Geschichtskultur. Die Rede sollte dem Publikum von 1988 Orientierung geben. Orientierung auf die Frage, wie es zum Pogrom gegen jüdische Menschen kommen konnte. Die Ursachen sah Jenninger u.a. darin, dass sich die Deutschen von den Erfolgen Hitlers blenden ließen. Das Nationalgefühl, so seine Ausführungen, war viel tiefer in der deutschen Seele verwurzelt als parlamentarische, liberale oder demokratische Tugenden. Auch der Antisemitismus fand sich in den Einstellungen der Deutschen, lange bevor ihn Hitler zur Perversion trieb. Die Schülerinnen und Schüler erkennen, dass das Ziel, „Antwort zu geben", nicht erreicht wurde. Sie verstehen, dass falsch betonte rhetorische Fragen, nicht korrekt ausgewiesene Zitat sowie oratorische Fehlgriffe jeder noch so guten inhaltlichen Argumentation entgegenwirken. Gleiches gilt für ein schnelles und monotones Sprechtempo.

Der Zugewinn an Wissen über wirkungsvolles Reden wird ergänzt durch die Möglichkeit des Ausbaus geschichtsdidaktischer Kompetenzen. Nicht nur die Gattungs- und Interpretationskompetenz werden gefördert, auch die narrative und die geschichtskulturelle Kompetenz können erweitert werden. Die Schülerinnen und Schüler erkennen, dass Jenninger zeitdifferente Ereignisse durch Sinnbildung verbindet, dabei aber eher den Eindruck der Rechtfertigung, als den der Darstellung oder Erklärung vermittelt. Hinsichtlich der Geschichtskultur ermöglicht das methodische Vorgehen die Einsicht, dass Gedenkreden stets Quellen der Geschichtskultur einer Epoche sind.[33] Nicht zuletzt sollen die Lernenden über die heutige Gedenkkultur diskutieren und so zu einer reflektierten Meinung über den gegenwärtigen Umgang mit dem „Erbe des Nationalsozialismus" gelangen.

Methodische Vorschläge

Der Einstieg in die Doppelstunde erfolgt problemorientiert durch eine gegenwartsbezogene Diskussion über die „Erinnerungskultur der Deutschen" bezüglich der nationalsozialistischen Vergangenheit. Als aktuelles Beispiel könnte eine jüngst gehaltene Gedenkrede zu diesem Problemfeld oder anhaltende Diskussionen um das Berliner Holocaust-Mahnmal dienen.

Davon ausgehend informiert die Lehrkraft über die Aufarbeitungsdebatten der 1980er Jahren in Westdeutschland. Beispielsweise kann an den „Historikerstreit" (Nolte contra Habermas) oder die Gedenkreden von Weizsäcker oder Jenninger erinnert werden. Auch ein Vergleich mit der Haltung der DDR zu einer „Aufarbeitung der faschistischen Vergangenheit" ist möglich. Die Lehrerin bzw. der Lehrer erläutert, dass es Ziel der Stunde sei, sich mit einer Rede aus dieser Zeit intensiver zu befassen.

Nachdem die Lehrkraft die näheren Umstände der „Jenniger-Rede" (Anlass, Datum, Ort, Zuhörer) bekannt gegeben hat, werden den Schülern Tonausschnitte der Rede vorgespielt (ca. 20 Min). Beobachtungsaufgaben sind:

- Erklären Sie die Anliegen, welche Philipp Jenninger mit der Rede verfolgte.
- Beschreiben Sie, wie er versuchte, diese zu erreichen.
- Stellen Sie dar, wie die Rede auf die Zuhörer wirkte.
- Diskutieren Sie, warum es zu Missverständnissen bezüglich der Absicht des Redners und der Wirkung auf die Zuhörer kam.

Ohne Diskussion werden die Lernenden aufgefordert, in einem kurzen Essay ihre Eindrücke von der Jenninger-Rede niederzuschreiben. Anschließend werden einige dieser Produkte vorgelesen und zum Ausgangspunkt für die Interpretation genommen.

Die Interpretation der Rede darf nicht oberflächlich sein. Sie muss – entsprechend dem entworfenen Interpretationsmodell (vgl. S. 57) – den Quellenwert, die Situation, die Absichten des Redners, die Reaktionen des Publikums und den historischen Wert der Quelle herausarbeiten. Dabei müssen die Informationen aus der Betrachtung der inhaltlichen und akustischen Ebene miteinander verknüpft werden. Natürlich muss bei der Interpretation den sprachlichen Missgriffen Jenningers und den daraus folgenden Fehleindrücken höchste Priorität zukommen. Die Schüler müssen erkennen, dass die rhetorische Strategie der „erlebten Rede" nur dann aufgeht, wenn man ihr sprachlich gewachsen ist. Die

Sicherung der Interpretationsergebnisse erfolgt im Hefter. Am Ende der Doppelstunde wird zusammengefasst, welches Vorgehen Jenninger im Umgang mit der deutschen Vergangenheit einforderte.

In der nächsten Stunde könnten sich Schülervorträge zur Rede des Bundespräsidenten Richard von Weizsäcker (evtl. mit Ton- oder Filmdokument) und zum Historikerstreit von 1986 anschließen. Zusammenführend findet ein Unterrichtsgespräch über die verschiedenen Vorschläge im Umgang mit der Vergangenheit statt. Es wird diskutiert, welche „Gedenkkultur" sich gegenwärtig „durchsetzt" und warum.

4.2.3.6 „Tonprotokolle als historische Quellen" – am Beispiel der 10. und 12. Tagung des Zentralkomitees der SED im Herbst 1989

Historische Situation

Unter dem Druck anhaltender Massenproteste und einer massiven Ausreisewelle entmachteten Politbüro und Zentralkomitee (ZK) der SED am 17. und 18. Oktober 1989 Generalsekretär Erich Honecker. Doch statt der erhofften Stabilisierung der SED-Diktatur unter Nachfolger Egon Krenz begann der rapide Machtverfall der Partei.

Im Herbst 1989 trat das Zentralkomitee unter dem Druck der Ausreisewelle, der Massendemonstrationen und des wachsenden Unmuts der Basis viermal zusammen. Auf der 9. Tagung des ZK (18.10.1989) nahm Erich Honecker seinen erzwungenen Rücktritt. Die 10. Tagung (8.-10.11.1989) war überschattet von der Grenzöffnung und geprägt von der Diskussion um das „Aktionsprogramm", mit dem die SED-Spitze die Initiative des politischen Handelns zurückgewinnen wollte. In der 11. Tagung (13.11.1989) wurde ein außerordentlicher Parteitag der SED einberufen mit dem Ziel der Neuwahl des Politbüros. Die letzte Sitzung des ZK am 3. Dezember 1989 endete – wie die des Politbüros – mit dessen Selbstauflösung. Zuvor fanden dramatische Diskussionen um die Zukunft der SED statt, die die ausweglose Situation der „Genossinnen und Genossen" verdeutlichen.[34]

Die Tonprotokolle des ZK unterlagen zu DDR-Zeiten strengster Geheimhaltung, eine Veröffentlichung nach einer etwaigen Sperrfrist war niemals vorgesehen. Über das Zentrale Parteiarchiv der SED gelangten die Tonprotokolle 1992 in den Besitz des Bundesarchivs und sind heute öffentlich zugänglich.

Redebeispiele

Q1 Rücktrittserklärung Erich Honeckers – Staats- und Parteichef der DDR – vom 18. Oktober 1989 (CD:Tondokument Nr. 06a)

Abb. 40: Erich Honecker (1989)

„Liebe Genossinnen und Genossen!
Nach reichlicher Überlegung und im Ergebnis der gestrigen Beratungen im Politbüro bin ich zu folgendem Entschluss gekommen: Infolge meiner Erkrankung und nach überstandener Operation erlaubt mir mein Gesundheitszustand nicht mehr den Einsatz an Kraft und Energie, den die Geschicke der Partei und des Volkes heute und künftig verlangen. Deshalb bitte ich das Zentralkomitee (ZK), mich von der Funktion des Generalsekretärs des ZK, vom Amt des Vorsitzenden des Staatsrates der DDR und von der Funktion des Vorsitzenden des Nationalen Verteidigungsrates der Deutschen Demokratischen Republik zu entbinden.
Dem Zentralkomitee und der Volkskammer sollte Genosse Egon Krenz vorgeschlagen werden, der fähig und entschlossen ist, der Verantwortung und dem Ausmaß der Arbeit so zu entsprechen, wie es die Lage, die Interessen der Partei und des Volkes und die alle Bereiche der Gesellschaft umfassenden Vorbereitungen des XII. Parteitages erfordern.
Liebe Genossen! Mein ganzes bewusstes Leben habe ich in unverrückbarer Treue zur revolutionären Sache der Arbeiterklasse und zu unserer marxistisch-leninistischen Weltanschauung der Errichtung des Sozialismus auf deutschem Boden gewidmet. Die Gründung und erfolgreiche Entwicklung der sozialistischen Deutschen Demokratischen Republik, deren Bilanz wir am 40. Jahrestag gemeinsam gezogen haben, betrachte ich als die Krönung des Kampfes unserer Partei und meines eigenen Wirkens als Kommunist.

Dem Politbüro, dem Zentralkomitee, meinen Kampfgefährten in der schweren Zeit des antifaschistischen Widerstandes, den Mitgliedern der Partei und allen Bürgern unseres Landes danke ich für jahrzehntelanges, gemeinschaftliches und fruchtbares Handeln zum Wohle des Volkes.
Meiner Partei werde ich auch in Zukunft mit meinen Erfahrungen und mit meinem Rat zur Verfügung stehen.
Ich wünsche unserer Partei und ihrer Führung auch weiterhin die Festigung ihrer Einheit und Geschlossenheit und dem Zentralkomitee weiteren Erfolg. Erich Honecker.“ *(Beifall)*

Zit. nach: Hertel, Hans-Hermann / Stephan, Gerd-Rüdiger (Hrsg.): Das Ende der SED. Die letzten Tage des Zentralkomitees, 3. Aufl., Berlin 1997, S. 103f.

Q 2 Christa Hermann – 1. Sekretärin der SED-Kreisleitung Reichenbach im Vogtland – über die Versorgungsprobleme in ihrem Kreis auf der 10. Tagung des ZK der SED am 9.11.1989 (CD: Tondokument 06b)

„[...] Die Menschen des Kreises fordern eine Neuregelung des Verteilungsprinzips von Waren in unserem Land. Es darf nicht sein, dass bei uns Bürger auf Waren Jahre warten müssen und diese Konsumgüter in anderen Bezirken zum Beispiel zum ständigen Angebot gehören. In gleicher Weise ist es unreal zu fordern, dass sich jeder Bezirk und Kreis zum Beispiel mit Gemüse selbst zu versorgen hat. Blumenkohl und Gurken wachsen nun einmal in anderen Gebieten unserer Republik besser als in unserem Vogtland, und hier gilt auch wieder die Losung: ‚Territorium, hilf dir selbst!‘ Die Beziehungen zwischen Groß- und Einzelhandel müssen generell überprüft werden. Die Gängelei des Großhandels gegenüber dem Einzelhandel muss aufhören. Es ist eine Überarbeitung der Preis- und Subventionspolitik notwendig. Die bezirksgeleiteten Kombinate, vor allem für die Lebensmittelindustrie, betrachten wir aus der Erfahrung heraus als überholt und zusätzlichen Verwaltungsaufwand. Bei uns im Kreis haben sie nichts, absolut nichts nach vorn gelöst.

Zit. nach: Hertel, Hans-Hermann / Stephan, Gerd-Rüdiger (Hrsg.): Das Ende der SED. Die letzten Tage des Zentralkomitees, 3. Aufl., Berlin 1997, S. 248f.

Q 3 Günter Ehrensperger – Leiter Abteilung Finanzen des ZK – zur Situation der DDR-Wirtschaft auf der 10. Tagung des ZK der SED am 10. November 1989 (CD: Tondokument 06c)

„[...] Wenn man die Sache mit einem Satz charakterisieren will, warum wir heute in dieser Situation sind, dann muss man ganz sachlich sagen, dass wir mindestens seit 1973 Jahr für Jahr über unsere Verhältnisse gelebt haben und uns etwas vorgemacht haben. Es wurden Schulden mit neuen Schulden bezahlt. Die Zinsen sind gestiegen, und heute ist es so, dass wir einen beträchtlichen Teil von *mehreren Milliarden Mark* jedes Jahr für Zinsen zahlen müssen. Und wenn wir aus dieser Situation herauskommen wollen, müssen wir 15 Jahre mindestens hart arbeiten und weniger verbrauchen als wir produzieren." [...]

Zit. nach: Hertel, Hans-Hermann / Stephan, Gerd-Rüdiger (Hrsg.): Das Ende der SED. Die letzten Tage des Zentralkomitees, 3. Aufl., Berlin 1997, S. 364

Q 4 Gerhard Schürer – Vorsitzender der staatlichen Plankommission – zur Überschuldung der DDR auf der 10. Tagung des ZK der SED am 10. November 1989 (CD: Tondokument 06d)

„Liebe Genossinnen und Genossen! Mit dem sozialpolitischen Programm 1971, das – so muss ich sagen – so große und positive Wirkungen hatte, wurde die Weiche, wenn damals auch nur um Zentimeter, in die falsche Richtung gestellt. Von da an aber fuhr der Zug von den Realitäten weg, und zwar immer schneller. Wir hatten damals eine Milliarde Dollar Verpflichtungen, und Egon Krenz hatte mitgeteilt, dass wir zur Zeit 20 Milliarden Dollar haben.

Unsere warnende Stimme damals war viel zu schwach, und die Reaktion darauf war sehr prinzipiell. Im Februar 1972 sagte Erich Honecker im Politbüro – und ich zitiere hier aus Aufzeichnungen des Genossen Walter Halbritter: „Wir haben nicht die Absicht, die Schulden der DDR in zwei Jahren zurückzuzahlen. Wenn die Regierung und die Staatliche Planungskommission so arbeiten, dann torpedieren sie die Beschlüsse des VIII. Parteitages." Wir haben dann lange Zeit und zu lange geschwiegen. 1973 gab es eine Reihe Informationen, über die Genosse Ehrensperger berichtet hat, die richtig sind. Seit dieser Zeit gibt es auch eine monatliche Information an das Politbüro über die Entwicklung der Verschuldung in der Zahlungsbilanz. Ich habe im Jahr 1976 dann begonnen, diese Frage wieder als dringende Frage aufzurufen. Sicher auch dann noch nicht mit der notwendigen Konsequenz.

Im Jahre 1976 haben wir das erste Mal mit sehr großem Ernst dem Generalsekretär, Genossen Erich Honecker, ein Material gegeben, dass die Sicherung der Zahlungsfähigkeit erfordert, Änderungen in der Wirtschaftspolitik und auch restriktive Maßnahmen durchzuführen. Wir haben das damals nicht beschlossen bekommen, es wurde abgelehnt, und wir wurden beauftragt, Reserven zu mobilisieren, um diese Frage zu lösen." [...]

Zit. nach: Hertel, Hans-Hermann / Stephan, Gerd-Rüdiger (Hrsg.): Das Ende der SED. Die letzten Tage des Zentralkomitees, 3. Aufl., Berlin 1997, S. 382f.

Q 5 Werner Jarowinsky – Politbüromitglied – zur Politik der Überschuldung in der Ära Honecker auf der 10. Tagung des ZK der SED am 10. November 1989 (CD: Tondokument 06e)

„[...] Nun eine Bemerkung dazu, Genossen. Was hätte man anders machen können? Zauberformeln gibt es nicht. Es war die Angst und die Furcht vor solch rigorosen Eingriffen, die, wie in Polen, eine solche Lage hätten schaffen können, das Absinken des Lebensstandards und die Angst, vor dem Volk diese Konsequenzen offen darzulegen und das Volk um Mithilfe zu bitten und nachzudenken, die besten Köpfe unseres Landes, welche Wege man suchen kann unter diesen Bedingungen.“ [...] *(Unverständliche Zurufe).*

Zit. nach: Hertel, Hans-Hermann / Stephan, Gerd-Rüdiger (Hrsg.): Das Ende der SED. Die letzten Tage des Zentralkomitees, 3. Aufl., Berlin 1997, S. 391

Q 6 Bernhard Quandt – Mitglied des Staatsrates und des ZK der SED – auf der letzten Sitzung des Zentralkomitees vom 3. Dezember 1989 (CD: Tondokument 06f)

(Weinend) „Liebe Genossen! Mir fällt es schwer, hier und heute vor dem Zentralkomitee aufzutreten, wo gesagt worden ist, dass unsere Partei, unsere ruhmreiche Partei, in Gefahr ist, sich aufzulösen. Das fällt mir sehr schwer zu begreifen. Ich bin mit 16 Jahren Mitglied des Metallarbeiterverbandes geworden, Mitglied der Sozialistischen Jugend, ein Jahr Mitglied der Sozialdemokratischen Partei und ’22 als Mitglied in die Kommunistische Partei Deutschlands in Hamburg eingetreten. Und seit dieser Zeit ehrlich gekämpft, immer als Einzelkämpfer in Mecklenburg, manchesmal, wenn ich an die Fürstenabfindung denke, in weiten Kreisen einzeln gegen die ganze Bande von Konterrevolutionären aufgetreten. Und jetzt soll es mit der Partei zu Ende sein? Das darf nicht sein, Genossen! Das darf nicht sein! Das Zentralkomitee muss so stark sein, dass aus ihrer Mitte ein neues Politbüro entsteht, das mit der Verbrecherbande des alten Politbüros, entschuldigt, Genossen, nichts zu tun hat!
Wir haben im Staatsrat die Todesstrafe aufgehoben, ich bin dafür, dass wir sie wieder einführen und dass wir die alle standrechtlich erschießen, die unsere Partei in eine solche Schmach gebracht haben, dass die ganze Welt vor einem großen, einem solchen Skandal steht, den man noch niemals gesehen hat. Ich sehe vor mir, liebe Genossen 30 000 Menschen, die sind standrechtlich vom Volksgerichtshof, vom Blutgericht Freisler, verurteilt worden, und 30 000 Menschen sind aufrechten Ganges unters Fallbeil gegangen, und wir stehen als Zentralkomitee einer solchen Verbrecherbande als Gefolgschaft hintereinander. Das will mir nicht in den Kopf. Darum

bin ich gestern Nachmittag, nachdem ich erwacht bin, in Weinkrämpfe verfallen. Das ist nicht möglich! Ich bin ehrlich. Ich habe ein weißes Hemd in jedem Fall an. Nirgends habe ich mir etwas angeeignet. Immer habe ich für die Partei, für die Ziele der Befreiung der Arbeiterklasse gekämpft. Und alle werden sehen: Das werde ich in Zukunft auch tun, und ich denke, dass das schon soweit ist.

Mir gefällt einiges nicht. Da gibt es einige Historiker, die 1960 oder 1970 geboren sind, die fangen jetzt sogar an, die machen sich sogar an Ernst Thälmann heran. [...] Ich habe die Geschichte miterlebt [...] Dass jetzt Historiker kommen und gehen bis daran, anstatt vorwärts zu gehen, der Partei neue Wege zu weisen, wie man ehrlich weiterkämpft, fangen sie an, solche Geschichten aufzurühren bis zum Allerheiligsten. Thälmann, der elfeinhalb Jahre in Einzelhaft gesessen hat und dann meuchlings ermordet wurde. Ich kann das nicht verstehen, dass es sogar in unserer Presse erscheint. Aber die Medien sind ja so frei; jeder Redakteur kann ja schreiben, was er will. *(Zuruf: ‚Sehr richtig.')*

Ich möchte so fragen, liebe Genossen! Ich habe gestaunt in der Volkskammer, ich habe nicht gewagt, weil ich auf dem Sitz des Staatsrates sitze, sonst hätte ich ja wie der andere von den Goldklumpen gesprochen, die in Genf in der Schweiz sein sollen, vom Platin und so weiter.[35] Ich hätte ihn gefragt: Ist das ein Gerücht, oder wissen Sie etwas Bestimmtes? Bestimmt verbreitet er Gerüchte mit bewusst! Und das sind die Konterrevolutionäre, die nicht gegen einzelne Führer, sondern die gegen die Partei der Arbeiterklasse angehen, die den Bauern-und-Arbeiterstaat zerschlagen wollen. Und dagegen muss man sich wehren. [...]

Ich habe neulich ja Werner Jarowinsky [Politbüromitglied] schon entgegengerufen: Du machst es dir zu leicht, du bist doch jahrelang dort gewesen. Du musst das doch gewusst haben. Warum erzählst du das uns erst jetzt? [...] Dann wäre das anders gekommen! Dann hätten wir das Politbüro damals abgelöst. Dann wäre das Zentralkomitee sauber dagestanden. Jetzt sind wir alle mit beschmutzt. Aber dagegen wehre ich mich! Ich bin nicht beschmutzt! Ich habe mit den Verbrechern nichts gemein! [...]

Ich bin zumindestens, liebe Genossen, bin ich noch der Meinung, dass soviel Intelligenz in unserem Zentralkomitee sitzt, die innerhalb zwei Stunden einen Aufruf an die Arbeiter und Bauern und an die Intelligenz unseres Landes verfasst, vom letzten Zentralkomitee aus, und sich reinwäscht in allen Fragen und neu vors Volk hintritt und das Volk und unsere Genossen mobilisiert, die jetzt machtlos sind. [...]

„Und dann kriege ich einen telefonischen Anruf neben all den Dingen, ob ich zu Hause bin. – Jawohl, ich bin von Berlin zurück. – Ja, es kommt ein Genosse zu dir, der hat einen besonderen Auftrag. – Und der Genosse, das ist ein junger Genosse, ich weiß gar nicht, wer das ist. Der sagt: Genosse Quandt, ich soll die persönliche Waffe, die Sie haben, von Ihnen abholen. – Und ich habe ihm gesagt: Bestell dem Genossen Schwanitz [Stellvertreter des Ministers für Staatssicherheit] einen schönen Gruß von mir, die persönliche Waffe kriegst Du von mir im Zentralkomitee – (schlägt dabei mehrfach auf das Rednerpult) – die ich bisher zur Verteidigung der Revolution benutzt habe, kriegst Du von mir im Zentralkomitee persönlich ausgehändigt. Danke schön." [...]

Zit. n.: Hertel, Hans-Hermann / Stephan, Gerd-Rüdiger (Hrsg.): Das Ende der SED. Die letzten Tage des Zentralkomitees, 3. Aufl., Berlin 1997, S. 469-471

Didaktische Potenziale

Die Tonbandprotokolle der letzten Sitzungen des Zentralkomitees – des *formell h*öchsten SED-Beschlussorgans zwischen den Parteitagen – sind eindrucksvolle Zeugnisse der Handlungsunfähigkeit der SED-Führung. Sie geben Einblick in den innersten Führungszirkel der SED und zeigen die teilweise drastischen Konfrontationen unter den Führungskadern. Ein weiteres Potenzial der Tondokumente dieser Stunde besteht darin, dass von ihnen etwas Geheimnisvolles ausgeht. Der Lehrerin bzw. dem Lehrer fällt die Aufgabe zu, dies zu vermitteln.

Durch den Einsatz der Tonprotokolle erkennen die Schülerinnen und Schüler die Bedeutung akustischer Medien. Tondokumente geben ein lebendiges Bild von der Redesituation wieder und ermöglichen damit eine realistischere Auseinandersetzung und Interpretation mit dem historischen Sachverhalt. Sie erkennen im Verlauf des Unterrichts, dass mit gedruckt vorliegenden Reden bisweilen ganz andere Beurteilungen der Situation entstehen können als bei vertonten Reden. Gerade das Sprachverhalten und die Gemütsverfassung des Redners sowie die akustischen Reaktionen der Zuhörer sind wichtige Kennzeichen für die Interpretation einer Rede.

Das methodische Vorgehen hat zum Ziel, den Lernenden die Fähigkeiten und Kenntnisse zu vermitteln, die sie zur Interpretation von Tonprotokollen benötigen. Sie erkennen die Potenziale dieser Gattung und sind aufgefordert, dem Tondokument konzentriert zu folgen. Das Anfertigen von Stichwortzetteln zu den Inhalten einer Rede erleichtert nicht nur den weiteren Unterrichtsverlauf, sondern ist gleichzeitig eine Übung für das spätere Leben der Schülerinnen und Schüler.

Methodische Vorschläge

Unter Berücksichtung der Anforderungen an die einzelnen Schulstufen, kann das nachfolgende Unterrichtsbeispiel in der 10. Klasse bzw. in der

Kursstufe durchgeführt werden. Der zeitliche Umfang beträgt 2 Unterrichtsstunden. Die Unterrichtsplanung ermöglicht aber auch eine voneinander unabhängige Durchführung der beiden Stunden.

1. Stunde: Die Stunde baut auf das Wissen der Schülerinnen und Schüler über das Leben in der DDR in den 1970er und 1980er Jahren auf. Beim Einstieg in die Stunde wird der Lerngruppe das Tondokument vorgespielt, in der Erich Honecker seine erzwungene Rücktrittserklärung verliest. Die Lerngruppe erhält den Auftrag, darauf zu achten, wie der Vortrag der Rede und die Stimme Honeckers wirken. Ferner sollen sie sich Stichpunkte dazu machen, worum er das Zentralkomitee bittet und welche Gründe er für diesen Schritt anführt.

Ausgehend vom bereits erworbenen Wissen über die Probleme der DDR äußern die Schülerinnen und Schüler weitere Gründe, die zum Machtwechsel geführt haben, und erkennen, dass die SED durch den Sturz Honeckers den Machtverfall aufhalten wollte.

Ein wichtiger Grund für den Rücktritt war neben den Massendemonstrationen und Massenfluchten, die katastrophale Wirtschafts- und Versorgungslage, die mit einer immer größer werdenden Staatsverschuldung einherging. In Diskussionsbeiträgen der 10. Tagung von Christa Hermann (1. Sekretärin der Kreisleitung Reichenbach/V.), Günter Ehrensperger (Leiter Abteilung Finanzen des ZK), Gerhard Schürer (Vorsitzender der staatlichen Plankommission) und Werner Jarowinsky (Politbüromitglied) wird dies deutlich. Beim Hören der Redeausschnitte sind die Lernenden aufgefordert, sich vorzustellen, bei der Sitzung anwesend zu sein. Aufgabe ist es, Mitschriften über die Beiträge der Redner anzufertigen. Besonders ist darauf zu achten, welche Probleme bezüglich der Versorgung beschrieben werden, wo man die Gründe für die marode Wirtschaft sieht und wie es 1989 um die Finanzlage der DDR stand. Anschließend sollen die Schülerinnen und Schüler mit Hilfe ihrer Aufzeichnungen über die Diskussion berichten und ihre eigene Meinung zur Politik der „Einheit von Wirtschafts- und Sozialpolitik" formulieren.

2. Stunde: Der Lerngruppe wurde bereits verdeutlicht, dass die Mitglieder des Zentralkomitees in den Herbsttagen 1989 eine längst überfällige und verspätete Diskussion über die Probleme der DDR führten. Die Lehrkraft berichtet, dass der Machtverfall der SED sich nach der „Grenzöffnung" fast stündlich beschleunigte. Die ausweglose Situation und das Misstrauen der SED-Führung untereinander führten zur Selbstauflösung des Politbüros und des ZK der SED am 3. Dezember 1989.

Den Schülerinnen und Schülern werden insgesamt sechs Tondokumente vorgespielt. Die Höraufgaben bestehen darin, zu erkennen:

- in welcher historischen Situation die letzte Sitzung des ZK stattfand,
- wie die Genossen sich in der Öffentlichkeit zu den gefälschten Kommunalwahlen zu verhalten haben,
- welche Taktik für den kommenden Volkskammerwahlkampf vorgeschlagen wurde,
- welche Forderungen Bernhard Quandt formulierte und wie dessen emotionaler Ausbruch vor dem Hintergrund seiner Biographie zu verstehen ist.

Anschließend sollen die Schülerinnen und Schüler unter dem Eindruck des Gehörten und der Höraufträge über die letzte Sitzung des ZK berichten. Dabei sollen sie unterscheiden zwischen ihren Höreindrücken und den Gefühlen der anwesenden SED-Mitglieder. Besonderer Wert muss bei der Interpretation auf die sehr emotional geführte Diskussion gelegt werden. Die Auswertung des Features erfolgt im Unterrichtsgespräch. Eine andere Variante der Ergebnissicherung erfolgt durch die Aufforderung, einen fiktiven Tagebucheintrag eines damals anwesenden ZK-Mitgliedes über die Inhalte der Debatte zu verfassen.

In der Auswertung muss besonders auf den grotesken Redebeitrag Bernhard Quandts (1903–1999) eingegangen werden. Der „Kommunist der ersten Stunde", der sein „ganzes Leben dem Aufbau des Sozialismus diente" trat weinend ans Mikrophon und fordert die Abrechnung mit den „Verbrechern des alten Politbüros" und deren Erschießung. „Mit seinen die Anwesenden beeindruckenden und zugleich peinlich berührenden Ausführungen zur Abgabe seiner persönlichen Waffe, die er bisher zur „Verteidigung der Revolution" benutzt habe, versinnbildlichte er den Zustand des ZK in seiner bedingungslosen Kapitulation."[36]

4.3 Historische Reden als Filmdokumente

4.3.1 Allgemeine didaktische und methodische Aspekte

Bei Reden, die als Filmdokument im Unterricht eingesetzt werden, kommt neben der inhaltlichen und auditiven Komponente noch eine dritte, die visuelle Komponente hinzu. Zusätzlich zu den Vorzügen, die bereits bei den Tondokumenten (vgl. S. 104 ff.) beschrieben wurden, können durch Filmdokumente weitere wichtige Zusatzinformationen wahrgenommen werden. Gestik und Mimik, Vortrag und Umgebung beeinflussen nun die Interpretation positiv. Auf der anderen Seite wird bei Filmdokumenten „die Konzentration auf das gesprochene, authentische Wort deutlich gemindert, denn vielfältige Informationen werden nur mehr oder minder wahrgenommen".[37]

Der Einsatz von Filmen spielt im Geschichtsunterricht eine vergleichsweise untergeordnete Rolle. Dies ist erstaunlich, kann doch durch dieses Medium an die Mediengewohnheiten der Schülerinnen und Schüler angeknüpft werden.[38] Im gegenwärtigen Geschichtsunterricht werden Filme aller Art vorwiegend zur Illustration eingesetzt. Damit werden sie aber nur im begrenzten Maße dem quellenorientiertem Unterricht gerecht. Filme sind nicht nur schmückendes Beiwerk am Beginn oder Ende einer Unterrichtseinheit, sondern Quellen des historischen Lernens, Massenmedium und als solches Produzent von Geschichtsbewusstsein sowie Mittel der Medienerziehung.

Während dieses Medium bei den Schülerinnen und Schülern große Wertschätzung genießt, sieht das bei den Lehrkräften nicht immer so aus. Gründe für die Beliebtheit sind, dass dieses Medium den Lernenden hinlänglich vertraut ist und dass sie es in ihrer Freizeit häufig im Überfluss konsumieren. Zudem werden schwierige Sachverhalte durch die Anschaulichkeit leichter verständlich, intellektuelle Fähigkeiten sind nicht Voraussetzung, und die Filmkommentare ersetzen die Eigenleistung der Lerngruppe.[39] Trotz dieser teilweise dem historischen Lernen wenig förderlichen Faktoren gibt es kein Medium, „das hinsichtlich seiner Intensität, seiner Faszination, Suggestivität, Ausdrucksstärke und

Abb. 41: Christa Wolf bei ihrer Rede auf dem Alexanderplatz in Berlin am 4. November 1989

Erlebnisqualität, aber auch seiner Genauigkeit und Realitätsnähe dem Film gleichkäme."[40]

Diese Vorzüge des Filmeinsatzes kommen der Analyse und Interpretation von Reden entgegen. Mimik und Gestik, Spracheinsatz und Körpersprache, Publikum und Ort sind zentrale Faktoren der Rede und können durch Filme besonders eindrücklich verdeutlicht werden. Es gilt zu beachten, dass auch Filmaufnahmen subjektiv entstanden sein können und der Stummfilm zwar die Redesituation erhellt, aber der Ton unabhängig davon aufgenommen werden musste. Bei einer Reihe von Reden stellt sich die Frage, wie die Masse der Zuhörer den Redner überhaupt verstehen konnte. Über Mikrophon und Megaphon verfügte man lange Zeit nicht und war so auf ein aufmerksames Publikum und eine kräftige Stimme angewiesen.

Zur Unterscheidung der verschiedenen Filmgattungen finden sich vielfältige Vorschläge. Während Gerhard Schneider in kommentierte Dokumentarfilme, Filmdokumente und historische Spielfilme unterscheidet, nennt Peter Meyers vier Gattungen: Filmdokumente, Dokumentarfilme, Spielfilme und Unterrichtsfilme.[41] Für den Einsatz historischer Reden in Form von Filmen wird hier eine andere Einteilung gewählt, die sich an der von Michael Sauer orientieren soll.[42]

Dessen Einteilung richtet sich erstens nach dem Zeitbezug und zweitens nach dem Grad der Authentizität. Reden, die für den Geschichtsunterricht geeignet sind, können entweder im Originaldokument vorliegen oder von einem Schauspieler textgebunden nachgesprochen sein. Ferner finden sich in Filmen vergangener Zeiten Reden, die in der Realität niemals gehalten wurden. Dennoch liefern sie Aufschluss über die Mentalität der Epoche, in der der Film gedreht wurde. Schließlich finden sich in den Historienfilmen der Gegenwart fiktive Reden, d.h. Reden, wie sie die dargestellte historische Person gehalten haben könnte. Da hier der künstlerische und gestalterische Anspruch des Filmes die Rede beeinflusst, muss besonders quellenkritisch analysiert und interpretiert werden. Eine ausführliche Darstellung der Filmgat-

	Quelle	**Darstellung**
Originale Rede	Filmdokument, historischer Dokumentarfilm	Heutiger Dokumentarfilm, Unterrichtsfilm, Dokumentarspiel
Fiktive Rede	Historischer Film	Historienfilm, Dokumentarspiel

Tab. 5: Filmgattungen, die historische Reden enthalten können

tungen kann an dieser Stelle nicht erfolgen. Hierfür sei auf die bereits zitierte Literatur verwiesen, die aber leider unterschiedliche Gattungsbegriffe verwendet.

Ausgehend von originaler oder fiktiver Rede werden historische Fragestellungen entwickelt. Während bei originalen Rededokumenten die historische Person und deren Worte im Mittelpunkt stehen und nach ihrer historischen Relevanz hinterfragt werden, muss bei fiktiven Reden der Interpretationsschwerpunkt auf die historische Situation gelenkt werden.

Für den Geschichtsunterricht bringt der rasant fortschreitende Wandel in der Medientechnik neue Möglichkeiten. Projektor, Leinwand und Sechzehn-Millimeterfilm scheinen inzwischen der Vergangenheit anzugehören. Video und Videorekorder haben in den zurückliegenden 20 Jahren den Einsatz von Filmen wesentlich erleichtert. Das Vordringen von CD und DVD in die Schule wird weitere Veränderungen und Erleichterungen bringen. So können durch wenige Knopfdrücke gezielt einzelne Szenen angewählt, wiederholt oder gezoomt sowie in Zeitlupe bzw. Zeitraffer wiedergegeben werden.

Filme, die Reden enthalten, werden von den Medienstellen, dem Videofachhandel oder speziellen Instituten bereit gehalten. Allerdings gilt hier noch mehr als für Tondokumente, dass sich kaum Medienträger finden lassen, die eine Auswahl von unkommentierten und zusammenhängenden Redeausschnitten bieten. In dieser Hinsicht besteht ein großer Mangel! Will man gegenwärtig gefilmte Rededokumente einsetzen, die länger als die üblichen Ausschnitte in Dokumentarfilmen sind, bleibt meist nur der recht aufwändige Weg zum Deutschen Filmarchiv.[43]

Generell muss an dieser Stelle an die rechtliche Situation beim Einsatz von Filmen erinnert werden. Während beim Kauf von Medien der Schulbuchverlage eine „Lizenzgebühr" entrichtet wird und somit das Vorführen im Unterricht erlaubt ist, begibt sich die Lehrerin bzw. der Lehrer bei Mitschnitten aus dem laufenden Fernsehprogramm rechtlich auf dünnes Eis.

Als Einsatzort für Reden in Form von Filmen bietet sich der Einstieg sowie zur intensiveren Auseinandersetzung die Erarbeitungsphase an. Auch zur Leistungsfeststellung lassen sich Filmdokumente nutzen.

Der audiovisuelle Medienkonsum gehört unbestritten zum alltäglichen Leben der Schülerinnen und Schüler. Deshalb muss auch dem Geschichtsunterricht die Aufgabe zufallen, Kompetenzen für den kritischen und produktiven Umgang mit Medien zu vermitteln. Zur Medienkompetenz bezüglich des Umgangs mit Filmen zählt, dass die Lernenden in einer dem Geschichtsunterricht geeigneten Art und Weise Kenntnisse über die Filmwirkung, über filmsprachliche Mittel, über Fragen der Filminterpretation und über Film und Realität erhalten.

Lernpsychologische Untersuchungen haben ergeben, dass Filme unterschiedliche Wirkungen hervorrufen.[44] Die Behaltensleistungen sind direkt abhängig von der „emotionalen Befindlichkeit in der Rezeptionssituation".[45] In der Konsequenz heißt dies, dass es für das Filmlernen wenig nützlich ist, wenn die Lernenden emotional kaum oder zu stark berührt werden. Beispielsweise kann es vorkommen, dass die Schülerinnen und Schüler durch eine Hitlerrede so aufgewühlt werden, dass sie im Anschluss lediglich zu Äußerungen über ihr emotionales Empfinden in der Lage sind, nicht aber dazu, inhaltliche Aussagen zu treffen. Andere empirische Untersuchungen der Lernpsychologie betonen, dass es eine Diskrepanz zwischen dem, was gesehen und dem, was gehört wird, gibt. Häufig tritt das Visuelle in den Vordergrund und die inhaltlichen Aussagen werden hiervon überlagert. Die Lernpsychologie regt deshalb an, zusätzlich zum Film einen Text einzusetzen, um Emotion und Kognition miteinander zu verbinden. Beim Einsatz von Reden in Form von Filmen muss somit besonders darauf geachtet werden, dass klare Beobachtungsaufträge und Fragestellungen formuliert werden. Emotionale Reaktionen dürfen sich nicht zu Ungunsten von Aufmerksamkeit und Konzentration auswirken. Dies wäre kontraproduktiv für das historische Lernen.

Gerhard Schneider fasst eine Vielzahl von Möglichkeiten des Filmeinsatzes zusammen. Demnach können gefilmte Reden der Veranschaulichung und Festigung, der Differenzierung und Intensivierung, der Konfrontation und Motivation, der Interpretation und dem Kenntniserwerb, der Problematisierung, der Zusammenfassung, Wiederholung, Vertiefung und Leistungsüberprüfung, der Kreativität und Selbsttätigkeit sowie dem medien- und ideologiekritischen Lernen dienen.[46]

Die Chancen des Einsatzes von gefilmten Reden liegen darin, dass die bewegten Bilder eine ungemein größere Wirkung erzielen als Textdokumente, sie emotionalisieren und motivieren, sie wirken nachhaltig auf das Gedächtnis, zeigen die historische Situation in vielen Details und lassen diese dadurch transparenter bzw. anschaulicher erscheinen. Die vergangene Realität wird erfahrbar mit vielen Sinnen und die Distanz der Schülerinnen und Schüler zum historischen Ereignis verkürzt sich. Der Einsatz von Filmen bzw. die Selbstproduktion von filmischem Material bietet für den Geschichtsunterricht eine Menge methodischer Ansatzpunkte. Wie bei Tondokumenten ergeben sich aus der emotionalen Wirkung oft Probleme, die in der Unterrichtspraxis bedacht werden müssen. So können sich Probleme im Hinblick auf das „Filmverständnis und die Dekodierung“ sowie auf die technischen Merkmale des Films ergeben.

Filmdokumente gibt es etwa seit 1895, und sie unterscheiden sich qualitativ erheblich. Viele Filmdokumente aus der Zeit vor 1930 sind ohne Ton und die Menschen sind stets „am Rennen“. Um keine falschen Eindrücke entstehen zu lassen, müssen die Schüler also über die filmtechnischen Möglichkeiten der jeweiligen Epoche aufgeklärt werden. Schlechte Ton- oder Bildqualität kann nämlich schnell zu Unruhe und Konzentrationsverlust bei den Schülerinnen und Schülern führen. Ein weiterer Problemkreis verbirgt sich hinter einem distanzlosen bzw. kritiklosen Sicheinlassen auf die Faszination der Bilder. Dies führt möglicherweise zu einer Übernahme von Meinungen, was nicht Ziel des Geschichtsunterrichtes sein kann. Kameraführung und Regie beeinflussen besonders bei Historienfilmen zu großen Teilen die Filmwirkung und somit auch die historische Aussage. Um eine Verzerrung oder Fehlinterpretation der historischen Realitäten zu vermeiden, ist eine kritische Reflexion, z.B. der dargestellten Mentalitäten, nötig. Filmeinsatz ist für Lehrer ebenso wie für Schüler keine Ruhephase. Der Lehrer muss sich immer darüber bewusst sein, dass der Film schnell zu einem falschen Geschichtsbewusstsein führen kann, wenn er die Schülerinnen und Schüler nicht zu einem kritischen Umgang mit Filmen bzw. allen Medien des historischen Lernens und Erinnerns befähigt.

Der Einsatz gefilmter Reden kann deshalb nicht ohne eine spezifische Fragestellung und einige Vorbemerkungen zum Film geschehen. So muss den Schülerinnen und Schülern mitgeteilt werden, um welche Situation es sich handelt und welche Personengruppen zu erkennen sind. Je nach Filmgattung können diese Einführungen kürzer oder länger sein. Beispielsweise erfordert die fiktive Rede in einer Romanverfilmung mehr Erläuterungen als eine gefilmte Rede, die nicht auf einer Filmhandlung aufbaut.

4.3.2 Interpretation gefilmter Reden

Nachdem bereits dargestellt wurde, wie gedruckte und vertonte Reden interpretiert werden können, soll zu der inhaltlich-sprachlichen und der akustischen Ebene noch die visuelle hinzutreten. Bereits bei den Tondokumenten wurde darauf hingewiesen, welche gesteigerte Bedeutung diese für die richtige Interpretation von Reden haben kann. Gefilmte Reden erweitern die Interpretationsmöglichkeiten erneut um ein Vielfaches und werden so der Quellengattung Rede in besonderer Weise gerecht. Selbstverständlich birgt der Einsatz von Filmen auch Gefahren, die beachtet werden sollten.

Das unter 4.1.2 entworfene und unter 4.2.2 erweiterte Interpretationsmodell historischer Reden soll im Hinblick auf die audiovisuellen Merkmale nochmals eine Erweiterung erfahren.

Beim Einsatz von gefilmten Reden muss den Schülerinnen und Schülern die Möglichkeit eingeräumt werden, ihre Eindrücke und Empfindungen bezüglich der gesehenen Rede zu artikulieren.

Der Quellenkritik als dem nächsten Schritt der Interpretation kommt eine besondere und unverzichtbare Bedeutung zu. Neben der Überprüfung der Authentizität, die institutionell bedingt häufig schon vorweggenommen ist, müssen die Quellengattung, der Zustand des Films und die Filmgattung bestimmt werden. Die Kenntnis der Filmgattung ist Voraussetzung für die nachfolgende Einordnung der durch die Interpretation gewonnenen historischen Erkenntnisse. Die Informationen, die sich aus originalen Filmdokumenten entnehmen lassen, sind von ganz anderem Wert als jene, die sich aus einem Spielfilm ergeben. Die Klärung, ob es sich um eine originale oder fiktive Rede handelt, ist ebenso elementar wie die Frage danach, ob es sich um eine Quelle oder um eine Darstellung dreht. Reden, die im Rahmen eines Spielfilmes gezeigt werden, setzen mitunter die Kenntnis des Filmgegenstandes und der handelnden Personen voraus. Es ist die Aufgabe des Lehrers, dieses Hintergrundwissen zu liefern. Hilfreich sind hierbei Filmhefte und Internetseiten, die fast jeder neue – für den Unterricht geeignete – Film bietet.

Die Erkenntnisebene der Situation kann mit Hilfe des Films ebenfalls umfassend betrachtet werden. So ist es z.B. möglich, die Umstände der Rede näher zu beschreiben, indem die Raumgestaltung bzw. -größe und die Anwesenden visuell wahrgenommen werden können. Es macht einen Unterschied, ob Hitler in einem Gasthaus oder auf dem Reichsparteitagsgelände in Nürnberg seine Rede hält. Die Anwesenheit von Film und Funk beeinflusst ebenfalls das Redeverhalten. Deshalb sollte die Frage nach diesen Faktoren ebenso in die Quellenarbeit einbezogen werden wie die quellenkritische Analyse der Filmsprache, die gekennzeichnet ist durch Kameraeinstellung, Kameraperspektive, Kamerabewegung, Beleuchtung, Schnitt und Ton.

Glossar der Filmsprache – unter Berücksichtigung von Rede und Redner[47]

Kameraeinstellung: In der Totalen wird dem Zuschauer ein Überblick über den Redeort geboten. In der Halbtotalen wird er näher gerückt, in Halbnah treten Redner und Zuschauer genauer in Erscheinung. In Nah sind

mimische und gestische Aktionen von Personen genau zu erfassen. In Groß wird der Kopf eines Redners bildfüllend gezeigt, in Detail eine Einzelheit des menschlichen Körpers ins Bild gebracht.
Kameraperspektive: In Normalansicht befindet sich die Kamera in Augenhöhe mit dem Redner. In Untersicht oder Froschperspektive blickt die Kamera von unten auf den Redner, der so groß, dominant oder gar bedrohlich erscheint. In Aufsicht oder Vogelperspektive sieht man den Redner von oben und klein; das kann Einsamkeit oder Verlassenheit ausdrücken.
Kamerabewegung: Statik, Zoom, Schwenk
Beleuchtung: Einsatz von Licht und Schatten
Schnitt und Montage der Szenen
Ton: Geräusche, Unterbrechungen, Applaus, Musik, Kommentare

Die engere Interpretation, die Auskunft über die Aussagen und Wirkungsmittel gewinnen will, wird durch den Einsatz gefilmter Reden erweitert. Deutlich wird dies im Hinblick auf das Auftreten und Wirken eines Redners. Konnten bei Text- und Tondokumenten nur Mutmaßungen bezüglich der Körpersprache (Mimik, Gestik, Körperbewegung, -haltung, Blickkontakt) angestellt werden, ist diese, ebenso wie die Äußerlichkeiten und Publikumsbeziehungen, nun klar erkennbar.

Abermals kann ein auf die Rede angepasstes Polaritätsprofil helfen, die Wirkung eines Redners im Hinblick auf sein Auftreten zu beurteilen. Auf die Frage: „Wie wirkt der Redner auf Dich?“ könnten die Schülerinnen und Schüler folgendes Profil ergänzen (s. S. 155).

Die im nächsten Schritt folgende Beschäftigung mit dem Redetext umfasst wie bei gedruckten oder vertonten Reden die Klärung schwieriger Begriffe (z.B. Fachtermini) und die Semantik. Es wird auf das Sprachniveau, die Satzgestaltung (Satzarten, -länge, -stellung), die sprachlichen Mittel (z.B. Metaphern, Wiederholungen, Worthäufungen), ideologischen Äußerungen und natürlich auf die Argumente bzw. Argumentationsstrategien einzugehen sein. Die Filmreden erleichtern, wenn sie rhetorisch gut vorgetragen werden, das Erkennen der eben benannten Kriterien. Sie erhöhen die Anschaulichkeit, die Eindringlichkeit, die Spannung sowie den ästhetischen Reiz einer Rede.

Neben inhaltlichen und akustischen Faktoren können durch gefilmte Reden mimische, gestische oder körperliche Reaktionen der Augen- und Ohrenzeugen in die Interpretation einbezogen werden.

Mit der Frage nach dem historischen Wert und den Folgen der Rede werden abschließend die gewonnenen Erkenntnisse zusammengeführt. Neben dem inhaltlichen Aussagewert müssen die besonderen Leistun-

	sehr	ziemlich	ein wenig	ein wenig	ziemlich	sehr	
kräftig							gedämpft
kühl							bewegt
feierlich							ungezwungen
angespannt							gelöst
versöhnend							kämpferisch
auffordernd							lähmend
abwechslungsreich							eintönig
gehemmt							schwungvoll
unsachlich							sachlich
ausdrucksvoll							matt
traurig							fröhlich
vergnügt							ernst
aufdringlich							zurückhaltend
vertrauensvoll							einschüchternd
zurückhaltend							mitreißend
schüchtern							kraftvoll
nachdenklich							oberflächlich
lebhaft							müde
interessant							langweilig
distanziert							vertrauensvoll
ängstlich							mutig
aufwühlend							beruhigend
bittend							fordernd

Tab. 6: Polaritätsprofil für gefilmte Reden

gen, aber auch mögliche Probleme von Filmdokumenten in die Quellenkritik einfließen. Ziel des Geschichtsunterrichts muss es sein, eine Rede nicht allein mit den Augen und Kenntnissen der Gegenwart zu sehen. Die Schülerinnen und Schüler müssen sich Klarheit darüber verschaffen, wie die Rede auf die damaligen Zuhörer bzw. den Zeitgeist gewirkt haben könnte. In der letzten Phase der Interpretation müssen die durch die Interpretation hervorgekommenen Sinnzusammenhänge nochmals medienkritisch hinterfragt werden, denn Filme sind mitunter sehr oberflächlich und die Kameraperspektive bisweilen äußerst manipulativ. Es muss unbedingt darauf geachtet werden, dass keine falschen Sympathien für einen Redner bei den Schülern geweckt werden. Eine Distanzierung ist deshalb unbedingt notwendig.

Der Einsatz fiktiver Reden verlangt nach einer besonders gründlichen Quellenkritik. Unter dem Blickwinkel, was die Rede über die im Film dargestellte Zeit sagen will, muss reflektiert bzw. diskutiert werden. Dann können fiktive Reden zu einer wahren Fundgrube der Alltags- und Mentalitätsgeschichte werden.

4.3.3 Unterrichtsbeispiele

4.3.3.1 Reden in historischen Spielfilmen als Quellen der Mentalitätsgeschichte!? – am Beispiel der Reden des Diederich Heßling

Anmerkungen zum Filmdokument und zur historischen Situation
In den Jahren 1906 bis 1914 schrieb Heinrich Mann (1871–1950) seinen Roman „Der Untertan". Das Werk stellt eine gelungene zeitgenössische Satire über den kleinbürgerlichen Aufsteiger Diederich Heßling im wilhelminischen Kaiserreich (1888–1918) dar. Diederich, der Sohn eines einfachen Papierfabrikanten, hat gelernt, nach oben zu buckeln und nach unten zu treten. In seinem Roman kritisiert Heinrich Mann den übertriebenen deutschen Nationalismus, Militarismus und Kapitalismus der „Wilhelminischen Ära" sowie den grotesken Gehorsam und die bedingungslose Unterwürfigkeit unter Adel und Militär (Autoritätsgläubigkeit). Diederich Heßling, dessen Charakter durch diese Merkmale geprägt ist, knüpft Beziehungen zu einflussreichen Menschen, die ihm nützlich sein können für sein geschäftliches und persönliches Fortkommen. Sein größtes Erlebnis ist es, den Kaiser aus der Nähe gesehen zu haben. Eifrig sammelt er für ein Kaiserdenkmal in seiner Heimatstadt, aber die Einweihung geht in einem tosenden und symbolhaften Gewitter unter.

Die DEFA-Verfilmung aus dem Jahre 1951 war schon vor ihrer Uraufführung als Prestigeobjekt der DDR-Kultur angelegt worden. Regie führte Wolfgang Staudte, und die Hauptrollen spielten Werner Peters (D. Heßling), Paul Esser (von Wulckow) und Renate Fischer (Guste Daimchen). Der Film erhielt in der ganzen Welt hohe Anerkennung. Lediglich in der BRD wurde er die ersten 6 Jahre verboten und später um 12 Minuten verkürzt gezeigt. Die BRD betrachtete den Film als eine Kritik der Sowjetzone an ihrem Staat und als Mittel, um Angst vor einem wiederbewaffneten und souveränen Deutschland zu schüren.

Redebeispiele
M1 Diederich Heßlings Rede vor seinen Arbeitern
(Die DVD „Der Untertan" ist bei FWU [Institut für Film und Bild in Wissenschaft und Unterricht, Bavariafilmplatz 3, 82031 Grünwald] erhältlich. Die DVD kann möglicherweise auch in den örtlichen Medienzentren ausgeliehen werden.)
„Drinnen im Lumpensaal fand er die Leute. Alle standen sie in einem Haufen zusammen: die zwölf Arbeiter, die die Papiermaschine, den Holländer und die Schneidemaschine bedienten, und die drei Kontoristen, samt den Frauen, deren Tätigkeit das Sortieren der Lumpen war. Die Männer räus-

Abb. 42: Diederich Heßling (Werner Peters) bei der Rede vor seinen Arbeitern

perten sich, man fühlte eine Pause, bis mehrere Frauen ein kleines Mädchen hinausschoben, das einen Blumenstrauß vor sich hinhielt und mit einer Klarinettenstimme dem Herrn Doktor Glück und Willkommen wünschte. Diederich nahm mit gnädiger Mine den Strauß; nun war es an ihm, sich zu räuspern. Er wandte sich nach den seinen um, dann sah er den Leuten scharf in die Augen, allen nacheinander, auch dem schwarzbärtigen Maschinenmeister, obwohl der Blick des Mannes ihm peinlich war – und begann:"

„Leute! Da ihr meine Untergebenen seid, will ich euch sagen, dass hier künftig forsch gearbeitet wird. [...] In der letzten Zeit, wo hier der Herr gefehlt hat, da hat vielleicht der eine oder andere von euch gedacht, er kann sich auf die Bärenhaut legen. Das ist aber ein gewaltiger Irrtum. [...]

Ich werde euch stets mein väterliches Wohlwollen entgegenbringen, Umsturzgelüste aber scheitern an meinem unbeugsamen Willen.
Sollte sich ein Zusammenhang irgendeines von euch [...] mit sozialdemokratischen Kreisen herausstellen, so zerschneide ich zwischen ihm und mir das Tischtuch. Denn für mich ist jeder Sozialdemokrat gleichbedeutend mit Feind meines Betriebes und Vaterlandes. So, nun geht wieder an die Arbeit und überlegt euch, was ich euch gesagt habe."

Heinrich Mann: Der Untertan, Berlin/Weimar 1965, S. 95f.

M 2 Die Rede Diederich Heßlings aus Anlass der Denkmalsenthüllung (VTS_02_4.VDB, von 5:18 bis 6:30)

„Diederich gab acht, dass er beim Hinaufsteigen nicht stolperte, denn die Beine waren ihm plötzlich weich geworden, auch sah er verschwommen. Nach einigem Schnaufen unterschied er im kahlen Umkreis ein Bäumchen, das keine Blätter hatte, aber mit schwarz-weiß-roten Blüten aus Papier übersät war. Der Anblick des Bäumchens gab ihm Gedächtnis und Kraft zurück; er begann:"

‚Eure Exzellenzen! Höchste, hohe und geehrte Herren! Hundert Jahre sind es, dass der große Kaiser, dessen Denkmal der Enthüllung harrt durch den Vertreter Seiner Majestät, uns und dem Vaterlande geschenkt ward; gleichzeitig aber – das macht diese Stunde noch bedeutsamer – ist fast ein Jahrzehnt vergangen, seit sein großer Enkel den Thron bestiegen hat! Wie sollten wir da nicht vor allem auf die große Zeit, die wir selbst miterleben durften, einen stolzen und dankbaren Rückblick werfen.'
Diederich warf ihn. Er feierte abwechselnd den beispiellosen Aufschwung der Wirtschaft und des nationalen Gedankens. Längere Zeit verweilte er beim Ozean. ‚Der Ozean ist unentbehrlich für Deutschlands Größe. Der Ozean beweist uns, dass auf ihm und jenseits von ihm ohne Deutschland und ohne den Deutschen Kaiser keine Entscheidung mehr fallen darf, denn das Weltgeschäft ist heute das Hauptgeschäft!' Aber nicht nur vom geschäftlichen Standpunkt, noch mehr geistig und sittlich war der Aufschwung ein beispielloser zu nennen. Wie sah es denn früher aus mit uns? Diederich entwarf ein wenig schmeichelhaftes Bild des älteren Geschlechts, das durch eine einseitige humanitäre Bildung zu zuchtlosen Anschauungen verführt, in nationaler Hinsicht noch keinen Komment gehabt hatte. Wenn das jetzt gründlich anders geworden war, wenn wir, im berechtigten Selbstgefühl, das tüchtigste Volk Europas und der Welt zu sein, von Nörglern und Elenden abgesehen, nur noch eine einzige nationale Partei bildeten, wem verdankten wir es? Allein Seiner Majestät, antwortete Diederich. ‚Er hat den Bürger aus dem Schlummer gerüttelt, sein erhabenes Beispiel

hat uns zu dem gemacht, was wir sind!' – wobei Diederich sich auf die Brust schlug. ‚Seine Persönlichkeit, seine einzige, unvergleichliche Persönlichkeit ist stark genug, dass wir allesamt uns efeuartig an ihr emporranken dürfen!' rief er aus, obwohl es nicht in seinem Entwurf stand. ‚Was Seine Majestät der Kaiser zum Wohle des deutschen Volkes beschließt, dabei wollen wir ihm jubelnd behilflich sein, ob wir nun edel sind oder unfrei. Auch der einfache Mann aus der Werkstatt ist willkommen!' fügte er wieder aus dem Stegreif hinzu, jäh inspiriert durch den Geruch des schwitzenden Volkes hinter dem Militärkordon; denn der Wind, der aufkam, trug ihn her.

‚In staunender Weise ertüchtigt, voll hoher sittlicher Kraft zu positiver Betätigung, und in unserer blanken Wehr der Schrecken aller Feinde, die uns neidisch umdrohen, so sind wir die Elite unter den Nationen und bezeichnen eine zum ersten Male erreichte Höhe germanischer Herrenkultur, die bestimmt niemals und von niemandem, er sei wer er sei, wird überboten werden können!'

Hier sah man den Oberpräsidenten mit dem Kopf nicken, indes der Flügeladjutant die Hände gegeneinander bewegte: Da brachen die Tribünen in Beifall aus. Bei den Zivilisten wehten Taschentücher, Guste ließ es im Winde flattern, und trotz der Unstimmigkeit von vorhin auch Käthchen Zillich. Diederich, im Herzen leicht wie die wehenden Taschentücher, nahm seinen hohen Flug wieder auf.

‚Eine solche, nie da gewesene Blüte aber erreicht ein Herrenvolk nicht in einem schlaffen, faulen Frieden: nein, sondern unser alter Alliierter hat es für notwendig gehalten, das deutsche Gold im Feuer zu bewähren. Durch den Schmelzofen von Jena und Tilsit haben wir hindurchgemusst, und schließlich ist es uns doch gelungen, siegreich überall unsere Fahnen aufzupflanzen und auf dem Schlachtfelde die deutsche Kaiserkrone zu schmieden!'

Und er erinnerte an das prüfungsreiche Leben Wilhelms des Großen, woraus wir, wie Diederich feststellte, erkannten, dass der Weltenschöpfer das Volk im Auge behält, das er sich erwählt hat, und sich auch das entsprechende Instrument baut. Der große Kaiser seinerseits hatte sich hierüber niemals Irrtümern hingegeben, dies ward besonders deutlich in dem großen historischen Augenblick, wo er als König von Gottes Gnaden, das Zepter in der einen und das Reichsschwert in der anderen Hand, nur Gott die Ehre gab und von ihm die Krone nahm. In erhabenem Pflichtgefühl hatte er es weit von sich gewiesen, dem Volke die Ehre zu geben und vom Volk die Krone zu nehmen und nicht zurückgeschreckt war er vor der furchtbaren Verantwortung gegenüber Gott allein, von der kein Minister, kein Parlament ihn hatte entbinden können! Diederichs Stimme bebte ergriffen. ‚Dies erkennt das Volk denn auch an, indem es die Persönlichkeit

des dahingegangenen Kaisers geradezu vergöttert. Hat er doch Erfolg gehabt; und wo der Erfolg ist, da ist Gott! Im Mittelalter wäre Wilhelm der Große heilig gesprochen worden. Heute setzen wir ihm ein erstklassiges Denkmal!'
Wieder nickte der Oberpräsident und löste damit wieder ungestüme Zustimmung aus. Die Sonne war fort, es wehte kälter; und als sei er angeregt durch den verdüsterten Himmel, ging Diederich zu einer tiefernsten Frage über. ‚Wer hat sich ihm nun in den Weg gestellt, vor seinem hohen Ziel? Wer war der Feind des großen Kaisers und seines kaisertreuen Volkes?' [...] An dieser Stelle blitzte es; [...] und ein Donnerschlag folgte.[...] Diederich aber rief, gleichfalls donnernd: ‚Unser alter Alliierter bezeugt es! Wir sind nicht so! Wir sind ernst, treu und wahr! Deutsch sein, heißt eine Sache um ihrer selbst willen tun. [...] Das strahlende Bild echt deutschen Wesens erhebt sich auf dem Boden des Christentums, und das ist der einzige richtige Boden, denn jede heidnische Kultur, mag sie noch so schön und herrlich sein, wird bei der ersten Katastrophe erliegen; und die Seele deutschen Wesens ist die Verehrung der Macht, der überlieferten und von Gott geweihten Macht, gegen die man nichts machen kann. Deshalb sollen wir nach wie vor die höchste Pflicht in der Verteidigung des Vaterlandes sehen, die höchste Ehre im Rock des Königs und die höchste Arbeit im Waffenhandwerk!'
Der Donner grollte, wenn auch eingeschüchtert, wie es schien, durch Diederichs immer gewaltigere Stimme. [...] ‚Wenn jetzt die Hülle fällt', begann er mit neuem Schwung, ‚wenn zum Gruß die Fahnen und Standarten sich neigen, die Degen sich senken und Bajonette im Präsentiergriff blitzen'. – Da krachte es im Himmel so ungeheuerlich, dass Diederich sich duckte und, bevor er sich versah unter seinem Pult hockte. Zum Glück kam er wieder hervor, ohne dass sein Verschwinden bemerkt worden wäre, denn allen war es ähnlich ergangen. [...] Immerhin trat der Oberpräsident vor das offizielle Zelt hinaus, er war gelber, als es seine Natur war, das Funkeln seines Sterns war erloschen, und er sagte schwach: ‚Im Namen seiner Majestät befehle ich: Die Hülle falle' – worauf sie fiel. [...]
Bevor noch die Herren sich umgedreht hatten, standen sie im Wasser bis an die Knöchel, Seiner Exzellenz lief es aus Ärmeln und Hosen. Die Tribüne verschwand hinter Stürzen Wasser, wie auf fern wogendem Meer erkannte man, dass die Zeltdächer sich gesenkt hatten unter der Wucht des Wolkenbruchs, in ihren nassen Umschlingungen wälzten links und rechts sich schreiende Massen. Die Herren Offiziere machten gegen die Elemente von der blanken Waffe Gebrauch, durch Schnitte in das Segeltuch bahnten sie sich den Ausweg. [...] Präsident von Wulckow begegnete einem Schutzmann, der den Ereignissen noch standhielt, und betraute ihm mit der

Übergabe der Allerhöchsten Auszeichnung, woraus der Schutzmann durch Sturm und Grausen irrte, auf der Suche nach Diederich. Schließlich fand er ihn unter dem Rednerpult im Wasser hockend. ,Da hamse'n Willemsorden', sagte der Schutzmann und machte, dass er weiterkam, denn gerade schlug ein Blitz ein, so nahe, als sollte er die Verleihung des Ordens verhindern. [...]
Aber die apokalyptischen Reiter flogen weiter. [...] Diederich hatte die ganze Zeit das Gefühl gehabt, das Denkmal sei zerschmettert und weggeschwommen. Der Festplatz freilich sah aus wie eine wüste Erinnerung, keine Seele belebte seine Trümmer. [...]

Heinrich Mann: Der Untertan, Berlin/Weimar 1965, S. 426-431

Didaktische Potenziale

Die in diesem Beispiel verwendeten Reden ermöglichen einen Einblick in die Mentalitätsgeschichte des Deutschen Kaiserreiches (1971–1918), speziell der „Wilhelminischen Ära". Während die erste Rede ein mögliches Verhältnis zwischen Arbeitern und Fabrikanten in der Zeit der Industrialisierung beschreibt, vermittelt die zweite Rede einen Einblick in die Mentalität eines obrigkeitstreuen Emporkömmlings des ausgehenden 19. Jahrhunderts.

Der Schriftsteller und Autor der hier eingesetzten fiktiven Reden, Heinrich Mann, beschreibt überspitzt, aber deutlich, den Zeitgeist. Selbstverständlich muss der Unterricht so angelegt sein, dass die Lerngruppe die Äußerungen Diederich Heßlings nicht verabsolutiert und auf alle Fabrikanten der Kaiserzeit überträgt. Er ist eine Karikatur und kein uneingeschränktes Beispiel für die Mentalität des Kaiserreiches. Die Kritik an Imperialismus, Nationalismus, Militarismus und Kapitalismus, die in den Romanreden zum Ausdruck kommt, bietet die Möglichkeit zum ideologiekritischen Arbeiten. Für das zukünftige Leben der Schülerinnen und Schüler ist es dienlich, nationalistische, militaristische und kapitalistische Extreme zu erkennen, um falsche Sympathien zu meiden.

Die metaphorische Bedeutung des Gewitters, welches die hymnische Lobrede Diederichs auf das Kaiserreich unterbricht, liegt darin, dass Heinrich Mann schon vor Ausbruch des Ersten Weltkrieges die Gefahr sah, die von einem übersteigerten Nationalismus, Imperialismus und Militarismus ausging. Das Gewitter, so kann man heute feststellen, symbolisiert den Niedergang dieser Epoche, ist also der Vorbote der Revolution von 1918.

Das methodische Vorgehen verfolgt das Anliegen, den Redner in seinem ganzen Auftreten in die Interpretation einer Rede einzubeziehen und verdeutlicht, dass inhaltliche bzw. szenische Unterschiede zwischen Roman und Film bestehen. Bereits bei der ersten Rede Diederichs vor den Arbeitern wird deutlich, dass Raumgestaltung, Körperhaltung, Stimmeinsatz und Äußerlichkeiten die Wirkungen und Aussagen einer Rede unterstreichen bzw. erhöhen. Da die hier verwendeten Reden aus einem Roman stammen, erkennen die Lernenden im Sinne der Entwicklung einer Gattungskompetenz, dass auch Romane Quellen der Geschichte sein können. Fiktive Reden aus historischen Filmen bieten zwar die Möglichkeit, Informationen bezüglich der Mentalität einer bestimmten Gesellschaftsschicht zu gewinnen, müssen aber auf jeden Fall quellen- und ideologiekritisch hinterfragt werden. Jeder Produzent verfolgt ein Anliegen mit seinem Film, und das so entstandene Produkt ist keine authentische Quelle für historische Sachverhalte. Eher selten kann bei der Arbeit mit historischen Reden der Aufbau einer narrativen Kompetenz geübt werden. Die hier eingesetzte Rede der Denkmalsenthüllung bietet diese Möglichkeit allerdings. Sie treibt zum einen die Handlung des Romans voran, ist also erzählend, und nimmt zum anderen Bezug auf vergangene historische Taten preußischer Herrscher, die von gegenwärtig lebenden Generationen ebenfalls Tugendhaftes abverlangen. Das methodische Vorgehen soll die Schülerinnen und Schüler ferner im genauen Zuhören und Beobachten von Rednern fördern. Es verdeutlicht ihnen, dass Text, Stimme und Auftreten die Wirkung und das Erreichen der Ziele einer Rede gemeinsam bestimmen.

Methodische Vorschläge

Die nachfolgend beschriebene Unterrichtsstunde ist für den Einsatz in der Sekundarstufe II konzipiert. Die Rede aus dem Stundeneinstieg kann dagegen auch in der 9. Klasse als eigenständige Stunde mit Redeinterpretation durchgeführt werden. Das methodische Vorgehen fügt sich ein in das Unterrichtsthema „Das gesellschaftlichen Leben im wilhelminischen Deutschland". Im Einstieg sollen die Lernenden ihre Kenntnisse über das Verhältnis von Arbeitern und Fabrikanten vor 100 Jahren mitteilen und diskutieren. Daran anschließend spielt die Lehrerin bzw. der Lehrer die Rede des Diederich Heßling (Rede vor den Arbeitern) vor. Die Höraufgabe besteht darin, darauf zu achten, welches Verhältnis in den Aussagen, dem Spracheinsatz und der Körperhaltung zwischen Heßling und seinen Arbeitern zum Ausdruck kommt. Im anschließenden Unterrichtsgespräch muss deutlich werden, dass Diederich seine Arbeiter zur Unterwerfung auffordert und aufgrund seiner erhöhten Stellung – die auch visuell im Filmdokument sichtbar wird – jeden Widerspruch gegen seine Anweisungen verbietet.

In der Sekundarstufe I könnte im weiteren Unterrichtsverlauf eine intensivere Interpretation dieser Rede (M1) stattfinden. Es könnten auf die Lage der Arbeiter eingegangen werden oder die gesellschaftlichen Merkmale der Kaiserzeit diskutiert werden. Das Filmplakat gibt Impulse für diesen Unterrichtsgegenstand (CD: 09-Untertan_Filmplakat.jpg).

In der Sekundarstufe II informiert die Lehrkraft die Schülerinnen und Schüler über den historischen Hintergrund des Romans und stellt kurz den Autor Heinrich Mann vor. Aufgabe der Schüler ist es, mithilfe der „Szene von der Denkmalsenthüllung“ Merkmale und Charakteristika der wilhelminischen Gesellschaft herauszuarbeiten.

Diesbezüglich wird folgendes methodisches Vorgehen empfohlen: Die Lernenden erhalten den Romantext (M2) und ausreichend Zeit, ihn zu lesen. Dabei sollen sie jene Textstellen markieren, die Bestandteil der Festrede Heßlings sind, um diese anschließend vorzutragen. Nachdem ein Schüler im Anschluss daran die Redeteile wirkungsvoll vorgetragen und die Klasse ihren Eindruck formuliert hat, beginnt die Interpretation des Redetextes. Schwerpunkt der Interpretation ist, herauszuarbeiten, welche Ideale und Tugenden Diederich in seiner Rede betont und wie er diese begründet. Dabei bietet sich ein ideologiekritisches Vorgehen im Hinblick auf nationalistische und imperialistische Ideologien an. Auf die Parallelen zu den Reden Kaiser Wilhelms II. (z.B. „Die Hunnen-Rede“) sollte unbedingt verwiesen werden. Bei der Interpretation ist nach der Authentizität der Rede und daraus folgend nach dem Wert einer fiktiven Rede für den historischen Erkenntnisgewinn zu fragen. Es ist ferner darüber nachzudenken, wie die Rede auf die anwesenden Honoratioren und/oder einfachen Bürger gewirkt haben könnte. In die Interpretation werden Überlegungen bezüglich der Bedeutung von Denkmälern in der damaligen Zeit einbezogen.

Im nächsten Schritt wird sich mit dem Symbolcharakter des Gewitters während der Rede Diederichs auseinandergesetzt. Interpretationsfragen sind z.B.:

- Auf welche historische Entwicklung will Heinrich Mann mit dem Gewitter hinweisen?
- Wie reagiert Heßling auf das aufkommende Gewitter?
- Welche Bedeutung hat das Gewitter für Heßling selbst?
- Was bedeutet der Satz in der Rede: „Aber die apokalyptischen Reiter ziehen weiter“?

Im Anschluss an die Interpretation, wird den Schülerinnen und Schülern das Filmdokument mit der, im Vergleich zum Roman, stark gekürzten Rede der Denkmalsenthüllung des DEFA-Films von 1951 vorgespielt. Aufgabe ist es, den Sprach- und Körpereinsatz des Diederich im Sinne der Absichten seiner Rede zu charakterisieren sowie die inhaltlichen und szenischen Unterschiede zwischen „Romanrede“ und „Filmrede“ herauszuarbeiten. In der Auswertung erkennen die Lernenden, dass den Aussagen der Rede durch das Sprach- und Körperverhalten ein absoluter Geltungsanspruch verschafft werden soll und dass die Kürzungen der Filmrede zu Lasten des ursprünglichen Inhaltes und Aussagewertes der Romanrede gehen.

4.3.3.2 „Der Ton macht's und die Körpersprache auch!“ oder „Eine Rede mit und ohne Ton“– am Beispiel der Reden des „Adenoid Hynkel“ alias Charlie Chaplin

Anmerkungen zum Filmdokument und zur historischen Situation[48]
Die legendäre Parodie auf Hitler entstand im Jahre 1940 und war der erste Tonfilm, den Charlie Chaplin (1889–1977) schrieb, produzierte und in einer Doppelrolle spielte. Nach einem Flugzeugabsturz gegen Ende des Ersten Weltkriegs 1918 verliert ein namenloser jüdischer Barbier (Charlie Chaplin) sein Gedächtnis. Als er nach 20 Jahren aufwacht und zurück in sein Friseurgeschäft will, ist dieses inzwischen Teil eines Ghettos. Der Friseur hatte nicht mitbekommen, dass „Adenoid Hynkel“ (Charlie Chaplin) zum Diktator von „Tomania“ aufgestiegen ist und mit seinen beiden Mitstreitern „Garbitsch“ und „Herring“ die Juden verfolgt. Der „Pfuirer Tomaniens“ hat die Übernahme des Nachbarlandes „Osterlich“ bereits fest eingeplant und träumt nun von der Herrschaft der ganzen Welt. Als Teil seines Planes zur Invasion „Osterlichs“ lädt Hynkel den Diktator von „Bacte-

Abb. 43: Charlie Chaplin als „Großer Diktator“

ria", „Napaloni" ein. Dem „Pfuirer" gelingt schließlich die Besetzung „Osterlichs." Während der Diktator seinen jüngsten Sieg im Urlaub genießt, können der Friseur und ein bei Hynkel in Ungnade gefallener Offizier namens Schulz fliehen. Aufgrund einer Verwechslung wird der Friseur für den Diktator und der Diktator für den jüdischen Friseur gehalten. Um nicht erneut verhaftet zu werden, muss der Friseur in Hynkels Uniform plötzlich eine Rede an das Volk halten: Er verurteilt das böse Treiben des Diktators und preist die Vorzüge von Demokratie und Menschlichkeit.

Chaplin schrieb die Schlussrede erst am Ende der Haupt-Dreharbeiten, zwischen April und Juni 1940. Die Kriegssituation in Europa hatte sich wenige Tage zuvor mit dem Einmarsch der deutschen Truppen in Paris grundlegend geändert.

Redebeispiel

Q 1 Die Schlussansprache in „Der Große Diktator"
(Die DVD „Der Große Diktator" ist im Fach- und Buchhandel erhältlich. Sie kostet € 9,99 [ISBN 3-86615-326-0].)

> „Es tut mir leid, aber ich möchte nun mal kein Herrscher der Welt sein, denn das liegt mir nicht. Ich möchte weder herrschen noch irgendwen erobern, sondern jedem Menschen helfen, wo immer ich kann: Den Juden, den Heiden, den Farbigen, den Weißen. Jeder Mensch sollte den anderen helfen. Nur so verbessern wir die Welt. Wir sollten am Glück des anderen teilhaben und nicht einander verabscheuen. Hass und Verachtung bringen uns niemals näher. Auf dieser Welt ist Platz genug für jeden, und Mutter Erde ist reich genug, um jeden von uns satt zu machen. Das Leben kann ja so erfreulich und wunderbar sein. Wir müssen es nur wieder zu leben lernen. Die Habgier hat das Gute im Menschen verschüttet, und Missgunst hat die Seelen vergiftet und uns im Paradeschritt zu Verderb und Blutschuld geführt. Wir haben die Geschwindigkeit entwickelt, aber innerlich sind wir stehen geblieben. Wir lassen Maschinen für uns arbeiten, und sie denken auch für uns. Die Klugheit hat uns hochmütig werden lassen, und unser Wissen kalt und hart. Wir sprechen zu viel und fühlen zu wenig. Aber zuerst kommt die Menschlichkeit und dann erst die Maschinen. Vor Klugheit und Wissen kommen Toleranz und Güte. Ohne Menschlichkeit und Nächstenliebe ist unser Dasein nicht lebenswert. Flugzeuge und Radio haben uns einander näher gebracht. Diese Erfindungen haben eine Brücke geschlagen von Mensch zu Mensch – sie erfordern eine allumfassende Brüderlichkeit, damit wir alle eins werden. Millionen Menschen auf der Welt können im Augenblick meine Stimme hören. Millionen verzweifelter

Menschen, Opfer eines Systems das es sich zur Aufgabe gemacht hat, Unschuldige zu quälen und in Ketten zu legen.
Allen denen, die mich jetzt hören, rufe ich zu: ‚Ihr dürft nicht verzagen.' Auch das bittere Leid, das jetzt über uns gekommen ist, ist vergänglich. Die Männer, die heute die Menschlichkeit mit Füßen treten, werden nicht immer da sein, ihre Grausamkeit stirbt mit ihnen, und auch ihr Hass. Die Freiheit, die sie den Menschen genommen haben, wird ihnen dann zurückgegeben werden. Auch wenn es Blut und Tränen kostet – für die Freiheit ist kein Opfer zu groß!
Soldaten, vertraut euch nicht den Barbaren an, Unmenschen, die euch verachten und denen euer Leben nichts wert ist. Ihr seid für sie nur Sklaven, ihr habt das zu tun, das zu glauben, das zu fühlen, ihr werdet gedrillt, gefüttert, wie Vieh behandelt und seid nichts weiter als Kanonenfutter! Ihr seid viel zu schade für diese verirrten Subjekte, diese Maschinenmenschen mit Maschinenköpfen und Maschinenherzen. Ihr seid keine Roboter! Ihr seid keine Tiere! Ihr seid Menschen. Bewahrt euch die Menschlichkeit in euren Herzen und hasst nicht! Nur wer nicht geliebt wird, hasst! Nur wer nicht geliebt wird.
Soldaten – kämpft nicht für die Sklaverei! Kämpft für die Freiheit. Im 17. Kapitel des Evangelisten Lukas steht: „Gott wohnt in jedem Menschen." Also nicht nur in einem oder in einer Gruppe Menschen! Vergesst nie: Gott lebt in euch allen, und ihr als Volk habt allein die Macht. Die Macht, Kanonen zu fabrizieren, aber auch die Macht, Glück zu spenden. Ihr als Volk habt es in der Hand, dieses Leben einmalig kostbar zu mache, es mit wunderbarem Freiheitsgeist zu durchdringen. Daher – im Namen der Demokratie – lasst uns diese Macht nutzen, lasst uns zusammenstehen! Lasst uns kämpfen für eine neue Welt, für eine anständige Welt, die jedermann gleiche Chancen gibt, die der Jugend eine Zukunft und den Alten Sicherheit gewährt.
Versprochen haben die Unterdrücker das auch, deshalb konnten sie die Macht ergreifen. Das war Lüge! Wie überhaupt alles, was sie euch versprachen, diese Verbrecher! Diktatoren wollen die Freiheit nur für sich – das Volk soll versklavt bleiben. Lasst uns diese Ketten sprengen! Lasst uns kämpfen für eine bessere Welt. Lasst uns kämpfen für die Freiheit in der Welt, das ist ein Ziel, für das es sich zu kämpfen lohnt. Nieder mit der Unterdrückung, dem Hass und der Intoleranz! Lasst uns kämpfen für eine Welt der Sauberkeit, in der die Vernunft siegt, in der Fortschritt und Wissenschaft uns allen zum Segen gereicht! Kameraden, im Namen der Demokratie, dafür lasst uns streiten!
Hannah, kannst du mich hören? Wo du auch bist, schau nach oben, Hannah. Die Wolken brechen auf! Die Sonne scheint wieder. Wir treten

aus der Dunkelheit und gehen ins Licht. Wir erreichen eine neue Welt. Eine freundliche neue Welt, in der die Menschen ihren Hass, ihre Habgier und Grausamkeit überwinden.
Schau nach oben, Hannah! Die Menschenseele hat Schwingen bekommen – endlich erhebt er sich in die Lüfte. Er fliegt zum Regenbogen – ins Licht der Hoffnung – in die Zukunft, eine glorreiche Zukunft, die dir gehört, mir, uns allen. Schau nach oben, Hannah! Schau nach oben!"

Zit. n.: http//www.berliner-melder.de/berlin-mein-leben/Worte-der-Vernunft.html (Stand: 26.11.2007)

Didaktische Potenziale

„Der Große Diktator" ist eine beeindruckende Parodie auf eine der gefürchtetsten und grausamsten Persönlichkeiten der Geschichte. Das methodische Vorgehen zielt auf eine intensive Interpretation des Körpereinsatzes. Indem den Schülerinnen und Schülern das Filmdokument zunächst ohne Ton vorgespielt wird, ist deren Konzentration vor allem auf das nonverbale Verhalten gerichtet. Es wird deutlich, welche Aussagekraft die Körpersprache allein besitzt. Indem die Lernenden aufgefordert sind, ihre Vermutungen über die Inhalte der Rede mitzuteilen, wird klar, dass mit Adolf Hitlers Körpersprache bestimmte politische bzw. ideologische Haltungen verbunden wurden und werden. Das zweite Vorspielen der Rede (mit Ton) führt zu der Einsicht, dass Körpersprache für sich allein betrachtet Fehleinschätzungen hervorrufen kann. Die Analyse des Filmdokumentes eröffnet zudem die Möglichkeit, über die Kameraeinstellung (vgl. S. 153 f.) und deren manipulative Wirkung zu sprechen.

„Der Große Diktator" bietet im Geschichtsunterricht die Möglichkeit, darüber zu diskutieren, ob eine satirische Verfilmung die richtige Auseinandersetzung mit dem Nationalsozialismus ist. Egal zu welcher Haltung die Lernenden diesbezüglich gelangen, sie müssen erkennen, dass Charlie Chaplin eine bitterböse, witzige Satire auf Hitler schuf. Die Beschäftigung mit dem Filmdokument kann zu der Einsicht führen, dass diese Art des „Spielfilms" vielleicht die einzige Möglichkeit war, die Menschen wachzurütteln und zu warnen. Die Schlussrede ist eine zeitgenössische Karikatur der nationalsozialistischen Sprache. Chaplin hat die Körperbewegung Hitlers für diese Szene sehr genau studiert. Die inhaltlichen Aussagen der Rede besitzen aber keinerlei Parallelen zur Ideologie Hitlers. Letztlich ist die Schlussrede ein einzigartiges Dokument des Widerstandes. Vielen Menschen sprach Chaplin damit aus dem Herzen und gab ihnen Mut, weiter gegen das Unrechtsregime einzutreten. Im Sinne der Multiperspektivität bzw. der Perspektivübernahme kommt somit der Frage nach der Wirkung dieser Rede auf die Zeitgenossen ein hohes Gewicht zu.

Der hier beschriebene Zugang der Interpretation einer „Propagandarede des Dritten Reiches" ermöglicht nicht nur die Einsicht, mit dem Medium Rede verantwortungsvoll umzugehen, sondern bietet zugleich die Chance der Wertevermittlung. Chaplins Appell für Freiheit, Menschlichkeit, Toleranz, Güte und Demokratie sowie seine Absage an Krieg, Gewalt, Rassenhass, Sklaverei und Diktaturen sollte für jeden Schüler oder jede Schülerin selbstverständlich sein.

Methodische Vorschläge

Das vorgeschlagene methodische Vorgehen eignet sich sowohl für die Sekundarstufe I als auch für die Sekundarstufe II. Zu Beginn wird die Lerngruppe im Sinne der Problemorientierung aufgefordert, zu überlegen, welche Bedeutung der öffentlichen Rede bzw. der Massenrede im Nationalsozialismus zukam. Als Bezugspunkt wird ihnen ein Zitat Adolf Hitlers über die Bedeutung der öffentlichen Rede vorgelesen.

Hitler in „Mein Kampf" über die Massenversammlung

> „Wenn der Mann, der aus seiner kleinen Arbeitsstätte oder aus dem großen Betrieb, in dem er sich recht klein fühlt, zum ersten Male in die Massenversammlung hineintritt und nun Tausende und Tausende von Menschen gleicher Gesinnung um sich hat, wenn er als Suchender in die gewaltige Wirkung des suggestiven Rausches und der Begeisterung von drei- bis viertausend anderen mitgerissen wird, wenn der sichtbare Erfolg und die Zustimmung von Tausenden ihm die Richtigkeit der neuen Lehre bestätigen und zum erstenmal den Zweifel an der Wahrheit seiner bisherigen Überzeugung erwecken – dann unterliegt er selbst dem zauberhaften Einfluss dessen, was wir mit dem Wort Massensuggestion bezeichnen. [...] Der Mann, der zweifelnd und schwankend eine solche Versammlung betritt, verlässt sie innerlich gefestigt."
>
> *Hitler: Mein Kampf, München 1943, S. 536*

Im Unterrichtsgespräch erkennen die Schülerinnen und Schüler, dass die Rede als Propaganda- und Manipulationsmedium missbraucht wurde. Die Lehrkraft leitet zu dem Jahrhundertschauspieler Charlie Chaplin über, der mit seinem 1940 erschienenen Film „Der Große Diktator" eine Parodie auf Hitler und dessen Unrechtsstaat lieferte. Die Zeitgenossen kritisierten Chaplin, weil er sich dazu hergab, Hitler zu spielen. Allerdings, das muss deutlich werden, war der Film nicht nur eine Parodie, sondern eine gnadenlose Kritik.

Ohne bereits an dieser Stelle auf den Inhalt des Filmes einzugehen, wird die Rede „Adenoid Hynkels" (Charlie Chaplin) ohne Ton vorgespielt. Die Lerngruppe ist aufgefordert, ihre Gedanken und Eindrücke, die ihnen beim Ansehen kommen, zu notieren. Sie sollen sich überlegen, was der „Pfuirer" sprechen könnte und wie sein Spracheinsatz ist. Im Unterrichtsgespräch werden in Form einer Mind Map die Äußerungen der Schülerinnen und Schüler bezüglich des Körpereinsatzes, des möglichen Sprachverhaltens und der möglichen Inhalte notiert. Ziel ist hier vor allem die Interpretation der sich steigernden und energischer werdenden Körpersprache.

Anknüpfend an die inhaltlichen Vermutungen wird den Schülern nun kurz der Inhalt des Filmes bekannt gegeben. Es wird erklärt, dass Chaplin für die Schlussrede lange die Rhetorik von Hitler in den Wochenschauen studierte, um am Ende des Filmes als Charlie Chaplin einen Appell an die Zuschauer und somit die Welt zu richten. Jetzt wird die Rede ein zweites Mal, nun mit Ton, vorgespielt. Die Schülerinnen und Schüler sollen die Rede auf sich wirken lassen und dabei den Appell erkennen, den „Hynkel" alias Charlie Chaplin vorträgt. Unmittelbar nach dem Hören und Sehen der Rede werden die Lernenden nach ihren Eindrücken und den möglichen Reaktionen der Kinobesucher 1940/41 befragt. Auch wenn der Film im nationalsozialistischen Deutschland verboten war, rief er im Ausland vielfältige, auch kritische Reaktionen hervor. Hitler selbst soll sich den Film zweimal angesehen haben.

An die Diskussion über mögliche Zuschauereindrücke schließt sich die Interpretation der Chaplin-Rede in Einzelarbeit an (vgl. S. 152 ff.). Ziel ist es, die Absichten und den historischen Wert der „Schlussrede" zu erarbeiten. Es muss besonders auf das Sprachverhalten, die Körpersprache, die Publikumsbeziehung sowie den Argumentationsaufbau, die Satzgestaltung und mögliche Stilmittel eingegangen werden. Um an den Stundenbeginn anzuknüpfen, findet eine abschließende Diskussion über die Frage statt: „Welcher nationalsozialistischer Mittel bedient sich Chaplin und warum?"

4.3.3.3 Das „Himmler-Projekt". Eine besondere Form der filmischen Rededokumentation – am Beispiel der Posener Rede Heinrich Himmlers (4.10.1943)

Anmerkungen zum Filmdokument und zur historischen Situation
Die „Posener Rede" wurde von Heinrich Himmler (1900–1945) am 4. Oktober 1943 vor 92 Offizieren im Goldenen Saal des Posener Schlosses anlässlich der SS-Gruppenführertagung gehalten. Wie alle seine

Reden seit 1942 hatte Himmler auch diese auf Schallplatten mitschneiden, später abschreiben und korrigieren lassen. Regisseur, Produzent und Drehbuchautor Romuald Karmaker und der Schauspieler Manfred Zapatka halten sich an den vollständigen Originaltext der Wachsplatten. Auf Kulissen und Kostümierung wurde verzichtet, ebenso wie auf die schauspielerische Nachahmung der Redeweise Himmlers. Im Unterschied zum Redetext gibt die Verfilmung nicht nur die Originalsprache mit grammatischen Fehlern wieder, sondern bezieht auch die Reaktionen und unmittelbaren Kommentare der anwesenden Generäle – durch Untertitel – während der Vortragssituation ein. „Durch den radikalen filmischen Minimalismus des Dokumentarprojektes, der auf jede Form von Inszenierung verzichtet, wird ein beklemmender Blick ins Zentrum der NS-Ideologie möglich. Selten ist der kalte Kern eines menschenverachtenden Systems so unspektakulär und zugleich so präzise seziert worden."[49]

Himmlers Rede war nicht nur ein Durchhalte-Epos, mit dem die SS-Elite motiviert werden sollte, sondern auch Bekenntnis und Legitimationsversuch gegenüber den begangenen Verbrechen. Auf eine bis dahin ungekannte Weise sprach Himmler 1943 in Posen sehr offen über die Einzelheiten der Judenvernichtung. Dies ist ein Grund, weshalb die Rede als Beweismittel in den Nürnberger Prozessen verwendet wurde.

Redebeispiel

Q1 Auszüge aus der Rede Heinrich Himmlers bei der SS-Gruppenführertagung in Posen am 4. Oktober 1943 (CD: Tondokument 07)
(Das „Himmler-Projekt" ist als DVD oder VHS zu bestellen über absolut-Medien GmbH, Oranienstr. 24, 10999 Berlin, www.absolutmedien.de. Die VHS kostet ca. € 5,– [ISBN 3-89848-430-0, Best.Nr. 430], die DVD ca. € 19,90 [ISBN 3-89848-719-1, Best.Nr. 719]. Für Lehrveranstaltungen können DVD und Video bei absolutMedien wochenweise für ca. € 75,– bestellt werden.)

„[Die SS-Wirtschaftsbetriebe]

Ich komme nun noch zu einzelnen anderen großen Aufgabengebieten, von denen zu erfahren für Sie alle doch wichtig ist. Wir haben in den Konzentrationslagern Riesenrüstungsbetriebe. Das ist das Aufgabengebiet unseres Freundes SS-Obergruppenführer Pohl. Wir leisten jeden Monat viele Millionen Arbeitsstunden für die Rüstung. Wir gehen an die undankbarsten Dinge heran und – das muss ich anerkennen – ob es in den Konzentrationslagern, in den Wirtschaftsbetrieben von Pohl, ob es draussen bei den Höheren SS- und Polizeiführern oder ob es in den Werkstätten vom SS-Führungshauptamt ist, da zeigt sich eins: Wir sind eben doch überall SS-Männer. Wo etwas im Argen liegt, da wird zugepackt. Erziehen Sie mir jeden Untergebenen in dieser Richtung. Wir wollen unbehindert durch Kompetenzen helfen, denn wir wollen ja den Krieg gewinnen. Was wir tun, tun wir ja für Deutschland. Ob es sich nun um den Bau einer Straße handelt, ob irgendwo ein Tunnel nicht voran geht, ob es eine Erfindung ist, die vor lauter Bürokratie nicht zur Geburt kommt, oder ob es sonst etwas ist: Wo wir anfassen können, fassen wir an. Das, was wir in unseren Rüstungsbetrieben leisten, wird, wenn wir es auch erst am Schluss des Krieges berechnen und dartun können, eine sehenswerte und beachtliche Leistung sein.

[Die Judenevakuierung]

Ich will hier vor Ihnen in aller Offenheit auch ein ganz schweres Kapitel erwähnen. Unter uns soll es einmal ganz offen ausgesprochen sein, und trotzdem werden wir in der Öffentlichkeit nie darüber reden. Genau so wenig, wie wir am 30. Juni 1934 gezögert haben, die befohlene Pflicht zu tun und Kameraden, die sich verfehlt hatten, an die Wand zu stellen und zu erschießen, genau so wenig haben wir darüber jemals gesprochen und werden je darüber sprechen. Es war eine, Gottseidank, in uns wohnende Selbstverständlichkeit des Taktes, dass wir uns untereinander nie darüber unterhalten haben, nie darüber sprachen. Es hat jeden geschaudert, und doch war sich jeder klar darüber, dass er es das nächste Mal wieder tun würde, wenn es befohlen wird und wenn es notwendig ist.
Ich meine die Judenevakuierung, die Ausrottung des jüdischen Volkes. Es gehört zu den Dingen, die man leicht ausspricht. – ‚Das jüdische Volk wird ausgerottet', sagt ein jeder Parteigenosse, ‚ganz klar, steht in unserem Programm, Ausschaltung der Juden, Ausrottung, machen wir.' Und dann kommen sie alle an, die braven 80 Millionen Deutschen, und jeder hat seinen anständigen Juden. Es ist ja klar, die anderen sind Schweine, aber dieser eine ist ein prima Jude. Von allen, die so reden, hat keiner zugesehen, keiner hat es durchgestanden. Von Euch werden die meisten wissen, was es heisst, wenn 100 Leichen beisammen liegen, wenn 500 daliegen oder wenn 1000 daliegen. Dies durchgehalten zu haben, und dabei – abgesehen von Ausnahmen menschlicher Schwächen – anständig geblieben zu sein, das hat uns hart gemacht. Dies ist ein niemals geschriebenes und niemals zu schreibendes Ruhmesblatt unserer Geschichte, denn wir wissen, wie schwer wir uns täten, wenn wir heute noch in jeder Stadt – bei den Bombenangriffen, bei den Lasten und bei den Entbehrungen des Krieges – noch die Juden als Geheimsaboteure, Agitatoren und Hetzer hätten. Wir würden wahrscheinlich jetzt in das Stadium des Jahres 1916/17 gekommen sein, wenn die Juden noch im deutschen Volkskörper säßen.

Die Reichtümer, die sie hatten, haben wir ihnen abgenommen. Ich habe einen strikten Befehl gegeben, den SS-Obergruppenführer Pohl durchgeführt hat, dass diese Reichtümer selbstverständlich restlos an das Reich abgeführt wurden. Wir haben uns nichts davon genommen. Einzelne, die sich verfehlt haben, werden gemäß einem von mir zu Anfang gegebenen Befehl bestraft, der androhte: Wer sich auch nur eine Mark davon nimmt, der ist des Todes. Eine Anzahl SS-Männer – es sind nicht sehr viele – haben sich dagegen verfehlt, und sie werden des Todes sein, gnadenlos. Wir hatten das moralische Recht, wir hatten die Pflicht gegenüber unserem Volk, dieses Volk, das uns umbringen wollte, umzubringen. Wir haben aber nicht das Recht, uns auch nur mit einem Pelz, mit einer Uhr, mit einer Mark oder mit einer Zigarette oder mit sonst etwas zu bereichern. Wir wollen nicht am Schluss, weil wir einen Bazillus ausrotteten, an dem Bazillus krank werden und sterben. Ich werde niemals zusehen, dass hier auch nur eine kleine Fäulnisstelle entsteht oder sich festsetzt. Wo sie sich bilden sollte, werden wir sie gemeinsam ausbrennen. Insgesamt aber können wir sagen, dass wir diese schwerste Aufgabe in Liebe zu unserem Volk erfüllt haben. Und wir haben keinen Schaden in unserem Inneren, in unserer Seele, in unserem Charakter daran genommen. [...]

Abb. 44: Heinrich Himmler

In die Ferne sehen wir, weil wir sie wissen. Deswegen tun wir fanatischer denn je, gläubiger denn je, tapferer, gehorsamer und anständiger denn je unsere Pflicht. Wir wollen dessen würdig sein, dass wir des Führers Adolf Hitler erste SS-Männer in der langen vor uns stehenden Geschichte des germanischen Volkes sein durften.

Nun gedenken wir des Führers, unseres Führers Adolf Hitler, der das germanische Reich schaffen und uns in die germanische Zukunft führen wird.

Unser Führer Adolf Hitler   Sieg Heil ! Sieg Heil ! Sieg Heil !

Zit.n.: Internationaler Militärgerichtshof Nürnberg, Der Prozess gegen die Hauptkriegsverbrecher vor dem Internationalen Militärgerichtshof Nürnberg 14. Nov. 1944 bis 1. Okt. 1946, veröff. in Nürnberg 1948, Dokument 1919-PS

M 1 Biografisches zu Heinrich Himmler (1900–1945)

Er war einer der mächtigsten Männer in der Führungsspitze des Dritten Reiches. 1929 Reichsführer SS, 1936 Chef der deutschen Polizei, 1939 Reichskommissar für die Festigung deutschen Volkstums, 1943 Reichsminister des Inneren und einer der Hauptverantwortlichen für den Holocaust. Am 4. Oktober 1943 hat er in Posen vor 92 SS-Generälen eine lange Rede gehalten, in der er zu Krieg, Rassismus und Völkermord anstachelt. Lange geheim gehalten, ist sie heute eines der wichtigsten Dokumente des Nationalsozialismus.

Jugend und Studium: Er wird am 7. Oktober 1900 in München geboren. Nach dem Notabitur 1917 bewirbt sich Himmler im Ersten Weltkrieg als Offiziersanwärter für die Marine, wird jedoch als Brillenträger abgelehnt. Er tritt daraufhin als Fahnenjunker in ein bayerisches Infanterieregiment ein und bleibt dort als Offiziersanwärter in der Ausbildung ohne Fronteinsatz. Bei Kriegsende 1918 muss er seine Offiziersausbildung gegen seinen Willen abbrechen. Seine Bewerbung um Eintritt in die Reichswehr wird abgelehnt. Von 1919 bis 1922 studiert Himmler an der Technischen Universität München Landwirtschaft. Er tritt der schlagenden Studentenverbindung „Apollo" und zahlreichen Vereinen bei. Nach der bestandenen Diplomprüfung arbeitet er als Laborassistent in einer Düngemittelfirma, gibt die Anstellung aber nach einigen Monaten wieder auf.

Mitgliedschaft in der NSDAP: Als Mitglied eines rechtsradikalen Wehrverbandes unter Ernst Röhm nimmt er am 9. November 1923 am Hitler-Putsch teil. Im Jahre 1925 tritt er in die wiedergegründete NSDAP ein. Von 1926 bis 1930 ist er stellvertretender Propagandachef der Partei und wird 1929 zum „Reichsführer SS" ernannt. Zu dieser Zeit ist die SS noch eine Untereinheit der Sturmabteilung (SA) mit 280 Mitgliedern. Himmler baut die SS zu einer effizienten innerparteilichen Polizeitruppe aus. Seine oberste Maxime bei der Personalauswahl und -führung waren stets seine rassistischen Vorstellungen, die bald den Geist der SS bestimmten.

Heirat: 1928 heiratet er die acht Jahre ältere Gutsbesitzertochter Margarethe Boden. Für kurze Zeit betreibt er mit seiner Frau erfolglos eine Hühnerfarm in Waldtrudering (bei München). Nach der Geburt seiner Tochter 1929 verlässt er den Hof in Waldtrudering, da die Beziehung zu seiner Ehefrau sehr schlecht ist. 1940 trennt er sich offiziell von seiner Frau und lebt mit seiner Sekretärin Hedwig Potthast zusammen. Aus der Beziehung gehen zwei Kinder hervor.

Ausbau der SS: 1930 baut Himmler die SS konsequent für den Polizeidienst innerhalb der Partei aus und erweitert sie bis September auf über 2700 Mann. Nach der Machtübernahme der Nationalsozialisten 1933 wird Himmler zusätzlich zum Polizeipräsidenten von München ernannt. Er übernimmt in Dachau Aufbau und Leitung des Konzentrationslagers. Im April 1934 ernennt ihn Hermann Göring zum stellvertretenden Leiter der preußischen Gestapo, deren Leiter Reinhard Heydrich wird. Himmler ist maßgeblich an der Ermordung prominenter SA-Mitglieder nach dem so genannten Röhm-Putsch 1934 beteiligt. Im Anschluss daran erreicht er, dass die SS aus der SA herausgelöst und zu einer selbständigen Organisation innerhalb der NSDAP wird. Die Aufgabe der SS ist nun u.a. die Organisation und Bewachung der seit 1933 aufgebauten Konzentrationslager.

Ernennung zum Reichsführer SS: 1936 wird Himmler Reichsführer SS und Chef der Polizei und kann nun die beiden Sicherheitsapparate, den staatlichen und den der Partei, zusammenführen. Ein umfassendes Überwachungs- und Terrorsystem ist somit geschaffen. Mit Hilfe der „vorbeugenden Verbrechensbekämpfung" kann die Gestapo seit 1937 vermeintliche Regimegegner ohne die Justiz verfolgen und direkt in KZs inhaftieren. 1939 wird Himmler zum „Reichskommissar für die Festigung des deutschen Volkstums" ernannt. Ihm obliegt die Umsiedlungs- und Verfolgungspolitik gemäß der NS-Rassenideologie in den besetzten Gebieten.

Selbstmord nach Kriegsende: 1943 wird er von Hitler zum Innenminister und 1944, nach dem gescheiterten Attentat vom 20. Juli, zum Oberbefehlshaber des Ersatzheeres und zum Chef der Heeresrüstung ernannt. In der Schlussphase des 2. Weltkrieges mobilisiert Himmler mit dem Volkssturm noch die letzten Reserven des deutschen Reiches. Als sich die Niederlage deutlich abzeichnet, versucht er seine Mitschuld am Holocaust herunterzuspielen, indem er gegen Kriegsende Judentransporte ins sichere Ausland umleitet. Am 23. April 1945 nimmt er mit den Alliierten Kapitulationsverhandlungen auf. Hitler schließt ihn deswegen am 29. April aus der Partei aus und enthebt ihn aller Ämter. Kurz nach seiner Verhaftung durch die Briten begeht er am 23. Mai 1945 mit Hilfe einer im Mund versteckten Giftkapsel Selbstmord, um sich seiner Bestrafung bei den Nürnberger Kriegsgverbrecherprozessen zu entziehen.

Zit. n.: http://www.3.sat.de/spezials/24694/index.html, Stand: 23.12.2005.

M 2 Kritik am „Himmler-Projekt"

„Endlich wird Karmakars experimenteller Dokumentarfilm, der wichtigste deutsche Film des letzten Jahres, einer breiteren Öffentlichkeit zugänglich (wenn auch zu nachtschlafender Zeit).

[...] Das Ungeheuerliche seiner filmischen Vermittlungsleistung ist, dass er die Verzerrungen des medialen ‚Tranfers' auf ein Minimum reduziert: Statt den üblichen Klischees – Totenkopfuniformen, knarzende Stimmen, schneidig-dreiste Gesten – begegnet man der geistigen Essenz der rassistischen Barbarei, und das auch noch in ihrer intelligiblen Form, also nicht über die selbstinszenierten (Film-)Bilder der Diktatur oder Sekundärliteratur.
Möglich wird dies durch einen radikalen Minimalismus: Der Schauspieler Manfred Zapatka trägt den Text der Rede in einem in neutrales Grau getauchten Studio vor, ruhig und verhalten – er „spielt" Himmler nicht, er spricht ihn. Vier (Video-)Kameras (zwei seitlich, zwei in der Mittelachse) zeichneten die nüchterne Lesung auf, insgesamt verfügt der dreistündige Film lediglich über 50 Schnitte. Trotzdem kommt an kaum einer Stelle Langeweile auf, wenn Himmler über Personalia, Besetzungen und Verwaltungsangelegenheiten spricht. Der Rest ist eine beklemmende Erfahrung, weil die meisten der NS-Vergangenheit wohl noch nie so nahe gekommen sein werden, wie es hier möglich ist: Statt von Betroffenheit überwältigt zu werden oder in abwehrender Distanz zu verharren, ist mit einem Mal der Blick ins Innerste des mörderischen Systems möglich. [...]
Primäres Ziel der Ansprache war es, die obersten SS-Führungsoffiziere für die bevorstehenden harten Winterkämpfe zu motivieren, weshalb sich Himmler anfangs intensiv mit den russischen Kriegserfolgen und der Frage auseinander setzt, warum die angeblich minderwertigen „Slawen" so viel Widerstand leisten. Später dagegen gewinnen visionäre Perspektiven die Oberhand, in denen Himmler ein hymnisches Idealbild des SS-Ordens entwirft und dabei immer wieder auch die Grundkoordinaten der rassistischen NS-Ideologie offen legt. Es ist vor allem diese Mischung aus Intelligenz, Ethos und einigen wenigen ideologischen Prämissen, die nachhaltigst irritiert, weil sie Himmler weder als Bestie noch als Verbrecher charakterisiert, sondern als Vorstandsmitglied eines völkischen Großkonzerns mit hohen moralischen Standards. Im Licht der „Posener Rede", wie sie Karmakar zugänglich macht, gewinnt manche gesellschaftliche Diskussion aus der Geschichte der Bundesrepublik Deutschland an zusätzlicher Schärfe, da deutsche Sekundärtugenden wie Ehrlichkeit, Fleiß, Bescheidenheit und Disziplin durch den Nationalsozialismus jede unhinterfragte Selbstverständlichkeit eingebüßt haben.
Es ist Karmakars Verdienst, durch seinen kompromisslosen Stil, Menschen vor der Kamera unzensiert und unkommentiert sprechen zu lassen, mehr zum Verständnis einer verbrecherischen Barbarei beigetragen zu haben als alle vergleichbaren (Fernseh-)Formate der letzten Jahre. Selten ist der kalte Kern eines menschenverachtenden Systems so unspektakulär und doch so

präzise seziert worden wie in dieser zurückgenommenen Lesung, weshalb alle Argumente doppelt unverständlich sind, die eine öffentliche Auswertung des Films im Kino oder im Fernsehen für unzumutbar hielten."

Josef Lederle in: film-dienst/Filmredaktion 3sat, 31. August 2001: http://www.3sat.de/film/news/23045/, Stand: 25.12.05

Didaktische Potenziale

Mit einer Dauer von über drei Stunden übersteigt das „Himmler-Projekt" alle Rahmenbedingungen des Geschichtsunterrichtes. Zudem könnte es Probleme mit der Konzentration und Disziplin der Schülerinnen und Schüler geben. Dies ist schade, ist es doch gerade die Länge der Rede, die deren spezifische Wirkung hervorruft. Durch die inhaltliche Beschäftigung mit der gekürzten Rede erkennen die Schülerinnen und Schüler aber die Ziele des SS-Reichsführers. Nämlich die Motivation der SS-Führung und die Rechtfertigung bereits verübter Verbrechen.

Anliegen des methodischen Vorgehens ist es, dass die Lerngruppe zu einem kritisch-fragenden Umgang mit Dokumentationen aller Art befähigt wird. Häufig werden die „Schergen des Nationalsozialismus" nur als überhebliche, grausame und rücksichtslose Personen dargestellt. Dies wäre aber eine Verengung der historischen Realität. Denn auf Zeitgenossen des „Dritten Reichs" haben Hitler, Goebbels und andere durchaus auch faszinierend und überzeugend gewirkt. Entsprechend dieser Kritik gelingt es Manfred Zapatka, frei von jeder Werthaltung, die erschütternde Rede des Heinrich Himmler vorzutragen. Er spricht eine Sprache, die vertraut klingt, die man versteht, die den Eindruck der Alltäglichkeit vermittelt und so plausibel wirkt, dass man seinen Ohren nicht trauen möchte, wenn man Satz um Satz zu begreifen beginnt.[50] Der didaktische Wert besteht darin, dass es den Schülerinnen und Schülern überlassen wird, anhand des Inhaltes und nicht der Inszenierung die Grausamkeit des Nationalsozialismus zu erkennen und zu beurteilen.

Die konzentrierte Beschäftigung mit der Vortragsweise einer Rede ermöglicht eine Diskussion über die Bedeutung des Spracheinsatzes bei Reden. Wichtig ist, dass die Lerngruppe nicht im Unklaren darüber gelassen wird, dass Zapatka die Rede sprachlich anders vorträgt als Himmler. Die Gründe müssen im Unterrichtsgespräch herausgearbeitet werden. Zum Vergleich kann ein Original-Tondokument der Posener Rede von Himmler vorgespielt werden (CD: Tondokument 07). Der Ausbau einer Gattungskompetenz und die Förderung medienkritischen Verhaltens wird somit ermöglicht.

Die Film- und Textinterpretation fühlt sich der Entwicklung der Interpretationskompetenz verpflichtet. Mit dem Verfassen einer Filmkritik wird das Unterrichtsgeschehen um die Potenziale des handlungsorientierten Unterrichts erweitert. Die Schülerinnen und Schüler führen selbsttätig eine Sicherung der Stundenergebnisse durch.

Methodische Vorschläge

Das „Himmler-Projekt" kann im Geschichtsunterricht der 10. Klasse, vorrangig aber in der Sekundarstufe II eingesetzt werden. Thematisch bietet sich dieses Dokument bei der Auseinandersetzung mit der NS-Vernichtungspolitik an.

In Vorbereitung der Stunde beschäftigen sich die Schülerinnen und Schüler mit der Kurzbiographie Heinrich Himmlers (M1). Im Sinne der Problemorientierung fragt die Lehrkraft zu Beginn der Doppelstunde, welche Filme den Lernenden über die Zeit des Nationalsozialismus bekannt sind. Ausgehend von den genannten Beispielen wird besprochen, wie die „Nazi-Größen" in diesen Dokumentar- und Historienfilmen dargestellt werden. Angesichts der beeinflussenden und bisweilen faszinierenden Wirkung auf die Zeitgenossen muss gefragt werden, ob eine solche Darstellung (Charakter, Auftreten) authentisch ist.

Im Anschluss daran stellt die Lehrkraft „den Film" das „Himmler-Projekt" kurz vor und geht auf die historische Situation (SS-Gruppenführertagung in Posen) ein.

Der Ausschnitt aus dem Filmdokument (zu den Themen: SS-Wirtschaftsbetriebe, Judenevakuierung und Haltung des SS-Mannes) wird nun abgespielt. Die Beobachtungsaufgabe besteht darin, zu notieren, welche Dinge „Himmler" beschreibt und wie der Schauspieler Manfred Zapatka die Rede spricht. Es ist ratsam, den Redetext (Q1) noch nicht zur Verfügung zu stellen, weil dadurch die Konzentration auf das Filmdokument gemindert wird. Zudem gibt der Text die grammatisch überarbeitete Fassung der Rede und nicht den tatsächlichen Wortlaut wieder.

Unmittelbar nach dem Ende des Filmdokumentes werden die Schülerinnen und Schüler nach ihren persönlichen Eindrücken bezüglich der Machart des Dokuments gefragt und sollen mögliche Motive für diese Darstellungsform diskutieren. Es folgt die inhaltliche Interpretation des Redeausschnitts, in der u.a. nach der Absicht und den möglichen Reaktionen der Anwesenden gefragt wird.

Im letzten Teil der Doppelstunde sollen die Lernenden eine eigene Filmkritik schreiben. Der Lehrerin bzw. dem Lehrer kommt die Aufgabe zu, kurz die wesentlichen Eigenschaften einer Filmkritik zu erklären. Ziel ist eine individuelle Reflexion der Wirkung der Rede und eine kritisch-konstruktive Auseinandersetzung mit der Gestaltungsform. Zur Unterstützung kann eine bereits veröffentlichte Filmkritik (M2) verteilt werden. Die Auswertung erfolgt in der kommenden Stunde.

4.3.3.4 „Der Bundestag debattiert, wir berichten live!" – am Beispiel der Bundestagsdebatte über den Vertrag zur Vollendung der Deutschen Einheit (20.9.1990)

Historische Situation

Bereits in der Nacht vom 23. zum 24. August 1990 beschloss die frei gewählte Volkskammer der Deutschen Demokratischen Republik „den Beitritt der DDR zum Geltungsbereich des Grundgesetzes mit Wirkung vom 3. Oktober 1990". Am 20. September 1990 beschlossen beide deutsche Parlamente, die Volkskammer und der Bundestag, den Einigungsvertrag zwischen der Bundesrepublik Deutschland und der DDR mit der erforderlichen Zweidrittelmehrheit.

Die Debatte um den Vertrag zur Wiederherstellung der Deutschen Einheit im Deutschen Bundestag war geprägt durch Zustimmung, Freude und Zuversicht, aber auch gekennzeichnet von Nachdenklichkeit und mahnenden Worten. Die Aussprache am 20. September eröffnete der damalige saarländische Ministerpräsident und SPD-Kanzlerkandidat Oskar Lafontaine (geb. 1943). Seine Rede war geprägt von der Mahnung, dass man die „deutsche Einheit nicht auf Pump finanzieren darf," was ihm heftige Kritik von Bundesinnenminister Wolfgang Schäuble (geb. 1942), der maßgeblich den Vertrag vorbereitet hatte, einbrachte. Er begründete die „Kosten der Einheit" mit der „Freiheit" und neuen „Chancen, die sich für alle Deutschen" nun ergeben. Der damalige CSU-Bundestagsvizepräsident Richard Stücklen (1916–2002) verband seine Rede zum Einigungsvertrag mit Worten des Abschieds. Er, der seit 1949 dem Bundestag angehörte, sah die Herstellung der Einheit „als den Gipfel des Strebens seiner politischen Generation" und nutzte seine Rede, um die parlamentarische Arbeit der vergangenen 40 Jahre zu resümieren.

Redebeispiele

Mit dem Einigungsvertrag vom 31.8.1990 war der Weg für die Herstellung der deutschen Einheit frei. Zustimmung, Freude und Zuversicht, aber auch Nachdenklichkeit kennzeichneten die Debatte zum Einigungsvertrag in der Volkskammer der DDR und dem Bundestag der Bundesrepublik Deutschland. Am 20. September 1990 fand im Bundestag die Schlussdebatte zu diesem Vertrag statt.

Q 1 Redeauszüge aus der Schlussdebatte um den Einigungsvertrag im Deutschen Bundestag am 20. September 1990
(Die vollständigen Redetexte sind zu finden bei http://dip.bundestag.de / btp/11/11226.pdf, Plenarprotokoll Bundestag 11/226, S. 17808-17886)

Oskar Lafontaine (SPD) – Saarländischer Ministerpräsident (CD: Filmdokument 01):

Abb. 45: Oskar Lafontaine

„Ich fasse zusammen: Wir können den Einigungsprozess nicht auf falschen Grundlagen voranbringen. Ich wiederhole: Es war ein schwerer staatspolitischer Fehler zu sagen, niemandem wird es schlechter gehen, vielen aber besser. In der DDR ist die Lage mittlerweile in vielen Bereichen anders. Es war ein noch größerer Fehler zu sagen, niemand in der Bundesrepublik muss auf etwas verzichten. Angesichts der gigantischen Kosten, die auf uns zukommen, der Riesendefizite in den öffentlichen Haushalten, ist jetzt eineindeutig, dass es ihre Aufgabe gewesen wäre, Herr Bundeskanzler, zu sagen: Jawohl, Ihr wollt die Einheit, Ihr müsst Opfer bringen, wenn der soziale Ausgleich und der ökonomische Aufbau in der DDR vorankommen soll.“

Wolfgang Schäuble (CDU) – Bundesinnenminister (CD: Filmdokument 01):

Abb. 46: Wolfgang Schäuble

„Wir Deutschen im Westen sollten [...] die Fähigkeit aufbringen, die Ungeduld unserer Landsleute zu ertragen und sollten auch Verständnis dafür haben, dass sie auch bei den schwierigen Fragen

[...] vieles ganz anders sehen als wir. Wir sollten auch dafür werben, zu helfen und zu teilen und nicht Angst zu machen, sondern Zuversicht zu verkünden [...] Ich weiß, dass so große Veränderungen [...] natürlich Anlass zu Unsicherheit, zu Irritation in Hülle und Fülle geben. Aber über alle Sorgen [...] sollten wir das Gefühl der Freude und das Gefühl der Dankbarkeit nicht verlieren, weil nur aus einem Gefühl der Freude und der Dankbarkeit der Mut zur Zukunft wächst, den wir brauchen, wenn wir die Einheit Deutschlands wirklich vollenden wollen."

Richard Stücklen (CSU) - Bundestagspräsident a.D. (CD: Filmdokument 02):

Abb. 47: Richard Stücklen

„Ich bin dem Schicksal dankbar, dass ich auch noch dem ersten gesamtdeutschen Bundestag angehören werde, der am 4. Oktober diesen Jahres zum ersten Mal zusammentreten wird. Lassen sie mich ohne jeden Pathos sagen: Ich halte dies für den Höhepunkt meines politischen Lebens. Nun ein persönliches Wort des Abschieds. Nach 41 Jahren Zugehörigkeit zu diesem Hohen Hause verabschiede ich mich mit dem Dank an Sie alle, die Sie mich in den verschiedensten Funktionen mit allen Ecken und Kanten so geduldig und nachsichtig ertragen haben."

Didaktische Potenziale

Die inhaltliche Beschäftigung mit den Redeausschnitten muss die Erkenntnis zum Ziel haben, dass die Wiedervereinigung von weiten Kreisen des gesellschaftlichen Lebens gewollt und Verpflichtung des politischen Handelns gewesen ist. Die Bedenken im Hinblick auf die Vereinigung, die besonders in der Rede Oskar Lafontaines zum Ausdruck kommen, zeigen, dass schon damals der Prozess der Vereinigung als ein Prozess mit Risiken gewertet wurde. Welchem Redebeitrag die Schülerinnen und Schüler persönlich mehr Überzeugungskraft zusprechen, ist individuelles Ergebnis des Unterrichtsverlaufes.

Das methodische Vorgehen, das einem spielerischen Sichhineinversetzen in historische Situationen gleich kommt, hat seine Vorzüge darin, dass die Lernenden zur Selbsttätigkeit und Kreativität aufgefordert sind.

Die so entstehende Motivation erleichtert die Interpretation der Filmdokumente. Das kreative Vorgehen unterstützt die Konzentration und regt die Phantasie der Schülerinnen und Schüler an, da diese häufig um raffinierte Beiträge bemüht sind.

Das historische Lernen findet sowohl während der Vorbereitung der Nachrichtensendungen als auch bei der Präsentation und Auswertung der Gruppenarbeitsergebnisse statt. Die Gruppenarbeit als solche fördert die Teamarbeit und eigenständige Koordination des Arbeitsweges.

Es ist unbedingt erforderlich, dass die Schülerinnen und Schüler über die historische Situation der Debatte Kenntnis haben bzw. die Möglichkeit erhalten, sich über diese zusätzlich zu informieren (z.B. im Schulbuch). Dies ist wichtig, da „historiographische Rezeptionen mit Spielelementen" häufig Anachronismen hervorrufen könne. „Man sollte diesen Punkt aber nicht überbewerten. Zum einen lässt sich mit einer durchdachten Vorbereitung vieles im Vorfeld entschärfen. Zum anderen sind auch wissenschaftliche Verstehensmodelle nicht vor Anachronismen geschützt, nur weil sie ‚ernsthaft' zustande gekommen sind."[51] Der Auswertung kommt besondere Bedeutung zu. Jeder Gruppe muss die Möglichkeit der Präsentation eingeräumt werden.

Das in diesem Unterrichtsbeispiel beschriebene methodische Vorgehen anhand der Debatte des Deutschen Bundestages über den Einigungsvertrag kann jederzeit ohne größere Umstände auf andere historische Debatten übertragen werden. Beispielsweise sind Bundestagsdebatten aus den 1960er und 1970er Jahren wegen ihrer Emotionalität und rhetorischen Qualität sehr geeignet. Erinnert sei an die leidenschaftlichen Reden aus der Zeit der Ostverträge von Willy Brandt, Franz-Josef Strauß, Herbert Wehner oder Rainer Barzel.

Mögliches methodisches Vorgehen

Das methodische Vorgehen dieser Unterrichtseinheit ist prinzipiell in beiden Sekundarstufen möglich.

Nachdem in der vorausgegangenen Stunde bereits über wichtige Schritte hin zur Wiedervereinigung der beiden deutschen Staaten gesprochen wurde (10-Punkte-Programm, Zwei-plus-Vier-Verhandlungen, Wirtschafts- Währungs- und Sozialunion), soll in dieser und den folgenden Stunden die innerdeutsche Debatte über den Einigungsvertrag im Mittelpunkt stehen.

1. Stunde: Um einen möglichst handlungsorientierten Unterrichtsverlauf zu erreichen, werden die Schüler aufgefordert, sich vorzustellen, sie seien Reporter der Tagesschau und sollen über die Debatte des Deutschen Bundestages zum Einigungsvertrag (20.9.1990) berichten. Die

Lehrkraft erläutert das methodische Vorgehen. Nachdem den Schülern die historische Situation dieser Debatte bereits bekannt ist, werden ihnen Informationen bezüglich der näheren Umstände (Datum, Dauer, Ort [Plenarsaal im ehemaligen Bonner Wasserwerk]) der Rede mitgeteilt. Vor dem ersten Sehen der Redeausschnitte aus der Debatte werden die Schüler in Gruppen mit maximal fünf Mitgliedern eingeteilt. Die Lehrkraft kann folgende Beobachtungsfragen vorgeben:

- Welches Anliegen verfolgen die drei Redner?
- Welche Haltung haben sie gegenüber der deutschen Einheit?
- Über welche Aussagen sollten die Zuschauer informiert werden?

Nachdem die Filmdokumente angeschaut wurden, werden die Fragen bzw. gewonnenen Eindrücke in den Gruppen ausgewertet und diskutiert. Es wird überlegt und festgelegt, aus welchen Teilen die Nachrichtensendung bestehen soll und wer für den jeweiligen Teil verantwortlich ist. Teile der Nachrichtensendung können sein: Berichte, Live-Schaltungen in den Bundestag, Interviews mit den Rednern, Abgeordneten, Sachverständigen (z.B. Politologen, Historikern) oder anwesenden Bürgern und Kommentatoren. Selbstverständlich wird auch ein Nachrichtensprecher benötigt, der die einzelnen Teilbeiträge der Sendung moderierend verbindet.

2. Stunde: Zu Beginn werden der Lerngruppe die Ausschnitte der Debatte erneut vorgespielt, um weitere Informationen für ihre Nachrichtensendung zu gewinnen. Die folgende Unterrichtszeit wird für die Ausarbeitung und Zusammenstellung der jeweiligen Sendungen genutzt. Ein individueller Ablaufplan sollte jeder Gruppe als Grundlage dienen. Zudem können Requisiten eingesetzt werden.

In der *3. und 4. Stunde* führen die Gruppen ihre Sendungen vor. Dabei ist zu erwarten, dass äußerst kreative Beiträge dargeboten werden. Im Auswertungsgespräch muss die Qualität der Beispiele besprochen werden, mögliche Anachronismen berichtigt und wichtige Ergebnisse der inhaltlichen Auseinandersetzung mit den Debattenbeiträgen in einem Tafelbild gesichert werden. Lohnend ist es auch, die Nachrichtensendungen der Gruppen auf Video aufzuzeichnen.

4.3.3.5 Ein visueller Fingerabdruck: Modell zur Analyse des nonverbalen Verhaltens – am Beispiel der ersten Neujahrsansprache einer deutschen Regierungschefin, Angela Merkel (31.12.2005) und des Polaritätsprofils

Anmerkungen zum Filmdokument und zur historischen Situation

Die Silvesterreden von der Jahrhundertwende bis heute geben einen kleinen Einblick in die Zeit vom Kaiserreich bis zum wiedervereinigten Deutschland, über die Weimarer Republik, die nationalsozialistische Diktatur und die beiden deutschen Staaten. 1999 hat das Deutsche Historische Museum gemeinsam mit dem Deutschen Rundfunkarchiv eine CD mit Neujahrsansprachen herausgegeben.[52]

In den Reden zum Jahreswechsel kommt weniger das Festliche und Fröhliche zum Ausdruck, als vielmehr das Erklärende, Mahnende oder Hoffnunggebende. Zudem sind die Film- oder Tondokumente der Neujahrsreden Quellen des Zeitgeistes. Sie spiegeln die Themen wider, die die jeweilige Öffentlichkeit berührten. Als Beispiel soll hier die im Jahr 2005 gehaltene Ansprache von Bundeskanzlerin Angela Merkel verwendet werden.

Mit dem Jahr 2005 ging für die Bundesrepublik Deutschland ein Jahr zu Ende, das Geschichte schrieb. Zum ersten Mal in der deutschen Geschichte wurde eine Frau Regierungschefin einer demokratisch gewählten Regierung. Mit ihrer Ansprache versucht Angela Merkel, den Menschen zu erklären, dass ihre Regierung die drängenden Probleme erkannt hat und Stück für Stück lösen will.

Redebeispiel

Q 1 „Fangen wir einfach an"
Neujahrsansprache der ersten deutschen Bundeskanzlerin Angela Merkel am 31. Dezember 2005
(Die Rede ist zu beziehen über: Archiv des Deutschen Bundestages, Referat Parlamentsarchiv (ID2), Tel. 030-227 32 320, E-Mail: *vorzimmer.id2@bundestag.de)*

> „Liebe Mitbürgerinnen und Mitbürger,
> was kann man alles in einem Jahr erreichen? Es ist eine ganze Menge! Wie wäre es, wenn wir uns heute Abend das Ziel setzen, im kommenden Jahr überall noch ein wenig mehr als bisher zu vollbringen?
> Sie hat gut reden, wird jetzt vielleicht der eine oder andere sagen. Ihr geht es gut, sie hat in diesem Jahr doch einiges von dem erreicht, was ihr wichtig war. Aber mir? Wie soll es weitergehen nach dem Verlust meines Arbeitsplatzes? Wann finde ich endlich einen Ausbildungsplatz? Wie können wir die Pleite unseres Betriebes verhindern? Was wird aus mir und meiner Familie?
> Ich verstehe diese Fragen. Ich weiß, dass vielen bereits sehr viel abverlangt wird.
> Ich wage es dennoch noch einmal: Ich möchte uns ganz einfach ermuntern herauszufinden, was in uns steckt! Ich bin überzeugt, wir werden überrascht sein!

Sie haben schon lange eine Idee? Es muss gar nichts Überragendes sein, aber sollte 2006 nicht das Jahr sein, in dem Sie versuchen, diese Idee in die Tat umzusetzen? Fangen wir einfach an! Jeder Weg beginnt mit einem ersten Schritt. Sie werden sehen, wie viel Freude es macht, wenn man Schritt für Schritt voran geht.
Das kann jeder von uns – zu Hause, in der Familie, mit Kindern, in der Schule, am Arbeitsplatz, mit Kranken, mit Behinderten, mit bei uns lebenden Ausländern, in Vereinen, in Selbsthilfegruppen, in Bürgerinitiativen, in Kirchen und vielem mehr.
Und auch in der Politik.
So ist die neue Bundesregierung an die Arbeit gegangen. Unerreichbare Ziele setzen? Das ist nicht unsere Art. Unhaltbare Versprechungen machen? Davon haben Sie zu Recht genug. Viele kleine Schritte gehen, die aber in die richtige Richtung. So haben wir angefangen. Und dabei ein Ziel fest im Blick: unser Land in 10 Jahren wieder an die Spitze Europas zu führen, und zwar weil jeder von uns ganz persönlich etwas davon hat.
Wir haben uns an die Arbeit gemacht, um die Arbeitsvermittlung zu stärken, die öffentlichen Finanzen zu stabilisieren, das, was an Arbeit rings um den privaten Haushalt getan wird, steuerlich besser zu stellen, die Investitionsbedingungen für die Betriebe zu verbessern, neue Technologien stärker als bisher zu fördern. Denn unser Land wird im Wettbewerb mit anderen Ländern nur mithalten können mit immer neuen Ideen. Die Regierung der großen Koalition wird daher angesichts der überaus schwierigen Haushaltslage überall sparen – nur nicht bei Forschung, Entwicklung, Bildung und Ausbildung.
Im kommenden Jahr haben wir als Land alle gemeinsam eine große Chance! Die Welt wird auf Deutschland schauen wie zuletzt vor 16 Jahren beim Fall der Mauer. Natürlich, die Dinge sind in ihrer Bedeutung überhaupt nicht zu vergleichen, aber dennoch: Im Ergebnis werden Milliarden Menschen die Fußballweltmeisterschaft am Fernseher verfolgen und Millionen Menschen werden uns besuchen kommen.
Natürlich drücken wir unserer Mannschaft die Daumen, und ich glaube, die Chancen sind gar nicht schlecht. Die Frauenfußball-Nationalmannschaft ist ja schon Fußballweltmeister, und ich sehe keinen Grund, warum Männer nicht das Gleiche leisten können wie Frauen.
Ein Sieger der WM steht für mich schon heute fest: Das sind wir, die Menschen in diesem Land, weil wir mit der ganzen Welt ein Fest feiern können.
Die WM hat, wie ich finde, ein wunderbares Motto: Die Welt zu Gast bei Freunden. Werden Sie Freund oder Freundin! Lassen Sie uns alle gemeinsam Freunde unserer Gäste werden.

Das ist mein größter Wunsch für das neue Jahr: Dass Deutschland weiter in Freundschaft mit seinen Nachbarn und Partnern, in Frieden und Freiheit leben kann. Europa hat große Erwartungen an unser Land. Ohne ein wirtschaftlich und sozial starkes Deutschland kommt Europa nicht voran. Und ohne ein starkes Europa ist auch Deutschland schwach. Die Finanzen haben wir beim letzten EU-Gipfel in Ordnung gebracht. Aber weil Europa insgesamt handlungsfähiger werden muss, weil wir uns auch unserer gemeinsamen Werte bewusst sein müssen, sollte es nach der Denkpause beim europäischen Verfassungsprozess bald zu greifbaren Ergebnissen kommen.

Auch außerhalb Europas gibt es große Erwartungen an unser Land – bei den Verhandlungen um den freien Welthandel, beim Auslandseinsatz von deutschen Soldaten und Polizisten oder bei der Reform der Vereinten Nationen.

Wir denken auch bei großen Naturkatastrophen an andere. Für die beim Tsunami einzigartige Spendenbereitschaft danke ich Ihnen sehr. Ich möchte Sie zugleich bitten, auch an die stillen Tsunamis zu denken, also an die zum Teil vergessene Not. Zum Beispiel durch Hungersnöte in Afrika, an die Opfer des verheerenden Erdbebens in Pakistan oder an die Tragödien in manchen Regionen unserer Welt, die durch Kriege, Bürgerkriege, Migrationsströme und Krankheiten verursacht werden. Vergessen wir sie nicht, öffnen wir auch hierfür unsere Herzen – wie auch für Menschen, die bei uns zu Hause in Not leben.

Liebe Mitbürgerinnen und Mitbürger, wir sehen, wir können gemeinsam so viel erreichen! Jeder kann seinen Beitrag leisten! Und wenn wir auch bei uns zu Hause künftig unsere Probleme in den Griff bekommen wollen, und zwar auch das Problem Nr. 1, das ist ohne Zweifel die erschreckend hohe Arbeitslosigkeit – dann müssen wir noch mehr als bisher tun. Genau das hat sich meine Regierung vorgenommen.

Dazu werden wir Sie nach Kräften unterstützen, aber dazu müssen wir alle auch überkommene Rituale in Politik und Verbänden überwinden. Und wir sollten uns an eine einfache Weisheit erinnern, sie lautet: Arbeit braucht Wachstum und Wachstum braucht Freiheit.

Deshalb machen wir Bürokratieabbau, eine wettbewerbsfähige Unternehmensbesteuerung, eine Reform von Bund und Ländern. Und wir arbeiten für eine echte Reform der Kranken- und Pflegeversicherung im nächsten Jahr – für eine überzeugende Idee auch dort, und die wird in die Tat umgesetzt.

Liebe Mitbürgerinnen und Mitbürger, ich möchte, dass Sie Ihre Ideen für sich und ihre Familien verwirklichen können. Deutschland ist das Land der Ideen. Aber von unseren Ideen leben – das können wir nur, wenn wir sie auch in die Tat umsetzen. Überraschen wir uns damit, was möglich ist! Fangen wir einfach an – ab morgen früh.

Heute Abend aber feiern wir erst einmal oder wir sind mit den Menschen zusammen, die unsere Hilfe, ein liebendes Wort brauchen oder die umgekehrt uns Zuspruch und Trost geben.

Ich wünsche Ihnen ein gutes, ein erfülltes und gesegnetes neues Jahr 2006.

Presse- und Informationsamt der Bundesregierung, http://www.bundeskanzlerin.de, Stand: 1. Januar 2006.

Didaktische Potenziale

Da die Ansprachen zum Jahreswechsel stets zeitgenössische Diskussionen und Probleme thematisieren, ist auch die Rede von Bundeskanzlerin Merkel, entsprechend der historischen Fragen, die man an diese richten wird, historisch. Ferner ist die Rede historisch, weil sich erstmals eine Frau als Bundeskanzlerin an die Deutschen wendet.

In der hier verwendeten Ansprache zum Jahreswechsel hat Bundeskanzlerin Angela Merkel die Bürgerinnen und Bürger dazu ermutigt, im neuen Jahr gemeinsam die Probleme anzugehen. „Wir können gemeinsam so viel erreichen!", sagte Merkel. „Mit vielen kleinen Schritten in die richtige Richtung" wolle die Bundesregierung Deutschland wieder an die Spitze Europas führen.

Im Zuge der sprachlichen und inhaltlichen Interpretation der Neujahrsansprache erkennen die Schülerinnen und Schüler die Anliegen und Botschaften des Redners. Es müssen dabei unbedingt die Motive und Ziele erarbeitet und kritisch diskutiert werden. Die Auseinandersetzung mit dieser Redeform dient ferner dem Ausbau der Gattungs- und Interpretationskompetenz.

Das methodische Vorgehen legt seinen Schwerpunkt auf die Interpretation des nonverbalen Verhaltens der Rednerin. Dabei wird, ähnlich den Tondokumenten, ein Polaritätsprofil mit verschiedenen Adjektivpaaren verwendet (vgl. S. 155). Mit Hilfe dieser Adjektivpaare werden die Empfindungen beim Sehen und Hören der Reden grafisch nachvollziehbar. Die Lernenden sind aufgefordert, das Rede- bzw. Vortragsverhalten zu diskutieren, wodurch die Einsicht vermittelt wird, dass der Körper- und Spracheinsatz von der jeweiligen Redegattung, dem Redeort und den Redezielen abhängig ist. Die unterschiedlichen Skalen der Schülerinnen und Schüler bezüglich des Höreindruckes einer Rede verdeutlichen, dass das Empfinden und die hervorgerufenen Gefühle bei einer Rede nicht identisch sein müssen.

Das methodische Vorgehen bewirkt zusätzlich die Einsicht, dass Mimik, Gestik, Körperbewegung/-haltung und Blickkontakt sowie

Stimmlage, Betonung, Redetempo, Pausensetzung oder Lautstärke das Erreichen einer Redeabsicht unterstützen bzw. zerstören können.

Methodische Vorschläge

Polaritätsprofile können prinzipiell in allen Schulstufen genutzt werden. Gleiches gilt für den Einsatz von Silvesteransprachen. Der nachfolgend beschriebene Unterrichtsverlauf fügt sich in das Unterrichtsthema „Leben im vereinten Deutschland" ein. In der Neujahrsansprache von 1990 betonte Bundeskanzler Helmut Kohl, dass nach der Vollendung der Einheit nun die „innere Einheit" gestaltet werden und dringende Aufgaben angegangen werden müssten. Zur Unterstützung und Veranschaulichung könnte das Tondokument dieser Ansprache vorgespielt werden.[53] Es schließt sich eine Diskussion über „den Stand der deutschen Einheit" an. Die Schülerinnen und Schüler erkennen, dass noch immer Probleme zwischen Ost und Westdeutschland bestehen, aber auch schon eine Menge in den vergangenen Jahren erreicht wurde. Ferner muss mit der Lerngruppe über die Gattung der Neujahrsansprachen und deren Merkmale gesprochen werden.

Beim ersten Sehen und Hören der Rede sind die Lernenden aufgefordert, die Anliegen und die Botschaften der Bundeskanzlerin zu erkennen. Nach dem ersten Abspielen des Filmdokuments sollen Mitglieder der Lerngruppe ihre unmittelbaren Eindrücke zur Ansprache mitteilen. Es können Vergleiche zu der Ansprache Helmut Kohls gezogen werden. Im Unterrichtsgespräch wird diskutiert, was die Anliegen und Botschaften sind und wie sie die Situation Deutschlands fünfzehn Jahre nach der Einheit zusammenfasst. In einer Tabelle (was und wie) werden die Ergebnisse zusammengetragen.

Es folgt ein zweites Abspielen des Filmdokumentes, nun ohne Ton. Die Aufgabe der Schüler besteht nun darin, auf dem Polaritätsprofil ihre persönlichen Eindrücke vom nonverbalen Verhalten der Rednerin zu notieren. Zunächst erfolgt ein Vergleich des Profils mit dem Banknachbarn, so erkennen die Lernenden, dass Reden durchaus unterschiedlich wirken. Im Unterrichtsgespräch wird das Tafelbild vervollständigt, indem festgehalten wird, wie die Ansprache vorgetragen wird. Das Unterrichtsgespräch fragt ferner nach den Motiven der Vortragsweise und kann natürlich auch Kritik oder Alternativvorschläge hervorbringen. Unter den Eindrücken des Vortrages von Merkel kann die Rede am Ende der Stunde von Schülern wirkungsvoll vorgetragen werden.

Der Lehrer oder ein Schüler kann bis zur nächsten Stunde einen Klassendurchschnitt des Polaritätsprofils erstellen. So entsteht ein klassenspezifischer „Fingerabdruck" der Neujahrsansprache.

Anmerkungen

1 Vgl. Schneider, Gerhard: Die Arbeit mit schriftlichen Quellen, in: Pandel, Hans-Jürgen / Schneider, Gerhard (Hrsg.): Handbuch Medien im Geschichtsunterricht, 2. Aufl., Schwalbach/Ts. 2002, S. 20-22.

2 Vgl. Pandel, Hans-Jürgen: Quelleninterpretation, Schwalbach/Ts. 2003, S. 168-170.

3 Ebd., S. 149.

4 Vgl. ebd., S. 149-182.

5 Geissner, Helmuth: Rhetorische Analytik, in: Proceedings of Sixth International Cobgress of Phonetic Sciences, Prag 1970, S. 362.

6 Vgl. Pandel, Hans-Jürgen: Quelleninterpretation, Schwalbach/Ts. 2003, S. 65-71.

7 Quelle: Krieger, Karl-Friedrich: Papst Urban II. Aufruf zum Kreuzzug (1095), in: Brodersen, Kai (Hrsg.): Große Reden: Von der Antike bis heute, Darmstadt 2002, S. 30-37.

8 Wilhelm, Katja: „Hir stehe ich / Ich kann nicht anders / Gott hilffe mir", in: Geschichte lernen, Heft 85 (2002), S. 28.

9 Bernhardt, Markus: Das Spiel im Geschichtsunterricht, Schwalbach/Ts. 2003, S. 101-108.

10 Schafarschik, Walther (Hrsg.): Herrschaft und Sprache. Politische Reden, Stuttgart 2000, S. 20f.

11 Ebd., S. 20f.

12 Henke-Bockschatz, Gerhard: Industrialisierung. Fundus – Quellen für den Geschichtsunterricht, Schwalbach/Ts. 2004, S. 201 & URL: www.sj-ooe.at/popp.htm, Stand: 10.12.2005.

13 Vgl. Henke-Bockschatz, Gerhard: Industrialisierung. Fundus – Quellen für den Geschichtsunterricht, Schwalbach/Ts. 2004, S. 201f.

14 Vgl. Lange, Thomas: Archivarbeit, in: Meyer, Ulrich / Pandel, Hans-Jürgen / Schneider, Gerhard (Hrsg.): Handbuch Methoden im Geschichtsunterricht, Schwalbach/Ts. 2004, S. 449-452.

15 Vgl. Sauer, Michael: Geschichte unterrichten, Seelze-Velber 2005, S. 122.

16 National Library, URL: http://library.educationworld.net/txt17/, Stand: 9.9.2005.

17 Vgl. Multimedia-Lernpakete: Mayer, Ulrich / Pandel, Hans-Jürgen / Schneider, Gerhard (Hrsg.): Begegnungen mit Geschichte, Schwalbach/Ts. 2006.

18 Vgl. Deutsches Rundfunkarchiv, URL: www.dra.de, Stand: 17.10.2005.

19 Vgl. Deutsches Rundfunkarchiv (Hrsg.): Frauenstimmen, CD, Wiesbaden 1999.

20 Vgl. Wiesinger, Jochen: Die Geschichte der Unterhaltungselektronik. Daten, Bilder, Trends, Frankfurt/M. 1994.

21 Wunderer, Hartmut: Tondokumente, in: Pandel, Hans-Jürgen / Schneider, Gerhard (Hrsg.): Handbuch Medien im Geschichtsunterricht, 2. Aufl., Schwalbach/Ts. 2002, S. 475.

22 Ebd., S. 472.

23 Vgl. Wimmer, Florian: Das historisch-politische Lied im Geschichtsunterricht, Frankfurt/M. 1994, S. 156-159.

24 Wesemann, Dorette: Olympe de Gouges (1748–1793), www.dadalos-d.org/deutsch/Menschenrechte/Grundkurs_MR3/ frauenrechte/woher/portraets/olympe_de_gouges.htm, Stand: 14.12.2005.

25 Vgl. Geuther, Gudula: Elisabeth Selbert, www.dradio.de/dlf/sendungen/verfassungsgeschichten/348462/, Stand: 14.12.2005.

26 Die Frau im Nationalsozialismus: URL: www.mdr.de/doku/archiv/492602-hintergrund-511581.html, Stand: 10.12.2005.

27 Vgl. Boelke, Willi A.: Goebbels und die Kundgebung im Berliner Sportpalast vom 18. Februar 1943. Vorgeschichte und Verlauf, in: Jahrbuch für Geschichte Mittel- und Ostdeutschlands, Bd. 19, 1970, S. 246.

28 Pandel, Hans-Jürgen: „Wollt ihr den totalen Krieg? Goebbels' Sportpalastrede am 18. Februar 1943, in: Geschichte lernen, Heft 85 (2002), S. 52.

29 Bildmaterial für Impulse: vgl. Friedrich, Jörg: Brandstätten. Der Anblick des Bombenkrieges, München 2003.

30 Vgl. Deutsch Historisches Museum, URL: www.dhm.de/lemo/html/Nachkriegsjahre/EntstehungZweierDeutscherStaaten/berlinBlockadeUndLuftbruecke.html, Stand: 13.12.2005.

31 Ferdinand, Horst (Hrsg.): Reden, die die Republik bewegten, 2. Aufl., Opladen 2002, S. 490.

32 Ebd., S. 491

33 Tischner, Christian K.: Rhetorik und Geschichte, in: Oswalt, Vadim/ Pandel, Hans-Jürgen (Hrsg.): Geschichtskultur. Die Anwesenheit von Vergangenheit in der Gegenwart. Schwalbach/Ts. 2008 (i.E.)

34 Hertel, Hans-Hermann / Stephan, Gerd-Rüdiger (Hrsg.): Das Ende der SED. Die letzten Tage des Zentralkomitees, 3. Aufl., Berlin 1997.

35 Bernhard Quandt bezieht sich hier auf einen Redebeitrag des Abgeordneten Prof. Dr. Staegemann (NDPD) in der Volkskammersitzung vom 1. Dezember 1989, der dort das Gerücht wiedergegeben hatte, „dass 100 Milliarden Mark in der Schweiz auf Nummernkonten nicht nur als Valuta, sondern auch in Form von Gold- und Silberbarren und Platin gehortet werden", und Auskunft über diese „leider sehr, sehr betrübliche Sache" gefordert hatte.

36 Hertel, Hans-Hermann / Stephan, Gerd-Rüdiger: Das Ende der SED, Berlin 1997, S. 96.

37 Wunderer, Hartmut: Tondokumente, in: Pandel, Hans-Jürgen / Schneider, Gerhard (Hrsg.): Handbuch Medien im Geschichtsunterricht, 2. Aufl., Schwalbach/Ts. 2002, S. 474.

38 Bofinger, Jürgen: Schüler – Freizeit – Medien. Eine empirische Studie zum Freizeit- und Medienverhalten 10- bis 17-jähriger Schülerinnen und Schüler, München 2001, S. 55-65.

39 Vgl. Schneider, Gerhard: Filme, in: Pandel, Hans-Jürgen / Schneider, Gerhard (Hrsg.): Handbuch Medien im Geschichtsunterricht, 2. Aufl., Schwalbach/Ts. 2002, S. 366.

40 Ebd., S. 370.

41 Vgl. Meyers, Peter: Filme im Geschichtsunterricht, Frankfurt/M. 1998, S. 42-53.

42 Vgl. Sauer, Michael: Geschichte unterrichten, 4. Aufl., Seelze-Velber 2005, S. 180.

43 weitere Informationen zu Filmdokumenten, Deutsches Filmarchiv, URL: www.dfa.de, Stand: 15.10.05.

44 Vgl. Krapp, Andreas / Weidemann, Bernd (Hrsg.): Pädagogische Psychologie. Ein Lehrbuch, 4. Aufl., Weinheim 2001, S. 443-452.

45 Sturm, Hertha: Medienwirkung auf Kinder und Jugendliche, in: Deutsche Forschungsgesellschaft (Hrsg.): Enquete „Medienwirkungsforschung in der Bundesrepublik Deutschland", Teil 1: Berichte und Empfehlungen, Weinheim 1986, S. 38.

46 Schneider, Gerhard: Filme, in: Pandel, Hans-Jürgen / Schneider, Gerhard (Hrsg.): Handbuch Medien im Geschichtsunterricht, 2. Aufl., Schwalbach/ Ts. 2002, S. 377f.

47 nach: Sauer, Michael: Geschichte unterrichten, 4. Aufl., Seelze-Velber 2005, S. 184.

48 Vgl. Der Große Diktator, URL: www.der-grosse-diktator.de, Stand: 24.10.05.

49 Lederle, Josef: Filmkritik, URL: www.3sat.de/film/news/23045/, Stand: 25.12.2005.

50 Vgl. Dressler, Iris: , URL: www.hartware-projekte.de/archiv/inhalt/karmakar.html, Stand: 25.12.05.

51 Bernhardt, Markus: Das Spiel im Geschichtsunterricht, Schwalbach/Ts. 2003, S. 152.

52 Die CD „Prosit Neujahr!" Silvesteransprachen und -feiern 1900–1998 ist zu beziehen über: www.rda.de.

53 Das Tondokument der Ansprache des Bundeskanzlers Helmut Kohl ist auf der CD „Prosit Neujahr!" enthalten und unter www.rda.de zu beziehen.

5. Fazit

Das vorliegende Buch verdeutlicht die Vielzahl der didaktischen und methodischen Potenziale der Quellengattung Rede für das historische Lehren und Lernen. Damit leistet es einen Beitrag bezüglich der Forderung nach einem adäquaten Umgang mit Quellen.

Historische Reden, so zeigt sich, entsprechen in besonderer Weise den Forderungen des quellenorientierten Geschichtsunterrichts. Da Reden relativ zeitnah zu einem historischen Ereignis entstanden sind bzw. das historische Ereignis selbst sind, besitzen sie im Vergleich zu anderen Quellengattungen eine äußerst hohe Authentizität. Der Einsatz von historischen Reden ermöglicht die Ausprägung von Geschichtsbewusstsein, die Vermittlung historischer Inhalte und den Aufbau fachspezifischer Kompetenzen.

Das Buch zeigt, dass Reden durch eine kommunikative Situation geprägt sind. Diese wird beeinflusst von den Inhalten der Reden, aber vor allem durch Sprache, Mimik und Gestik des Redners. Die Annahme, dass Reden in Textform nur einen Teil ihrer ursprünglichen Wirkung entfalten können, hat sich somit bestätigt. Wie die Praxisbeispiele und empirische Untersuchung zeigen, bewirkt der Einsatz von Ton- und Filmreden ein höheres Schülerinteresse. Somit wird das historische Lernen unterstützt und bereichert. Ein Problem ergibt sich für Reden aus Zeiten vor der Tonaufzeichnung. In dem Fall ist die Geschichtslehrerin bzw. der Geschichtslehrer aufgefordert, durch entsprechende Unterrichtsplanung dafür zu sorgen, dass trotzdem die sprachanalytische, handlungsanalytische und wirkungsbezogene Betrachtung der Rede ermöglicht wird. Mit dem entworfenen Interpretationsmodell wurde ein Schema vorgeschlagen, das den spezifischen Merkmalen und verschiedenen Erkenntnisebenen einer Rede gerecht werden kann.

Die Ausführungen über den Einsatz von historischen Reden und die vielfältigen Unterrichtsbeispiele widerlegen die Behauptung, dass Reden den Geschichtsunterricht didaktisch und methodisch verengen. Die Beschreibung der Unterrichtsbeispiele ist mitunter umfangreich. Eine verkürzte Darstellung der didaktischen Potenziale und methodischen Vorgehensweise wäre aber dem Anspruch des Buches nach Verständlichkeit und Stimmigkeit nicht gerecht geworden.

Der vorliegende Methodenband eröffnet Chancen für weitere wissenschaftliche Beschäftigungen mit der Quellengattung historische Rede. So wäre es beispielsweise interessant, sich intensiver mit Reden in Filmen auseinander zu setzen. Ein anderes Forschungsfeld wären weitere empirische Untersuchungen über die Medienpräferenz von Lehrern und Schülern. So scheinen bestimmte Medien den Geschichtsunterricht zu dominieren. Dies wird aber dem Erwerb fachspezifischer Kompetenzen (z.B. Gattungskompetenz) nicht gerecht.

6. Literatur-, Quellen- und Medienverzeichnis

Literaturverzeichnis

Becher, Ursula A. J.: Didaktik der Zeitgeschichte, in: Bergmann, Klaus (Hrsg.): Handbuch der Geschichtsdidaktik, 3. Aufl., Düsseldorf 1985, S. 307-309.

Beilner, Helmut: Empirische Forschung in der Geschichtsdidaktik, in: GWU 54 (2003), S. 284-302.

Bergmann, Klaus (Hrsg.): Handbuch der Geschichtsdidaktik, 3. Aufl., Düsseldorf 1985.

Bergmann, Klaus (Hrsg.): Handbuch der Geschichtsdidaktik, 5. Aufl. Seelze-Velber 1997.

Bergmann, Klaus: Gegenwarts- und Zukunftsbezug, in: Mayer, Ulrich/Pandel, Hans-Jürgen/Schneider, Gerhard (Hrsg.): Handbuch Methoden im Geschichtsunterricht, Schwalbach/Ts. 2004, S. 91-112.

Bergmann, Klaus: Multiperspektivität, in: ders. (Hrsg.): Handbuch der Geschichtsdidaktik, 3. Aufl., Düsseldorf 1985, S. 301-303.

Bergmann, Klaus: Multiperspektivität, in: GWU 45 (1994), S. 194-198.

Bernhardt, Markus: Das Spiel im Geschichtsunterricht, Schwalbach/Ts. 2003.

Boelke, Willi A.: Goebbels und die Kundgebung im Berliner Sportpalast vom 18. Februar 1943. Vorgeschichte und Verlauf, in: Jahrbuch für Geschichte Mittel- und Ostdeutschlands, Bd. 19, 1970, S. 227-258.

Bofinger, Jürgen: Schüler – Freizeit – Medien. Eine empirische Studie zum Freizeit- und Medienverhalten 10- bis 17-jähriger Schülerinnen und Schüler, München 2001.

Borries, Bodo v./Pandel, Hans-Jürgen (Hrsg.): Zur Genese historischer Denkformen, Pfaffenweiler 1994.

Borries, Bodo v./u.a. (Hrsg.): Geschichtsbewusstsein empirisch, Pfaffenweiler 1991.

Borries, Bodo v.: Das Geschichtsbewusstsein Jugendlicher. Eine repräsentative Untersuchung über Vergangenheitsdeutung, Gegenwartswahrnehmung und Zukunftserwartung von Schülerinnen und Schülern in Ost- und Westdeutschland, Weinheim/München 1995.

Borries, Bodo v.: Wissenschaftsorientierung, in: Mayer, Ulrich/Pandel, Hans-Jürgen/Schneider, Gerhard (Hrsg.): Handbuch Methoden im Geschichtsunterricht, Schwalbach/Ts. 2004, S. 30-48.

Bühler, Karl: Die dreifache Leistung der Sprache, in: Bialkowsky, Brigitte (Hrsg.): Facetten. Lehr-, Lese- und Arbeitsbuch Deutsch für die Oberstufe, Leipzig 2001.

Clark, Martin Lowther: Die Rhetorik bei den Römern. Ein historischer Abriss, Göttingen 1968.
Fetscher, Iring: Joseph Goebbels im Berliner Sportpalast 1943 „Wollt ihr den totalen Krieg", Hamburg 1998.
Friedrich, Jörg: Brandstätten. Der Anblick des Bombenkrieges, München 2003.
Friedrich, Jörg: Der Brand. Deutschland im Bombenkrieg, München 2002.
Fuhrmann, Manfred: Die antike Rhetorik, 3. Aufl., München/Zürich 1990.
Geissner, Helmuth: Rhetorische Analytik, in: Proceedings of Sixth International Congress of Phonetic Sciences, Prag 1970.
Giesewell, Detlef: Politische Rhetorik. Macht der Rede, öffentliche Legitimation, Stiftung von Konsens, Wiesbaden 2000.
Goldberg, Hans-Peter: Bismarck und seine Gegner. Die politische Rhetorik im kaiserlichen Reichstag, Düsseldorf 1988.
Göttert, Karl-Heinz: Einführung in die Rhetorik. Grundbegriffe – Geschichte – Rezeption, München 1991.
Gudjons, Herbert: Handlungsorientiert Lehren und Lernen, Bad Heilbrunn 1986.
Gugel, Günther: Praxis politischer Bildungsarbeit. Methoden und Arbeitshefte, 2. Aufl., Tübingen 1994.
Günther-Arndt, Hilke (Hrsg.): Geschichts-Didaktik. Praxishandbuch für die Sekundarstufe I und II, Berlin 2003.
Gutjahr, Hans-Joachim (Hrsg.): Geschichte. Basiswissen Schule, Mannheim 2003.
Heibner, Helmut: Die Rhetorik der Paulskirche, Berlin 1953.
Hermann, Theo: Sprechen und Sprachverhalten, in: Spada, Hans (Hrsg.): Lehrbuch der allgemeinen Psychologie, Bern 1990, S. 281-322.
Hertel, Hans-Hermann/Stephan, Gerd-Rüdiger (Hrsg.): Das Ende der SED. Die letzten Tage des Zentralkomitees, 3. Aufl., Berlin 1997.
Huth, Sigfried A.: Duden – Reden gut und richtig halten!, Mannheim u.a. 1994.
Jeismann, Karl-Ernst: Geschichtsbewußtsein – Theorie, in: Bergmann, Klaus u.a. (Hrsg.): Handbuch der Geschichtsdidaktik, 5. überarb. Aufl., Seelze-Velber 1997, S. 42-44.
Jeismann, Karl-Ernst: Geschichtsbewußtsein als zentrale Kategorie der Geschichtsdidaktik, in: Schneider, Gerhard (Hrsg.): Geschichtsbewußtsein und historisch-politisches Lernen, Pfaffenweiler 1988, S. 1-24.
Kittelberg, Rainer/Freisleben, Immo: Lernen mit Video und Film, Weinheim und Basel 1994.
Klafki, Wolfgang: Die bildungstheoretische Didaktik im Rahmen kritisch-konstruktiver Erziehungswissenschaft – Oder: Zur Neufassung der Didaktischen Analyse, in: Gudjons, Herbert/Teske, Rita/Winkler, Rainer (Hrsg.): Didaktische Theorien, 5. Aufl., Hamburg 1989, S. 11-21.
Klingberg, Lothar: Die Medien sind die Mitte, in: Friedrich Jahresheft, 1993, S. 109.
Kohl, Helmut: Erinnerungen 1982–1990, München 2005.

Krapp, Andreas/Weidemann, Bernd (Hrsg.): Pädagogische Psychologie. Ein Lehrbuch, 4. überarb. Aufl., Weinheim 2001.
Kuhn, Annette: Schüler- und Schülerinneninteresse, in: Bergmann, Klaus (Hrsg.): Handbuch der Geschichtsdidaktik, 5. Aufl., Seelze-Velber 1997, S. 357-361.
Lange, Thomas/Lux, Thomas: Historisches Lernen im Archiv, Schwalbach/Ts. 2004.
Lange, Thomas: Archivarbeit, in: Mayer, Ulrich/Pandel, Hans-Jürgen/Schneider, Gerhard (Hrsg.): Handbuch Methoden im Geschichtsunterricht, Schwalbach/Ts. 2004, S. 446-460.
Langer-Plän, Martina: Problem Quellenarbeit. Werkstattbericht aus einem empirischen Projekt, GWU 54 (2003), S. 319-336.
Lechner, Matthias: Erziehung und Bildung in der griechisch-römischen Antike, München 1933.
Linn, Astrid: „...noch heute ein Faszinosum. Philipp Jenninger zum 9. November 1938 und die Folgen, Münster 1991.
Magull, Gabriele: Sprache oder Bild? Unterrichtsforschung zur Entwicklung des Geschichtsbewusstsein, Schwalbach/Ts. 2000.
Maier, Wolfgang: Grundkurs Medienpädagogik/Mediendidaktik. Ein Studien und Arbeitsbuch, Weinheim/Basel 1998.
Mayer, Ulrich/Pandel, Hans-Jürgen/Schneider, Gerhard (Hrsg.): Handbuch Methoden im Geschichtsunterricht, 2. Aufl., Schwalbach/Ts. 2007.
Meyers, Peter: Filme im Geschichtsunterricht, Frankfurt/M. 1998.
Meyers, Peter: Filme im Geschichtsunterricht, in: GWU 52 (2001), S. 246-259.
Nebe, Karl: Mit Filmen im Unterricht arbeiten, in: Geschichte lernen, Heft 42 (1994), S. 20-24.
Oswalt, Vadim/Pandel, Hans-Jürgen (Hrsg.): Geschichtskultur. Die Anwesenheit von Vergangenheit in der Gegenwart. Schwalbach/Ts. 2008
Ottmers, Clemens: Rhetorik, Stuttgart/Weimar 1996.
Pandel, Hans-Jürgen/Schneider, Gerhard (Hrsg.): Handbuch Medien im Geschichtsunterricht, 2. Aufl., Schwalbach 2004.
Pandel, Hans-Jürgen: „Wollt ihr den totalen Krieg?“ Goebbels' Sportpalastrede am 18. Feb. 1943, in: Geschichte lernen, Heft 85 (2002), S. 50-55.
Pandel, Hans-Jürgen: Dimensionen und Struktur des Geschichtsbewusstseins, in: Süssmuth, Hans (Hrsg.): Geschichtsunterricht im vereinten Deutschland. Auf der Suche nach Neuorientierung, Bd. 1, Baden-Baden 1991, S. 55-73.
Pandel, Hans-Jürgen: Geschichtsbewusstsein, in: GWU 44 (1993), S. 725-729.
Pandel, Hans-Jürgen: Geschichtsunterricht nach PISA. Kompetenzen, Bildungsstandards und Kerncurricula, Wochenschau/Ts. 2005.
Pandel, Hans-Jürgen: Quelleninterpretation. Die schriftliche Quelle im Geschichtsunterricht, 2. Aufl., Schwalbach/Ts. 2003.
Pandel, Hans-Jürgen: Reden als Quellengattung, in: Geschichte lernen, Heft 85 (2002), S. 6-13.

Pelster, Theodor: Rede und Rhetorik. Sekundarstufe II, 14. Aufl., Berlin 1993.
Rohlfes, Joachim: Arbeit mit Textquellen, in: GWU 46 (1995), S. 583-589.
Rohlfes, Joachim: Geschichte und ihre Didaktik, 2. Aufl., Göttingen 1997.
Rohlfes, Joachim: Schülerorientierung: in: GWU 43 (1992), S. 261-263.
Rötzer, Hans-Gert: Manz großer Analyseband 3, München 1980.
Rüsen, Jörn: Historische Vernunft: Die Grundlagen der Geschichtswissenschaft, Göttingen 1983.
Sauer, Michael: Geschichte unterrichten. Eine Einführung in die Didaktik und Methodik, 4. Aufl., Seelze-Velber 2005.
Scherer, Thomas M.: „Peuple français, écoute". Parlamentarische Rhetorik nach 1789, in : Krauß, Hennig (Hrsg.): Literatur der Französischen Revolution, Stuttgart 1988, S. 170-185.
Schlegel, Wolfgang: Geschichtserzählung oder Geschichtsquelle?, in: Schneider, Gerhard (Hrsg.): Die Quelle im Geschichtsunterricht, Donauwörth 1975, S. 113-138.
Schmid, Heinz-Dieter: Fragen an die Geschichte, Frankfurt/M. 1974.
Schneider, Gerhard: Die Arbeit mit schriftlichen Quellen, in: Pandel, Hans-Jürgen/Schneider, Gerhard (Hrsg.): Handbuch Medien im Geschichtsunterricht, 2. Aufl., Schwalbach 2002, S. 15-44.
Schneider, Gerhard: Die Quelle im Geschichtsunterricht. Berichte aus Theorie und Praxis, Donauwörth 1975.
Schneider, Gerhard: Filme, in: Pandel, Hans-Jürgen/Schneider, Gerhard (Hrsg.): Handbuch Medien im Geschichtsunterricht, 4. Aufl., Schwalbach/Ts. 2007, S. 365-386.
Schobert: Otto: Körpersprache, München 1989.
Staatsinstitut für Schulpädagogik und Bildungsforschung (Hrsg.): Geschichtsbilder. Historisches Lernen mit Bildern und Karikaturen, Donauwörth 2001.
Staatsinstitut für Schulpädagogik und Bildungsforschung (Hrsg.): Handreichungen praxisorientierte Rhetorik, Donauwörth 1995.
Stadtler, Hermann (Hrsg.): Texte und Methoden. Lehr- und Arbeitsbuch Deutsch, Berlin 1994.
Sturm, Hertha: Medienwirkung auf Kinder und Jugendliche, in: Deutsche Forschungsgesellschaft (Hrsg.): Enquête „Medienwirkungsforschung in der Bundesrepublik Deutschland", Teil 1: Berichte und Empfehlungen, Weinheim 1986.
Tschirmer, Martina: Kompetenzerwerb im Geschichtsunterricht, in: Geschichte lernen, Heft 96 (2003), S. 34-38.
Ueding, Gert/Steinbrink, Bernd: Grundriss der Rhetorik: Geschichte, Technik, Methode, 2. Aufl., Stuttgart 1986.
Uffelmann, Uwe: Problemorientierung beim historischen Lernen, in: GWU 43 (1992), S. 629-631.
Uffelmann, Uwe: Problemorientierung, in: Mayer, Ulrich/Pandel, Hans-Jürgen/Schneider, Gerhard (Hrsg.): Handbuch Methoden im Geschichtsunterricht, 2. Aufl. Schwalbach/Ts. 2007, S. 78-90.
Völkel, Bärbel: Handlungsorientierung im Geschichtsunterricht, Schwalbach/Ts. 2005.

Völkel, Bärbel: Handlungsorientierung, in: Mayer, Ulrich/Pandel, Hans-Jürgen/Schneider, Gerhard (Hrsg.): Handbuch Methoden im Geschichtsunterricht, 2. Aufl., Schwalbach/Ts. 2007, S. 49-64.
Weidemann, Bernd: Lernen mit Bildmedien. Psychologische und didaktische Grundlagen, 2. Aufl., Weinheim/Basel 1994.
Wiesinger, Jochen: Die Geschichte der Unterhaltungselektronik. Daten, Bilder, Frankfurt/M. 1994.
Wimmer, Florian: Das historisch-politische Lied im Geschichtsunterricht, Frankfurt/M. 1994.
Winkler, Werner: Abitur-Wissen Deutsch. Prüfungswissen Oberstufe, Freising 2000.
Wunderer, Hartmann: Tondokumente, in: Pandel, Hans-Jürgen/Schneider, Gerhard (Hrsg.): Handbuch Medien im Geschichtsunterricht, 4. Aufl., Schwalbach/Ts. 2007, S. 468-482.
Zimmermann, Hans-Dieter: Die politische Rede. Der Sprachgebrauch Bonner Politiker, 2. Aufl., Stuttgart u.a. 1972.

Quellenverzeichnis

Aristoteles: Rhetorik, Krapinger, Gernot (übers. u. hrsg.), Ditzingen 1999.
Augustinus, Aurelius: Vier Bücher über die christliche Lehre, Miterer, Sigisbert (übers.), Bibliothek der Kirchenväter (Bd. 49), München 1925.
Cicero: Über den Redner. De oratore, Merklin, Harald (hrsg. u eingel.), Ditzingen 1976.
Henke-Bockschatz, Gerhard: Industrialisierung. Fundus – Quellen für den Geschichtsunterricht, Schwalbach/Ts. 2004.
Hitler, Adolf: Mein Kampf, 775.-779. Aufl., München 1943.
Kohl, Horst (Hrsg.): Die politische Rede des Fürsten Bismarck. Historisch-kritische Gesamtausgabe, Bd. 3.: 1866-1868, Stuttgart 1893.
Kultusministerium Sachsen-Anhalt (Hrsg.): Rahmenrichtlinien Gymnasium für das Land Sachsen-Anhalt. Geschichte Klasse 5-12, Magdeburg 2003.
Marcus Tullius Cicero: Die Reden gegen Verres, in: C Verrem, Bd. II, Fuhrmann, Manfred (hrsg. und übers.), Darmstadt 1995.
Platon: Gorgias, Hildebrandt, Kurt (hrsg. u eingel.), Ditzingen 2003.
Quintitlian: Ausbildung des Redners, Rahn, Helmut (übers. u. hrsg.), 2. Bd., Darmstadt 1988.

Internetquellen

Beyer, Michael, URL: http://www.martinluther.de, Stand: 8.12.05.
Der Große Diktator: URL: http://www.der-grosse-diktator.de, Stand : 24.10.05.
Deutscher Bundestag: http://dip.bundestag.de /btp/11/11226.pdf, Plenarprotokoll Bundestag 11/226, S. 17808-17886
Deutsches Historisches Museum, URL: http://www.dhm.de/lemo/html/Nachkriegsjahre/EntstehungZweierDeutscherStaaten/berlinBlockadeUndLuftbruecke.html, Stand: 13.12.2005.
Deutsches Filmarchiv, URL: http://www.dfa.de, Stand: 15.10.2005.
Deutsches Rundfunkarchiv, URL: http://www.dra.de, Stand: 17.10.2005.

3sat, http://www.3sat.de/specials/24694/index.html, Stand 24.2.2008
Dressler, Iris: URL: http://www.hartware-projekte.de/archiv/inhalt/karmakar.html, Stand: 25.12.05.
Geuther, Gudula: Elisabeth Selbert, http://www.dradio.de/dlf/sendungen/verfassungsgeschichten/348462/, Stand: 14.12.2005.
GrafStat, URL: www.grafstat.de, Stand: 5. Oktober 2005.
Institut für Film und Bild in Wissenschaft und Unterricht, URL: http://www.fwu.de, Stand: 15.10.2005.
Institut für Wissenschaft und Film, URL: http://www.iwf.de, Stand: 15.10.2005.
Lederle, Josef: Filmkritik, URL: www.3sat.de/film/news/23045/, Stand: 25.12.2005.
MDR.de, URL: http://www.mdr.de/doku/archiv/492602-hintergrund 511581.html, Stand: 10.12.2005.
National Library, URL: http://library.educationworld.net/txt17/. Stand: 9.9.2005.
Teachsam Bildungsserver, URL: http://www.teachsam.de/deutsch/d_rhetorik/rhe3_1.htm, Stand: 20.9.2005.
Teachsam Bildungsserver, URL: http://www.teachsam.de/deutsch/d_rhetorik/rhe_mit_1.htm, Stand: 25.10.05.
URL: http//:www.sj-ooe.at/popp.htm, Stand: 10.12.2005.
Wesemann, Dorette: Olympe de Gouges (1748-1793), http://www.dadalos-d.org/deutsch/Menschenrechte/ Grundkurs_MR3/ frauenrechte/woher/portraets/olympe_de_gouges.htm, Stand: 14.12.2005.
Wikipedia, die Onlineenzyklopädie, URL: http://wikipedia.de, (Q.: für Bilder der Redner)

Redesammlungen – eine kleine Auswahl

Barthel, Henner (Hrsg.): Politische Reden in der DDR. Eine kritische Dokumentation, St. Ingbert 1998.
Boeger, Wilhelm (Hrsg.): Reden und Essays aus den Jahren 1989–1997.
Brodersen, Kai (Hrsg.): Große Reden: Von der Antike bis heute, Darmstadt 2002.
Domarus, Max: Hitler. Reden und Proklamationen 1932–1945. Kommentiert von einem deutschen Zeitgenossen, 4 Bd., Leonberg 1988.
Ferdinand, Horst (Hrsg.): Reden, die die Republik bewegten, 2. Aufl., Opladen 2002.
Johann, Ernst (Hrsg.): Reden der Französischen Revolution, München 1974.
Peter, Karl Heinrich (Hrsg.): Reden, die die Welt bewegten, 4. Aufl., Stuttgart 1959.
Schafarschik, Walther (Hrsg.): Herrschaft und Sprache. Politische Reden, Stuttgart 2000.
Schambeck, Herbert (Hrsg.): Dokumente zur Geschichte der Vereinigten Staaten von Amerika, Berlin 1993.
Wein, Martin (Hrsg.): Ich kam, sah und schrieb. Augenzeugenberichte aus fünf Jahrtausenden, München 1964.

Wende, Peter/Recker, Marie-Luise (Hrsg.): Politische Rede 1792–1990, 4 Bd., Frankfurt/M. 1999.

Medienverzeichnis

Deutsches Rundfunkarchiv: „Nach bestem Wissen und Gewissen" Die Beratungen zum Grundgesetz im Parlamentarischen Rat 1948/49, CD, Wiesbaden.

Deutsches Rundfunkarchiv: 1945 – Kapitulation und Wiederaufbau. Tonaufnahmen aus und über Deutschland im Jahre 1945, CD, Wiesbaden.

Deutsches Rundfunkarchiv: Berlin, 13. August 1961. Tondokumente zum Mauerbau, CD, Wiesbaden.

Deutsches Rundfunkarchiv: Das Verbrechen hinter den Worten. Tondokumente (1930-1964) zum nationalsozialistischen Völkermord, CD, Wiesbaden.

Deutsches Rundfunkarchiv: Der Kaiser kommt – der Kaiser geht. Tondokumente aus den Jahren 1900 bis 1918, CD, Wiesbaden.

Deutsches Rundfunkarchiv: Die Reichskanzler der Weimarer Republik in Originaltonaufnahmen. Tonaufnahmen aller 13 Reichskanzler, CD, Wiesbaden.

Deutsches Rundfunkarchiv: Frauenstimmen 1908–1997, CD, Wiesbaden.

Deutsches Rundfunkarchiv: Hundert deutsche Jahre 1900–2000 Tondokumente und Fotografien, CD, Wiesbaden.

Deutsches Rundfunkarchiv: Prosit Neujahr! Silvesteransprachen und -feiern 1900–1998, CD, Wiesbaden.

Deutschlandfunk (Hrsg.): Götterdämmerung im Zentralkomitee. Tonprotokolle aus den letzten Sitzung des ZK der SED – Oktober bis Dezember 1989, 2 CDs, Berlin 1997.

Einstein, Albert: Verehrte An- und Abwesende! Originalaufnahmen 1921–1951, 2 CDs, Verlag supposé, 2005.

Historische Reden: CD zum Heft: Geschichte Lernen, Heft 85 (2002).

ICESTORM Entertainment GmbH: Der Untertan, VHS, 1998.

Pantera Film GmbH: Himmler-Projekt, VHS, Berlin 2000.

Warner Bros. Entertainment Inc. and MK2: Der Große Diktator, DVD, 2003.

7. Verzeichnis der Reden und Praxisbeispiele

Antike

Die Verteidigungsrede des Sokrates (399 v.Chr.)
– „Der Gerichtsreporter berichtet“ (S. 61)
Fiktive Schülerreden über die Taten des Augustus
– „Eine (fiktive) Lobrede verfassen“ (S. 65)
Eine fiktive Verteidigungsrede des Comic-Helden Asterix
– „Reden im Comic“ (S. 68)

Mittelalter

Urban II. ruft zum Kreuzzug auf (1095)
– „Zwei Reden, aber nur ein Redner“ (S. 72)

Frühe Neuzeit

Martin Luther vor dem Reichstag zu Worms (1521)
– Ein Simulationsspiel (S. 78)
Friedrich der Große zu seinen Offizieren vor der Schlacht von Leuthen (3.12.1757)
– „Das heruntergefallene Manuskript“ (S. 87)
Romain de Sèze, Maximilien de Robespierre, Saint-Just und Ludwig XVI.
– Debattieren über die Schuld oder Unschuld des Königs
„Welche Strafe ist die richtige für Ludwig XVI.?“ (S. 90)
– Eine fiktive Debatte mit kurzen Reden der Schülerinnen und Schüler
Das Recht auf Gleichheit: Olympe de Gouges (1791) und Elisabeth Selbert (1949)
– „Die Zeiten ändern sich – das Medium auch“ (S. 111)

Kaiserreich und Weimarer Republik

Die sozialdemokratische Arbeiterin Adelheid Popp hält ihre erste Rede (1891)
– „Eine Rede mit Lücken“ (S. 97)
Zwei Reden der Romanfigur Diederich Heßling
– „Reden in historischen Spielfilmen als Quelle der Mentalitätsgeschichte!?“ (S. 156)

Nationalsozialismus

Die Regionalzeitung titelt „Hitler in Greiz“ (1932)
– „Reden aus dem Zeitungs- oder Stadtarchiv“ (S. 99)
Gertrud Scholtz-Klink über die Stellung der Frau im Nationalsozialismus (1939)

– „‚An die deutsche Frau' – ein Aufruf aus dem Exil" – Schüler verfassen eine Gegenrede (S. 118)

Der Appell des „Adenoid Hynkel" alias Charlie Chaplin im Film „Der Große Diktator"
– „Der Ton macht's – und die Körpersprache auch!" (S. 164)

Die Geheimrede Heinrich Himmlers im Posener Schloss (4.10.1943)
– „Eine besondere Form der filmischen Rededokumentation" – „Das Himmler-Projekt" (S. 169)

Heinrich Himmler: Die Posener Rede (Originalversion) (S. 170)

Die Sportpalastrede von Propagandaminister Joseph Goebbels (18.1.1943)
– „Die Reaktionen waren verschieden" (S. 122)

Die Zeit nach 1945

Der Appell Ernst Reuters an die „Völker der Welt" vom 9.9.1948
– „Der Ton macht's!" – Die inhaltliche und akustische Dimension von Reden (S. 127)

Erna Karl hält 1982 eine Abschiedsrede am Ende ihrer 36jährigen Dienstzeit bei der Deutschen Post (DDR)
– „Ein originales Redemanuskript" (S. 102)

Die fehlgeschlagene Gedenkrede Philipp Jenningers (8.11.1988)
– „Reden, die die Republik bewegen" (S. 131)

Die 10. und 12. Tagung des Zentralkomitees der SED im Herbst 1989
– Tonprotokolle als historische Quellen (S. 139)

Lafontaine, Schäuble und Stücklen in der Debatte über den Einigungsvertrag (20.9.1990)
– „Der Bundestag debattiert – Wir berichten live!" (S. 178)

„Die Neujahrsansprache der ersten deutschen Regierungschefin Angela Merkel" (31.12.2005)
– „Ein visueller Fingerabdruck" – Mögliches Modell zur Analyse des nonverbalen Verhaltens (S. 182)

8. Verzeichnis der Unterrichtsbeispiele nach methodischer Schwerpunktsetzung

Klassisch interpretativ – aber schülerorientiert

Urban II. ruft zum Kreuzzug auf (1095)
– „Zwei Reden, aber nur ein Redner“ (S. 72)
Das Recht auf Gleichheit: Olympe de Gouges (1791) und Elisabeth Selbert (1949)
– „Die Zeiten ändern sich – das Medium auch“ (S. 111)
Zwei Reden der Romanfigur Diederich Heßling
– „Reden in historischen Spielfilmen als Quelle der Mentalitätsgeschichte!?“ (S. 156)
Der Appell des „Adenoid Hynkel“ alias Charlie Chaplin im Film „Der Große Diktator“
– „Der Ton macht's – und die Körpersprache auch!“ (S. 164)
Die Geheimrede Heinrich Himmlers im Posener Schloss (4.10.1943)
– „Eine besondere Form der filmischen Rededokumentation“ – „Das Himmler-Projekt“ (S. 169)
Der Appell Ernst Reuters an die „Völker der Welt“ vom 9.9.1948
– „Der Ton macht's!“ – Die inhaltliche und akustische Dimension von Reden (S. 127)
Erna Karl hält 1982 eine Abschiedsrede am Ende ihrer 36jährigen Dienstzeit bei der Post
– „Ein originales Redemanuskript“ (S. 102)
Die fehlgeschlagene Gedenkrede Philipp Jenningers (8.11.1988)
– „Reden, die die Republik bewegen“ (S. 131)
Reden im ZK der SED, Herbst 1989
– „Tonprotokolle als historische Quellen“ (S. 139)
„Die Neujahrsansprache der ersten deutschen Regierungschefin Angela Merkel“ (31.12.05)
– „Ein visueller Fingerabdruck“ – Mögliches Modell zur Analyse des nonverbalen Verhaltens (S. 182)

Fiktiv/fiktional gestaltend

Eine fiktive Verteidigungsrede des Comic-Helden Asterix
– „Reden im Comic“ (S. 68)
Fiktive Schülerreden über die Taten des Augustus
– „Eine (fiktive) Lobrede verfassen“ (S. 65)
Romain de Sèze, Maximilien de Robespierre, Saint-Just und Ludwig XVI.
– Debattieren über die Schuld oder Unschuld des Königs

„Welche Strafe ist die richtige für Ludwig XVI.?"
Eine fiktive Debatte mit kurzen Reden der Schülerinnen und Schüler (S. 90)
Gertrud Scholtz-Klink über die Stellung der Frau im Nationalsozialismus (1939)
– „‚An die deutsche Frau' – ein Aufruf aus dem Exil" – Schüler verfassen eine Gegenrede (S. 118)

Handlungsorientiert
Die Verteidigungsrede des Sokrates (399 v.Chr.)
– „Der Gerichtsreporter berichtet" (S. 61)
Martin Luther vor dem Reichstag zu Worms (1521)
– Ein Simulationsspiel (S. 78)
Friedrich der Große zu seinen Offizieren vor der Schlacht von Leuthen (3.12.1757)
– „Das heruntergefallene Manuskript" (S. 87)
Die sozialdemokratische Arbeiterin Adelheid Popp hält ihre erste Rede (1891)
– „Eine Rede mit Lücken" (S. 97)
Die Regionalzeitung titelt „Hitler in Greiz" (1932)
– „Reden aus dem Zeitungs- oder Stadtarchiv" (S. 99)
Die Sportpalastrede von Propagandaminister Joseph Goebbels (18.1.1943)
– „Die Reaktionen waren verschieden" (S. 122)
Lafontaine, Schäuble und Stücklen in der Debatte über den Einigungsvertrag (20.9.1990)
– „Der Bundestag debattiert – Wir berichten live!" (S. 178)

9. Inhalt der CD-Rom

Tondokumente

Tondokument 1:
Elisabeth Selbert (SPD): Rundfunkansprache nach der Verabschiedung des Grundrechts auf Gleichberechtigung der Frau im Hauptausschuss des Parlamentarischen Rates, 19. Januar 1949 (Auszug)

Tondokument 2:
Gertrud Scholtz-Klink, Reichsleiterin der NS-Frauenschaft: Rundfunkrede über die Stellung der Frau, Herbst 1939

Tondokument 3:
Joseph Goebbels: Rede im Berliner Sportpalast, 18. Februar 1942 (Auszug)

Tondokument 4:
Ernst Reuter (SPD): Rede vor dem Reichstag in Berlin, 9. September 1948 (Auszug)

Tondokument 5:
Philipp Jenninger (CDU, Bundestagspräsident: Rede im Deutschen Bundestag, 10. November 1988 (Auszug).

Tondokument 6:
Reden im Zentralkomitee der SED, 18. Oktober bis 10. November 1989:
6a: Rücktrittserklärung Erich Honeckers
6b: Christa Hermann über Versorgungsprobleme
6c: Günter Ehrensperger zur Situation der DDR-Wirtschaft
6d: Gerhard Schürer zur Überschuldung der DDR
6e: Werner Jarowinsky zur Furcht vor polnischen Verhältnissen
6f: Bernhardt Quandt und sein Bekenntnis zur Partei

Tondokument 7:
Heinrich Himmler: Rede in Posen vor 92 SS-Führern, 4. Oktober 1943 (Auszug)

Filmdokumente

Filmdokument 1:
Oskar Lafontaine und Wolfgang Schäuble: Reden in der Schlussdebatte über den Einigungsvertrag im Deutschen Bundestag (Auszüge), 20. September 1990

Filmdokument 2:
Richard Stücklen: Rede in der Schlussdebatte über den Einigungsvertrag im Deutschen Bundestag (Auszug), 20. September 1990

Bilddokumente

01-Analyseraster.jpg
02-Asterix Comic_1.jpg
03-Asterix Comic_2.jpg
04-Asterix Comic_3.jpg
05-Hitler in Greiz.jpg
06-Manusk Erna Karl S 1.jpg
07-Manusk Erna Karl S 2.jpg
08-Frauen im NS.jpg
09-Untertan_Filmplakat.jpg
10-Redegattungen_Tabelle.jpg
11-kommunik. Beziehungsgeflecht.jpg
12-Rhetorische Figuren.jpg
13-Modell Interpretation histor. Reden.jpg

WOCHEN
SCHAU
VERLAG

Fundus – Quellen für den Geschichtsunterricht

Hiram Kümper, Michaela Pastors

Mittelalter

ISBN 978-3-89974398-2,
ca. 224 S., € 19,80

Subskriptionspreis bis 30.4.2008:
€ 16,80

Derzeit lässt sich ein stetig steigendes öffentliches Interesse am Mittelalter beobachten. Manche sprechen sogar von einem „Mittelalter-Boom". Im Gegensatz dazu steht die äußerst stiefmütterliche Behandlung des Mittelalters in den Lehrplänen für den Geschichtsunterricht.

Der Quellenband „Mittelalter" gibt Lehrerinnen und Lehrern Hilfsmittel an die Hand, um die begrenzte Unterrichtszeit, die für die mittelalterliche Geschichte zur Verfügung steht, möglichst effektiv zu nutzen.

Bisher erschienen:

Mike Dennis,
Johannes-Dieter Steinert
Deutschland 1945-1990
Von der bedingungslosen Kapitulation zur Vereinigung
ISBN 978-3-87920-747-3,
320 S., € 19,80

Saskia Handro
Alltagsgeschichte
Alltag, Arbeit, Politik und Kultur in SBZ und DDR
ISBN 978-3-89974102-5, 2. Aufl.,
320 S., € 19,80

Gerhard Henke-Bockschatz
Industrialisierung
ISBN 978-3-87920-745-9,
240 S., € 19,80

Hans-Joachim König, Michael Riekenberg, Stefan Rinke
Die Eroberung einer Neuen Welt
Präkolumbische Kulturen, europäische Eroberung, Kolonialherrschaft in Amerika
ISBN 978-3-89974210-7, 2. Aufl.,
288 S., € 19,80

www.wochenschau-verlag.de

Adolf-Damaschke-Str. 10, 65824 Schwalbach/Ts., Tel.: 06196/86065, Fax: 06196/86060